大学与现代中国 ◎ 主编 朱庆葆

创立与传承：民国时期北京大学人才培养模式的形成

韩立云 著

南京大学出版社

图书在版编目(CIP)数据

创立与传承：民国时期北京大学人才培养模式的形
成 / 韩立云著. —— 南京：南京大学出版社，2015.1
（大学与现代中国 / 朱庆葆主编）
ISBN 978 - 7 - 305 - 14561 - 2

Ⅰ. ①创…　Ⅱ. ①韩…　Ⅲ. ①北京大学－人才培养－
培养模式－研究－民国　Ⅳ. ①G649.29

中国版本图书馆 CIP 数据核字(2015)第 002532 号

出版发行　南京大学出版社
社　　址　南京市汉口路 22 号　　　　邮　编　210093
出 版 人　金鑫荣

丛 书 名　大学与现代中国
书　　名　创立与传承：民国时期北京大学人才培养模式的形成
作　　者　韩立云
责任编辑　官欣欣　李鸿敏　　　　编辑热线　025 - 83593947

照　　排　南京南琳图文制作有限公司
印　　刷　江苏凤凰通达印刷有限公司
开　　本　700×1000 1/16　印张 17.25　字数 227 千
版　　次　2015 年 1 月第 1 版　2015 年 1 月第 1 次印刷
ISBN 978 - 7 - 305 - 14561 - 2
定　　价　58.00 元

网址：http://www. njupco. com
官方微博：http://weibo. com/njupco
官方微信号：njupress
销售咨询热线：(025) 83594756

序 言

朱庆葆

现代意义上的大学起源于欧洲。19世纪以来,随着西方文明在全球范围内的帝国主义化和殖民化,大学在全世界迅速扩展。著名的比较高等教育学者许美德将这一进程称为"欧洲大学的凯旋"。①是否是"凯旋"姑且不论,但大学的扩展给世界各国带来了深远的影响。

(一)

中国传统意义上的高等教育机构源远流长。远者如起源于汉代的太学,鼎盛时期东汉太学生多达三万;近者如宋元以来的书院,讲学之风兴盛,一时蔚为风气。但现代大学在中国的出现,至今不过百余年的历史,梅贻琦便曾指出:"近日中国之大学教育,溯其源流,实自西洋移植而来。"②作为一种新兴的组织机构,中国大学自诞生之日便受到社会各界的关注。在现代中国波澜壮阔的变迁历程中,大学以及活跃于大学场域的社会群体,对中国的历史进步和社会发展产生了广泛且深远的影响。这种影响不仅表现在教育、学术和文化领域,而且触及到政治的更替、民族的救亡和广泛意义上社会变革。

首先,大学是推动中国学术独立和文化重建的中心。从根本上

---

① (加)许美德著,许洁英译:《中国大学:1895－1995 一个文化冲突的世纪》,教育科学出版社,2000年,第32页。

② 梅贻琦:《中国人的教育》,中国工人出版社,2013年,第12页。

来说，大学是由学者组成的学术性组织，并以知识的生产和传播为本职。蔡元培说："大学者，研究高深学问者也"。[①]　强调的就是大学以学术为本位的组织特征。近代以来，在现代西方学术和文化冲击下，中国传统的知识体系和价值观念分崩离析，如何构建现代中国的学术和知识体系，推动中华的文化重建，是大学不可替代的历史责任。罗家伦在就任清华大学校长时说："要国家在国际间有独立自由平等的地位，必须中国的学术在国际间也有独立自由平等。"[②]并把追求学术独立作为新清华的使命。胡适在 1915 年留学美国时也说："中国欲保全固有之文明而创造新文明，非有国家的大学不可。"学术独立和文化重建，是百余年来大学孜孜以求的理想。[③]

其次，大学成为新兴知识分子汇聚的舞台和社会流动的新阶梯。随着科举的废除和现代学校体系的建立，大学这种新兴的学术机构成为城市知识分子安身立命的新场域。知识阶层在从传统的"士人"向现代知识分子的转变中，学术成为一门职业，使他们在大学找到了施展抱负的舞台，并致力于构建"学术社会"的努力。而对于有着数千年以读书为进身之阶传统的中国社会，"上大学"也成为各个阶层谋求改变社会地位、实现人生理想的重要途径。大学成为社会晋升阶梯中一个至关重要的一环。

再次，大学是政治变革的先导者和国家建设的担负者。大学还深度介入到现代中国的政治变革和国家建设之中。大学对政治和社会有着敏锐的洞察，并有着致力于国家政治建构的时代担当，屡屡成为政治变革的先导力量。正所谓"政治一日不入正轨，学子之心一日不能安宁。"[④]大学因其特殊地位和知识阶层汇聚的特征，成为近代政党鼓吹主义，发展组织，吸纳成员的重要场域。使得每一次政治变

---

① 高平叔编：《蔡元培全集》第三卷，中华书局，1984 年，第 5 页。
② 罗家伦先生文存编辑委员会：《罗家伦先生文存》第五册，台北，国史馆，1988 年，第 18 页。
③ 姜义华编：《胡适学术文集（教育）》，北京：中华书局，1998 年，第 23 页。
④ 刘伯明：《论学风》，《学衡》，1923 年，第 16 期。

动,都在大学有着相应的呈现。同时大学作为国家作育人才之地,又是国家建设的砥柱中流。如何服务于国家战略目标,应对政府的意志和需求,也深刻体现在大学的知识生产和人才培育之中。

最后,大学是推动中华民族救亡和复兴的先驱力量。在 20 世纪上半叶国难深重的时代环境中,大学体现出了沉毅的勇气和担当的精神,成为民族救亡的先驱。这不仅仅体现于五四运动、一二九运动这些重大的爱国事件,也表现为大学为推动中华民族学术独立所做的不懈努力。而在当前中华民族实现伟大复兴的历史进程中,作为现代社会的"轴心机构",大学是时代的引领者,也是社会进步最为重要的推动力量。

（二）

由此看来,现代中国的大学早已不再是那种潜心于学术创获的"象牙之塔",其"担负"是如此沉重,乃至难以承受。这也使得人人都在评论大学,但在如此错综复杂的矛盾纠缠中难得要领。

在大学与外界复杂的互动中,大学与国家、大学与政府的关系尤为引人注目。虽然在民国时期曾存在为数不少的私立大学(包括教会大学),但公立大学是现代中国大学的主体。在这种制度环境下,大学受国家政治变动和政策变化的影响更为直接、显著;而大学对外界政治的反应和参与也显得积极且主动,卷入的程度也更为深切。大学与国家、大学与政府的关系对于理解学术与政治、知识与权力在现代中国大学场域的运作和交互影响提供了很好的视角。

在现代中国,大学是培养国家精英和社会栋梁之所,对于国家的发展和社会的变革有着重要的影响。曾任中央大学校长的罗家伦说过:"后十年国家的时事就是现在大学教育的反映,现在的大学教育好,将来的情形也就会好,现在的大学教育坏,将来的情形也就会坏。"⑤国家的命运和大学教育的得失成败密切相关。现代中国社会的精英阶层来自于大学,他们在大学中接受的知识训练、选择的政治立场和养成的文化主张,都深刻关系到国家和社会未来的发展方向。

国家和政府对大学的影响则显得直接且强烈。现代中国的大学是国家教育系统的组成部分,被纳入到现代民族国家建构的进程,紧密服务于国家现代化建设和民族性知识生产的需要。国家意志和政府需求深刻影响着,乃至主导着大学的知识生产和传播。大学生产什么样的知识,怎样生产知识,培养何种人才,都紧密围绕国家的目标展开。这既有权力对知识的引导,也有大学对国家需求的主动适应。急国家之所急,想政府之所想,所谓"与民族共命运、与时代同步伐",大学与民族国家的建构紧密结合在一起。

国家对大学的影响还突出体现在意识形态上的控制。无论是清末的忠君尊孔,还是国民政府时期的三民主义教育,抑或是此后的无产阶级专政,政府都把大学视为灌输主流意识形态、加强思想文化统制的主要场域。通过引导、规范乃至钳制大学的知识生产和传播,国家意志和党派观念对于大学学术自由和创造性的知识生产都造成了不同程度的影响。

(三)

基于上述理解,我们组织编写了这套"大学与现代中国"丛书。从宏观上来讲,该丛书的主旨有两个。

第一,以大学作为观察和认识现代中国社会变化的一个重要的着力点。著名教育学家弗莱克斯纳曾说过,大学"是时代的表现",它"处于特定时代总的社会结构之中而不是之外。"⑥大学不是抽象的概念、结构和组织,大学是它所置身的社会环境的体现。对于大学的研

---

⑤　中国第二历史档案馆编:《中华民国史档案资料汇编》,第五辑第一编,教育(一),江苏古籍出版社,1994,第 287 页。

⑥　(美)亚伯拉罕·弗莱克斯纳:《现代大学论——美英德大学研究》,浙江教育出版社,2001年,第 1 页。

究不能局限于大学本身，而要把它置于周遭复杂的社会、政治、文化环境之中，来展示大学对于更为广阔的历史发展和社会变迁的影响。现代中国的社会精英阶层绝大部分都在大学接受教育，他们的知识结构、政治主张、文化立场在很大程度上都是在大学中形成。通过培育社会的精英阶层，大学对于现代中国的历史发展和社会变迁产生了广泛而深远的影响。对中国社会变化的理解，难以绕开大学。不理解大学，不理解大学培养的社会精英，不理解大学在知识生产、社会流动、政治变革和社会变迁中的作用和影响，就很难对现代中国的历史发展和的社会变动给予深层次的的阐释和解读。

　　第二，为探索具有中国特色的大学建设道路提供鉴戒。当前，建设具有中国特色、体现民族文化的大学和高等教育体系已经成为国家的意志。这既需要有国际视野，学习西方国家的先进的办学经验；同时更需要有本土情怀，继承现代中国大学发展历程中积累的丰厚历史遗产。作为一种西方文明的产物，大学要植根中国大地，才能生根成长、枝繁叶茂。如何形成自身的大学理念、大学模式和学术文化传统，如何处理大学与国家、大学与社会的关系，近代以来的中国大学有着卓有成效的探索，并积累了很多经验，当然也有教训。这些在今天都需要给予认真的反思和总结，并根据时代环境的变化加以采择。

　　英国教育家阿什比曾说过："任何类型的大学都是遗传与环境的产物。"[⑦]所遗传的是大学对于知识创获和文化传承的一贯责任，而面对的则是变动的历史环境和互异的文化土壤。希望"大学与现代中国"丛书能从大学作出切入点，加深对于现代中国的理解，加深对于大学的理解，加深对于现代中国大学的理解。

---

⑦　杨东平编：《大学二十讲》，天津人民出版社，2009 年，第 274 页。

目　录

图表目录

绪　论

一、选题缘由

教育是人类文明传承和进步的重要途径，尤其是高等教育，能够引领时代发展的潮流，创新社会进步的科学技术与文化。中国自古以来就有培养高级人才的太学、国子监以及书院，这些可以看作是中国古代的高等教育，但中国现代的高等教育却不是从古代自然延伸和发展起来的，而是在西学东渐潮流的影响和冲击下，从日本、德国、英国、法国及美国等国家引进，经过借鉴、模仿、融合、创新而建立和发展起来的。十九世纪末建立的天津中西学堂、上海南洋公学和京师大学堂，一般被认为是中国现代大学的雏形。经过清末民初几十年的发展，到二十世纪二三十年代，中国现代大学体制基本成型并取得了较快的发展，这一时期中国大学办学模式经历了由取向日本到借鉴德国，再到模仿美国的转换过程。中国现行学制和中国现代大学的办学理念、办学模式、人才培养模式、管理体制等一系列制度在这期间日臻完善。短短几十年，中国大学取得了令世人瞩目的成就，为中国各项事业的发展培养了大批的科技和文化人才。对于这一时期大学的再现和研究，对于我们现在大学教育的改革和发展具有极为重要的理论意义和现实价值。

其实，整个民国时期成绩斐然的大学，除北京大学外还有其他国立大学以及一些私立学校、教会大学，之所以选取北京大学作为研究对象，主要在于北京大学的历史地位以及北京大学的连续性。众所周知,北京大学的前身是1898年创办的京师大学堂,它是中国近代第一所中央政府创办的国立综合性大学,对此,萧超然教授专门做出说明,他指出对北京大学的这种定位包含三层意思:第一,"它是由中央政府举办,是国家行为、政府行为";第二,"它是综合性大学",不仅有速成班、分科大学,还有大学院(后改为通儒院,即现在的研究生院);第三,"作为中央政府举办的综合大学,它是成立最早的"。① 同时对第一层意思做出了详细的解释,从京师大学堂的创办、职能、招生、经费、图书和设施六个方面来说明北京大学的"地位之高、规模之大、经费之多",来表明北京大学在中国教育史尤其是中国高等教育史上的地位——中国高等教育全面启动的标志。

民国时期,可以说是中国近代社会极为动荡不安的时期。大学作为社会有机体的重要组织,必然会受到社会经济、政治、文化等的影响,其中有的大学受冲击,发展受到很大影响,甚至停办,北京大学也处在这种风雨飘摇的大环境中,庆幸的是虽经历动荡波折却延续了下来,并基本坚持了自己的办学传统,这种传统也是中国近代高等教育发展的一种写照。民国初年,政府虽然制定和颁布了一系列的法令和规章制度,但并没有发生实际的效用,直到1917年蔡元培执掌北京大学,对北京大学进行了一系列的改革,才使中国现代高等教育从理念到制度有了一个巨大的飞跃,也开创了中国近代高等教育发展史上辉煌的历程。南京国民政府成立后,在政治上确立了新的统治秩序,经济上加速了现代经济的发展,文化教育上确立了三民主义教育宗旨,进行了学制的调整,颁布了一系列高等教育法律法规,使高等教育走向了规范和统一。总而言之,二十世纪二三十年代是中国大学教育发展的一个关键期,也是一个黄金期,尤其是北京大学在这二十几年的时间里获得了长足的发展,成为近代中国大学中的佼佼者,其人才培养模式也成为民国时期人才培养模式的一个典范,也是当今人才培养模式研究的重要主题,对我国当前大学教育改革

---

① 萧超然:《北京大学与近代化中国》,中国社会科学出版社,2005年,第22页。

尤其是研究型大学的人才培养模式改革具有重要的借鉴意义。

北京大学是中国第一所近代意义上的国立大学,是中国近代教育史上一颗耀眼的明星,对北京大学的研究成果也是浩瀚如烟,分别从不同角度对不同历史时期的北京大学做了研究,但鲜有从教育学本身来研究北京大学的,选取人才培养角度来研究北京大学是基于以下原因:

首先,当今,国内各高校在纷纷争创世界一流、国内一流大学,那怎样才算一流呢? 引用武汉大学前校长刘道玉先生的话:"世界一流水平的大学,绝非是比学生的规模、教授与发表论文的数量、先进的仪器设备,也不是比校园的面积和豪华的大楼、经费投入的多少。最重要的标准应是:世界公认的学术大师,国际公认的学派,国际水平原创性的重大科研成果,获得包括诺贝尔奖在内的各学科领域里的世界级科学大奖,培育出在世界上有影响的顶尖人才等。"[①] 简单讲来,就是培养出一流的人才,依靠这些一流人才创造出一流的科研成果。也就是说,评价一所大学质量高低的标准应当是培养人才质量的高低及其学术科研成果的水平。

其次,人才培养模式问题研究是近十年来高等教育研究的一个热点问题。尤其是 2009 年以来,人才培养问题尤为世人瞩目,这是因为著名的"钱学森之问"。2009 年 11 月 11 日,安徽高校的 11 位教授联合《新安晚报》给当时新任教育部部长袁贵仁及全国教育界发出一封公开信:让我们直面"钱学森之问",使"钱学森之问"成为舆论的焦点,也成为近几年来教育界研究和探讨的热点。其实,早在 2005 年温家宝总理在看望著名物理学家钱学森时,钱学森就发出这样的感慨:回过头来看,这么多年培养的学生,还没有哪一个的学术成就能跟民国时期培养的大师相比! 他认为:"现在中国没有完全发展起来,一个重要原因是没有一所大学能够按照培养科学技术发明创造

---

① 刘道玉:《办几所象牙塔式大学又何妨?》,《南方周末》,2010 年 4 月 29 日,第 F31 版。

人才的模式去办学，没有自己独特的创新的东西，老是'冒'不出杰出人才。"①人才培养模式改革，培养创新型人才已经成为现在高等教育改革中的重中之重。

再次，人才培养问题是研究高等教育不可回避的问题。从大学职能的演变来看，人才培养是近代大学从产生就具有的职能，而且是第一职能；科学研究是第二职能；为社会服务是大学的第三职能。虽然大学的职能越来越多样和丰富，但人才培养的职能依然是大学的首要职能和根本任务，因为"如果把直接的社会服务放在第一位，高等学校就会变成服务社，而若把科研放在第一位，又会使学校成为变相的科研机构"②。在当代大学发展中，我国依然在不断地学习借鉴，然而当今对于高等教育人才培养的研究更多的是一种外向借鉴式，学习西方一流大学的人才培养模式中的一些制度和具体实践方式。中国近代大学教育自清末民初肇始至今虽短短百十年，然而早在二十世纪的二三十年代就已经在世界范围内颇具影响力，中国的大学何以在短短的几十年能有如此的发展，何以能产生如此的影响呢？那时是如何进行人才培养的呢？我们对人才培养研究还要从一种内向式角度去考察。民国时期的北京大学，在中国教育史上的地位是独一无二的，它不仅奠定了北京大学百年辉煌发展的坚实基础，其人才培养模式也是民国时期大学人才培养的典范。那么，民国时期的北京大学的办学宗旨是什么？为实现人才培养目标，是如何组织教育教学的？作为人才培养实施者的教师在大学中的地位、职责、权限、待遇是怎样的呢？为把学生培养成为人才，在文化、制度、实践等方面都有什么样的建设呢？这是研究民国时期北京大学人才培养必须要解决的问题，对这些问题的回答是研究北京大学人才培养问题的主要内容。

---

① 李斌：《温家宝看望季羡林和钱学森》，人民日报（海外版），2005 年 8 月 1 日。
② 王伟廉：《高等教育学》，福建教育出版社，2001 年，第 44 - 45 页。

二、研究意义与创新

（一）理论意义

第一，进一步丰富对大学史的研究。鉴于北京大学在中国教育史乃至中国历史上的地位，对北京大学的研究著作甚为丰富，既有成果分别从政治、文化、社会发展等多个方面，从五四运动、中国近代化、中国共产党的成立与发展以及中国近代革命发展等多角度展开研究论述。本书从人才培养的角度对北京大学的教育教学理论和实践进行研究，试图更加全面的勾勒一个教育学意义上的北京大学，丰富对北京大学的研究，也进一步丰富对民国时期大学的研究。

第二，从人才培养的角度展开对民国时期中国大学理念的研究。对大学理念的研究是近二十年来研究的一个重点和热点问题，包括对外国著作的翻译，对传统大学理念的再认识，也包括对现实办学理念的反思与重构。其实大学理念是一个内容非常广泛的概念，它不仅包括基本的"大学是什么"、"大学的性质和职能是什么"、"大学的目的是什么"等诸多问题，人才培养的理念也是大学理念非常重要的组成部分，它涉及大学的基本职能、目的、组织管理方式和大学的价值追求等问题。对北京大学人才培养理论和实践的研究，是对民国时期中国大学理念研究的进一步具体化，也充实了对民国时期中国大学的研究。

第三，从个案研究的视角对人才培养模式研究做出实践性贡献。人才培养模式不是纯粹的理论研究，它除了具备系统性、典型性的特点外，还具备可行性特征。目前对于人才培养模式的研究更多的是从理论的角度考察其"应然"的状态，而"应然"与"实然"是两种既相互联系又明显不同的状态，只从理论上考察应然状态显然是不够的，由于社会变化、各大学实际发展状况和学生群体的特殊性，"应然"很可能不能成为"实然"，但并不是说这种理论研究就没有意义，只是需要与具体典型事例的研究相结合，才能发挥其更有效的理论指导意义。本书对北京大学人才培养模式的研究就是一个典型的个案研究，这为人才培养模式的理论研究提供更具体翔实的研究事实，增加人才培养模式研究的可行性。

在教育改革如火如荼的今天，对于人才培养模式的改革是重中之重。"培养具有竞争力的创新型人才"，"培养德才兼备、文武双全的全面型人才"，"培养理论丰富、技术过硬的应用型人才"，这些都是当前大学人才培养所面临的挑战，也是人才培养改革的目标。对民国时期北京大学人才培养模式的考察和研究，以一个典型的成功事例展示大学人才培养的一个系统工程，对当前大学尤其是研究型大学和教学研究型大学如何进行人才培养，在人才培养的理念、政策、制度等方面提供借鉴价值。

（二）可能的创新之处

对北京大学的研究专著和文章已经有很多，它们分别从不同的角度对北京大学的历史进行了重现与研究，为我们提供了较为丰富翔实的史实资料，展示给我们一个中国近代史上有着特殊地位和作用的北京大学。但北京大学作为中国近代第一所中央政府举办的国立综合性大学，它在中国教育史上的地位是显赫的，是其他学校无可企及的，对它的研究尤其是从教育学的角度的研究显然不够。本书旨在通过对二十世纪二三十年代北京大学人才培养状况的考察，为大家展示一个从事教育教学、科研活动的北京大学的面貌。通过这个新的视角，可以更加全面、客观地把握北京大学在近代中国的地位和影响。同时，人才培养模式概念是近几十年才提出的一个概念，但人才培养问题却是伴随教育的产生而同时并存的，用现代的这样一个概念来回溯研究上个世纪的北京大学，这是一种新的研究问题的方法。

就目前了解的情况来看，对于北京大学人才培养问题，还没有直接的研究，但涉及的相关问题的研究却是不少，根据其研究的对象将这些资料分为以下三大类：

1. 对北京大学校史的研究。对北京大学的研究著作非常多，专著与文集就有几十部，研究的文章更是不计其数。本文所研究的人才培养的问题，那就必然要考察当时的教育教学工作以及教学管理制度等问题,因此所需的资料主要是与此相关的。典型的代表著作有萧超然先生的《北京大学校史(1898—1949)》、《北京大学与五四运动》以及魏定熙所著《北京大学与中国政治文化(1898—1920)》等。

萧超然先生所著《北京大学校史(1898—1949)》[①],是对北京大学校史较早、较全面的研究。按时间将建国前北京大学史分为了七个阶段,在每个阶段分别介绍了北京大学如何反帝反封建,展现北京大学的革命传统——从五四运动、马克思主义的传播和中国共产党的创立到一二九运动、五二〇运动,北京大学的五十年历史是中国人民争取民主和自由的缩影。对北京大学各个时期的教学和科研虽有所介绍,只是篇幅不大,内容不够翔实。作为一部校史著作对教育教学的内容研究介绍不充分,似乎有所不妥,当然这也是因为研究者受当时的主流思想意识和社会文化所影响。

魏定熙所著《北京大学与中国政治文化(1898—1920)》[②],通过对北京大学早期历史的考察,揭示北京大学如何成为知识精英们在知识文化的急剧变化中寻求自身的定位的聚集地,作者认为在蔡元培改革北京大学之前,在某种意义上说她是"一潭死水",正是蔡元培的改革使得北京大学成为了中国第一所国立综合性大学,成为新思想传播的讲台,具有其独一无二的显赫地位。虽然蔡元培初到北京大学时力图把北京大学改造成为学生求学的场所,而不是升官发财之地,力争政治与教育的分离,然而新旧思想的冲突促成了新文化团体的形成,而新文化团体的成员既关注个人的道德诉求,潜心向学;又认为对社会负有责任和义务,促使北京大学成为新文化运动的前沿阵地。在五四运动爆发前,北京大学处于新旧思想文化交错重叠的境地,还处于政治与文化的交叉口,五四运动使北京大学超越了文化中心而跃居为一股强大的政治势力。

萧超然所著《北京大学与五四运动》(北京大学出版社,1995)一

---

① 萧超然:《北京大学校史(1898—1949)》,北京大学出版社,1988 年,第 1 版。
② [美]魏定熙:《北京大学与中国政治文化(1898—1920)》,金安平、张毅译,北京大学出版社,1998 年,第 1 版。

书可以说是从政治的角度对北京大学在五四运动中地位和作用作了最为翔实的论述，通过对五四前后北京大学的历史叙述，使人们了解五四时期北京大学校园中各种思想和流派之间纷繁复杂的关系以及新旧两派之间的斗争，展现了北京大学如何"从新文化运动的摇篮发展成为五四运动的策源地，进而又发展成为马克思主义在中国早期传播的一个中心，并光荣地成为中国共产党的一个渊源地"①。本书对五四时期北京大学的教育教学状况和学科制度建设有所涉及，在"蔡元培对北京大学的改革"部分对蔡元培在北京大学的改革从整顿教师队伍、建立机构和规章制度、培养"思想自由"的学术风气以及学术团体的成立和报刊的创办等几个方面进行了论述，旨在说明正是由于蔡元培在北京大学的整顿和改革，使北京大学成为了现代意义上的大学，建立了一套民主的领导体制和造成了民主氛围，这与北京大学"在这个时期的新文化运动中，在伟大的五四爱国运动中，它之所以站在斗争的最前列，成为一个重要的中心"②是密不可分的。

此外，还有一些史料集、文集、回忆性文章等为本书提高了重要的史实资料，如：《北京大学史料（共四卷）》《北京大学日刊》《北京大学纪事（1898—1997）》《北京大学演义》《我的父辈与北京大学》、《北大逸事》等。

2. 对蔡元培、蒋梦麟教育思想的研究。

对蔡元培思想的研究著作和文章可谓汗牛充栋，其中涉及其大学教育思想的专著包括：汤广全著《自由与和谐——蔡元培"五育并举"观研究》③，本书首先阐明五育并举观的内涵及对五育的不同分类标准，而后对蔡元培的五育并举思想进行思想根源的探索，作者认为蔡元培的五育并举思想兼受中国传统文化与西方现代文明的双重影响，并指出五育并举的实质就是自由与和谐的融合。五育并举思想

---

①　萧超然：《北京大学与五四运动》，北京大学出版社，1995年，前言第1页。
②　萧超然：《北京大学与五四运动》，北京大学出版社，1995年，第111页。
③　汤广全：《自由与和谐——蔡元培"五育并举"观研究》，四川出版集团巴蜀书社，2006年，第1版。

在北京大学的践履,为当代教育实践中的不和谐问题的解决提供借鉴,在此基础上构建以科学教育、民族教育、环境教育、道德教育与哲学教育为内容的新五育。金林祥所著《思想自由 兼容并包——北京大学校长蔡元培》①,首先简单介绍了蔡元培的一生,而后用大部篇幅从不同的角度来阐释、总结蔡元培的教育思想。蔡元培对大学的定义确立了其"学术本位"的办学理念,以此为指导确立了"思想自由 兼容并包"的办学方针和教授治校的大学办学体制,为实现"大学是研究高深学问的机关",蔡元培还特别重视校园学术氛围的营造。该书内容丰富,资料翔实,特别是对蔡元培大学教育理念的把握系统而全面,为研究蔡元培的大学人才培养理念提供了很多宝贵的材料和研究的角度。梁柱所著《蔡元培与北京大学》(修订本)②,以蔡元培执掌北京大学时期为研究范围,重点是从学校体制改革、教师聘任改革、学科与课程改革、学术氛围的营造等几个方面来探讨蔡元培在北京大学时期的改革对于北京大学的影响,展示北京大学何以从一所腐朽的官僚养成所逐步变成当时中国的第一学府。其中运用的资料翔实,对蔡元培在北京大学教育实践过程论述详细,对其评价也较为客观。

研究蔡元培教育思想的学位论文也有很多,如:2007 年西北师范大学的崔永红所做的《蔡元培高等教育管理思想的现代意蕴》,该文梳理了蔡元培的教育管理思想,将其概括总结为"'研究高深学问'是大学的职能"、"'兼容并包 思想自由'是大学的办学理念"、"'教授治校民主管理'是大学的办学体制"、"'五育并举,培养健全人格,发展个性'是大学的办学目标"、"'教育独立'是大学办学的基本保障"五个方面,并分别分析了这五个方面在现代教育管理中的意义和启示。而吴雪所作的《蔡元培教育管理思想述评》,在介绍蔡元培教育管理思想产生的渊源的基础上概括了其教育管理思想,包括平民教

---

① 金林祥:《思想自由 兼容并包——北京大学校长蔡元培》,山东教育出版社,2004 年,第 1 版。

② 梁柱:《蔡元培与北京大学》,北京大学出版社,1996 年。

育管理思想、行政管理思想、学术管理思想、学校民主管理思想以及教学管理思想，并对蔡元培的教育管理思想进行了评价，指出其在中国教育史上的创举地位以及其历史局限性。吴姷所作的《蔡元培高等教育管理思想研究》可以说是研究蔡元培高等教育管理思想较为全面深入的论文，它首先对蔡元培的教育人生进行了细致的介绍，以此来考察蔡元培高等教育管理思想的来源，包括中国传统文化的积淀、西方近代思想文化的熏陶以及清末民初进步知识分子的影响，并剖析了蔡元培高等教育管理思想的哲学基础，在此基础上总结了其主要内容包括大学的办学理念、大学的办学目标、大学的管理体制、大学的职能及大学办学的保障等几个方面，最后指出这些思想对于当今我国高等教育改革中出现的问题具有矫正与启示的作用。

对于蔡元培人才教育思想的研究基本上集中于其健全（或完全）人格教育思想，代表性的是南京师范大学黄长健的《蔡元培健全人格教育思想研究》，书中首先分析了健全人格思想提出的历史背景和理论基础，在此基础上全面分析了健全人格思想的涵义和主要内容，并介绍了蔡元培对于健全人格思想的实施，最后分析了蔡元培健全人格思想的历史意义和现实意义。这是对蔡元培人才培养思想研究较为全面与充分的文章，此外还有一些期刊文章，但其内容基本是大同小异，没有新的材料或见解，因此不再赘述。

相比较而言，对蒋梦麟的研究要少许多，专著主要有马勇著《蒋梦麟传》、《蒋梦麟教育思想研究》、《蒋梦麟图传》，马先生可以说是对蒋梦麟很有研究的学者，他的三部著作分别从不同的侧重点对蒋梦麟的一生经历、学术教育思想与社会贡献进行了梳理，材料丰富，层次结构也非常清晰，由于是传记性质，因此对于其教育思想尤其是大学人才培养理念的分析是缺乏的。而孙善根著《走出象牙塔：蒋梦麟传》，则将蒋梦麟的一生分为几个阶段，对其在每一个阶段中与重要事件的关系进行陈述，对其在教育界尤其是北京大学的经历主要通过其在二十年代帮助蔡元培主持校务，三十年代执掌北京大学期间对北京大学的改革来展现，通过这两个阶段蒋梦麟与北京大学的关系来体现他对北京大学的贡献,尤其是在三十年代极不平静的时代,蒋梦麟维系着北京大学的传统并使北京大学"蔚成全国最高学术中心",实现了北京大学的中兴。这本著作中对三十年代蒋梦麟在北京大学的改革论述翔实,结构层次也非常清晰,提供了很好的研究材料。

研究蒋梦麟教育思想的学位论文有张爱梅的《蒋梦麟教育思想研究》,首先介绍了蒋梦麟的生平与教育实践,以此为基础系统论述了蒋梦麟教育思想的内容,包括高等教育思想、个性教育思想、职业教育思想、平民教育思想以及历史教育思想等,并对蒋梦麟的教育思想进行了一分为二的评价。其中对其高等教育思想的论述为本文的写作提供了重要的启示和借鉴。此外,对蒋梦麟本人教育思想及论著的整理与出版明显较少,主要有蒋梦麟《过渡时代之思想与教育》的出版、曲士培主编《蒋梦麟教育论著选》,但这两本书却是解读蒋梦麟教育思想的重要资料。

3. 对人才培养的研究。大学理念是人们在对教育规律认识的基础上形成的关于大学基本问题的理性认识与理想追求,包括对大学的定义、性质、职能、责任、目的、理想、信念等。人才培养理念是大学理念中关于人才培养的目标和过程的观念体系,包括对"培养什么样的人才"和"如何培养人才"两个基本问题的理性认识。从人才培养的角度来研究大学理念的著作有《大学理念的传统与变革》,作者通过对古今中外大学从人才培养的角度对大学理念做出阐述,细化为大学是什么、大学的职能、人才培养在大学中的地位、大学应培养什么样的人才和大学应该如何培养理想人才等几个问题。在个案研究中选取了牛津大学、哈佛大学和南京大学作为样本,分别从上述几个方面对三所大学进行了考察,最终得出结论:在知识经济时代大学是具有多种职能的统一的有机体,人才培养在大学职能中应当居于核心地位,应当通过专业设置、课程体系、教学方法和校园文化的改革和改善来实现培养"全人"的教育目标。最早以人才培养模式为研究对象的理论研究著作,是1999年江苏教育出版社出版的龚怡祖所著的《论大学人才培养模式》。此著作首先从分析人才培养模式的概念入手,详细介绍了培养模式的基本要素,包括专业设置模式、课程体系构造形态、培养途径及知识发展方式、教学运行机制、教学组织形式与淘汰模式 6 个方面的内容。其次,分析了与培养模式的变革密切相关的独立的影响因素——教育思想、培养目标、教育技术进步及人类经验方式。最后,分析了培养模式的实践化形式——培养方案以及培养模式的建构,即对一定目标的知识结构、能力结构与素质结构的建构。魏所康著《培养模式论》着眼于人才培养模式的改革以及创新人才的培养,首先分析了人才培养模式的概念、基本要素及基本的类型,然后对人才培养模式的类型分析,寻找培养创新人才的培养模式,在反观我国人才培养模式的基础上指出我国人才培养模式改革的方向及具体的实施策略。

4. 对相关问题研究的评述。

第一,对北京大学校史的研究,从政治的角度为我们展现了一个中国革命和社会发展过程中的北京大学,揭示了北京大学在新文化运动、五四运动、一二九运动等历次的革命运动中所起到的重要作用,理清了北京大学在中国共产党的成立中不可替代的地位和作用,再现了北京大学学人在革命运动中不屈不挠、艰苦卓绝的革命精神和感人事迹。但作为中国当时的第一所综合性国立大学,她在教育史上的地位也同样是非常重要的,尤其是北京大学传统的形成和发展以及其人才培养的模式是整个中国高等教育效仿的典型,当时培养的一批又一批的人才对于中国的教育与学术繁荣、国家建设与发展、中国近代社会的转型等方面起到了重要的促进作用。就目前研究的情况来看,显然存在着不足,有待进一步研究。

第二,对蔡元培、蒋梦麟的研究从不同的角度对二人的思想尤其是教育思想展开,尤其是对二位校长在北京大学时期的教育思想和对北京大学的教育管理实践研究为本书提供了大量的资料和可供借鉴的成果。对于他们的人才观研究主要集中在完全人格培养与个性(个人)主义思想研究,而对于其大学人才培养思想的研究,以及对于其实践过程及结果研究明显不够,还有很大的研究空间。

第三,从目前情况看,对人才培养的研究,主要集中在人才培养模式的理论研究和创新型及应用型人才培养模式的研究,主要是理论上的论证和构想,可以说是一种理想化的人才培养模式研究,这当然对我国人才培养模式的变革起到理论指导的作用,也为高校个体的人才培养模式转变提供改革的方向和目标。但人才培养模式是一个复杂的系统的工程,单纯的理论架构难以满足对人才培养模式变革的需求。民国时期的北京大学在极其困难的环境下能够培养出大量的科研人才不能不说是个奇迹,对其进行历史的考察将为当今高校人才培养提供一个很好的成功范例。

本书旨在通过考察民国时期(1917—1937)北京大学如何在一定教育宗旨指导下,从教育目标的确立、教育教学制度、教师管理制度、学生管理制度以及校园文化建设各方面进行改革和创新,培养出优秀的人才,从而揭示时代背景、社会环境、办学理念、制度建设等方面在人才培养中的影响,发掘北京大学人才培养的特色,为我们目前的大学教育改革提供借鉴。第一章首先介绍北京大学的创立及民国初期的教育教学与人才培养的基本情况,为二十世纪二三十年代的北京大学人才培养方面的变革提供一个鲜明的参照。第二章与第三章是本书的主体部分,分别从人才培养理念、人才培养过程与人才培养的结果三个方面来考察蔡元培与蒋梦麟时期的北京大学是如何培养高等人才的。并通过对这两个时期人才培养状况的比较分析,得出北京大学人才培养模式的具体内容及影响这一模式的因素,并分析了这一人才培养模式对当前人才培养模式改革的借鉴,这也就是第四章的内容。

三、相关概念的阐释

人才,亦作"人材"。一指有才识学问的人,德才兼备的人;二指才学,才能;三指人的品貌。[①] 培养,即栽培养育,引申为教育、造就人

---

① 《辞海》,上海辞书出版社,1979 年版,第 1878 页。

才。模式，一般指可以作为范本、模本、变本的式样。合而言之，人才培养模式的基本词义就是教育有才识学问的德才兼备的人的范本式样。而人才培养模式作为一个完整的概念被正式提出，是 1983 年文育林在《高等教育研究》第 2 期上发表的题为《改革人才培养模式，按学科设置专业》的文章指出："为了开创高等工程教育的新局面，提高人才培养的质量，首先必须科学地调整现有专业设置，改革人才培养的模式。"但并未对人才培养模式的内涵作出进一步解释。刘明浚等人在《大学教育环境论要》一书中，首次对人才培养模式这一概念作出了界定，指出"人才培养模式是指在一定的办学条件下，为实现一定的教育目标而选择或构想的教育、教学式样"[1]，认为人才培养模式的构成要素包括"课程体系、教育途径、教学方法、教学手段、教学组织形式等"。在这些要素中，"课程体系"是其核心，其他要素是"为了使课程体系正确而有效的安排和施教，从而使培养目标得以落到实处"。[2]

最高国家教育管理机关的教育部（原称国家教委）最早提出"人才培养模式"术语，是在 1994 年，制定、实施的《高等教育面向 21 世纪教学内容和课程体系改革计划》中，这一计划所设项目的主要内容是："未来社会的人才素质和培养模式；各专业或专业群的培养目标及人才规格；主要专业或专业群的课程体系结构；基础课程、核心课程的教学内容体系及教材；教学手段、教学方法的创新。"计划中虽未明确对人才培养做出具体的概念诠释和要素分析，但从计划的内容中可以看出其实是在进行人才培养模式的改革。1996 年第八届全国人民代表大会第四次全体会议批准的《中华人民共和国国民经济和社会发展"九五"计划和 2010 年远景目标纲要》中指出：改革人才培养模式，由"应试教育"向全面素质教育转变。1998 年教育部召开

---

① 转引自钱国英等：《高等教育转型与应用型本科人才培养》，浙江大学出版社，2007 年，第 27 页。

② 转引自钱国英等：《高等教育转型与应用型本科人才培养》，浙江大学出版社，2007 年，第 27 页。

的第一次全国普通高校教学工作会议的主文件《关于深化教学改革，培养适应 21 世纪需要的高质量人才的意见》对人才培养模式明确做出界定：人才培养模式是学校为学生构建的知识、能力、素质结构，以及实现这种结构的方式，它从根本上规定了人才特征并集中地体现了教育思想和教育观念。

此后，人才培养模式改革研究成为教育界研究的一个热点问题。1999 年，由江苏教育出版社出版的南京农业大学龚怡祖教授的学术专著《论大学人才培养模式》，首次系统论述了人才培养模式的含义与构成要素、人才培养模式改革、知识、能力、素质结构的建构和培养方案。他对人才培养模式的定义是："在一定的教育思想和教育理论指导下，为实现培养目标（含培养规格）而采取的培养过程的某种标准构造式样和运行方式，它们在实践中形成了一定的风格或特征，具有明显的系统性与范型性。"[①]2004 年，魏所康指出："人才培养模式是一定教育机构和教育工作者群体普遍认同和遵从的关于人才培养活动的实践规范和操作样式，它以教育目的为导向、以教育内容为依托、以教育方法为具体实现形式，是直接作用于受教育者身心的教育活动全要素的总和和全过程的总和，它反映位于教育模式之下，具体教学方法之上这样一个区间的教育现象。"[②]此外，还有几种概述：1."所谓培养模式，是指遵循人才成长与发展的规律和社会需要，为受教育者所构建的知识、能力、素质结构以及实现这种结构的总体运行方式"，由培养目标、培养过程和培养评价三部分所构成[③]。2. 人才培养模式涉及"人才培养理念，人才培养规格定位，以及培养内容、培养途径、方式与机制"三大范畴，是"在一定的教育理念指导下，高等学校为实现人才培养目标而采取的培养体系、培养途径和培养机制

①　龚怡祖：《论大学人才培养模式》，江苏教育出版社，1999 年，第 10 页。
②　魏所康：《培养模式论》，东南大学出版社，2004 年，第 24 页。
③　韩延明：《改革视野中的大学教育》，中国海洋大学出版社，2006 年，第 272 页。

的定型化范式。"①3. "人才培养模式是指在一定的教育思想和理念指导下,为实现培养目标所设计的培养过程、人才培养的构成要素及其运行方式。"②

对人才培养模式的定义,研究者根据自己研究内容和视角的需要会有不同的概述,但无论如何多样,有一些共性的东西:任何的人才培养模式都有一定的教育理念指导;都要有对人才培养目标和培养规格的设定;为实现目标而设立机构、采取的具体制度和方法;这种模式具有一般性的特点,可以成为一种学习的标准或范式。因此,人才培养模式指的是:在一定的教育思想或教育理念指导下,为实现一定的人才培养目标而进行的整个教育活动过程的范本。人才培养模式的内容或者构成要素包括:教育理念(人才培养理念)、培养目标、培养体系,而培养体系又可以具体到学科设置、课程安排、教学途径、教学运行机制、教学组织形式等。

模型研究的根本目的就是通过抽象方法,从大量原型中抽取共同的、本质的特征,从而进行模式的分类以及模式的识别、评价、推广和建构。人才培养模式的研究也是通过对原型特征的描述来判别它属于那种模式,或者根据其模式的类型来把握其基本特征。有人将人才培养模式从不同的角度根据不同的分类标准做出不同的分类③:1. 从教育目的的角度分类:按照教育对象分为英才模式与大众模式,按照教育目标分为传承模式与创新模式;2. 从教育内容角度分类:按照知识的价值分为学术定向模式与职业定向模式,按照知识的组织形式分为刚性模式与弹性模式;3. 从教育方法角度分类:按照活动的主体分为师本模式与生本模式,按照学习方式分为接受模式与探究模式,按照学习途径分为文本模式与实践模式。这种分类是

①　钱国英、徐立清、应雄:《高等教育转型与应用本科人才培养》,浙江大学出版社,2007年,第29页。

②　林华东:《趋势与策略——地方性高校本科人才培养的理论与实践》,厦门大学出版社,2008年,第35页。

③　魏所康:《培养模式论》,东南大学出版社,2004年,第35-55页。

为了从理论上更好地把握各种模式的不同特点,其实在实践的过程,各种模式的界限并非不可逾越,某一具体大学的人才培养模式在知识的组织形式上可以兼具刚性和弹性的特点,在学习途径上可以文本模式与实践模式并存。区分不同类型的人才培养模式,其实最关键的问题是培养什么样的人,即对人才培养目标(包括培养规格)的设定,因为它是学校制订教学计划和课程教学大纲、组织教学、检查和评估教育质量的最重要的依据,是整个人才培养过程的出发点和归宿。

为了更好地理解人才培养模式的概念,需对人才培养模式、教育模式、教学模式作以区分。人才培养模式是一个介于教育模式和教学模式中间的概念,与二者均有区别。1972 年,美国师范教育专家乔伊斯和韦尔将他们的一部教育论著命名为《教学模式》,他们对教学模式的定义为:教学模式是构成课程(长时间的学习课程)、选择教材、指导在教室和其他环境中开展教学活动的一种计划或范型。[①]在我国,教学模式被定义为:为实现一定的教学目标而在教学活动中形成的教学活动的组织形式,包括课程安排、教学方式等要素,具有一定的计划性、系统性和相对稳定性。[②]　培养模式与教学模式是包容与被包容的关系,培养模式制约着教学模式,教学模式则是培养模式在教学活动中的具体表现,因而更具体,更灵活多样。教育模式是指教育在一定社会条件下形成的具体式样,[③]它反映的是一个国家或民族在某个时期或阶段的教育制度的特点,包含人才培养模式。简而言之,教育模式涵盖培养模式,培养模式又包含教学模式,三者是相互区别又相互联系的三个不同概念。

---

①　魏所康:《培养模式论》,东南大学出版社,2004 年,第 21 页。
②　韩延明:《改革视野中的大学教育》,中国海洋大学出版社,2006 年,第 272 页。
③　顾明远:《教育大辞典》(卷 1),上海教育出版社,1990 年,第 23 - 24 页。

第一章
民国初年的北京大学人才培养

第一节　京师大学堂到北京大学的转变

一、京师大学堂的创建

随着中国封闭已久的外交大门在外国列强的坚船利炮轰击下被迫一步步开启，中国人对外国的认识也在逐步加深。十九世纪四五十年代，比较开明的中国知识分子面对外敌的入侵，认识到西方之所以强盛在于其技艺的发达，因此提出"师夷长技以制夷"的口号。洋务运动时期，洋务派更进一步提出要"采西学"，此时的西学已经不限于西方的技艺，而且包括了语言学、数理化等自然科学知识和地理知识，并创办了京师同文馆等中西学堂。然而此时的中西学堂，从教育目标来看，还是要培养掌握西方科学技术为清王朝服务的奴才；从教育原则来看，是"中学为体，西学为用"；从教育内容来看，依然是以封建的伦理纲常为主，涉及部分西学知识。所以此时的这种学堂还不能算是近代意义上的高等教育，更何况甲午中日战争，中国的失败也宣告了洋务运动的破产以及"中体西用"教育原则的失败。

在中国反抗侵略、救亡图存的实践过程中，中国人对西方文化的理论认识也更加深刻。十九世纪末，资产阶级维新派设学会、办报馆、著书译文,宣传西方的科学文化知识,他们认为中国要救亡图存就必须要效仿日本实行变法,而变法必须从废科举、兴教育入手,梁启超更是明确指出,"变法之本,在育人材,人材之兴,在开学校,学校之立,在变科举"。①《马关条约》签订后,维新变法运动的热潮更加高涨,1895 年 6 月,顺天府尹胡燏棻上书朝廷,奏请开设学堂,他指出,"泰西各邦,人材辈出,其大本大源,全在广设学堂,……以故国无弃民,地无废材,富强之基,由斯而立",建议清政府"务必破除成见,设法变更,弃章句小儒之习,求经济匡世之材。应先举省会书院,归并裁改,创立各项学堂"。② 同年 8 月,康有为、梁启超等在北京组织"强学会",购置图书报刊,并经常开会演讲,宣传西方资产阶级的政治学说和科学知识,鼓吹西学,推动变法维新。但在旧势力的压迫下"强学会"于次年初被关闭,后在胡孚辰、翁同龢等人的努力下解禁,将其改为官书局,由孙家鼐督办。官书局章程规定局内设藏书院、刊书处及游艺院,翻译、编印书籍,供"留心时事,讲求学问者"阅览利用。此外,孙家鼐还建议设立学堂,"延精通中外文理者一人为教习,凡京官年富力强者,子弟之资性聪颖安详端正者,如愿学语言文字及制造诸法,听其酌出学资,入馆肄习"。③

　　1896 年 6 月,刑部左侍郎李端棻在《请推广学校折》中指出:"时事多艰,需才孔亟,请推广学校,以励人才而资御侮,恭折仰祈圣鉴事。窃臣闻国于天地,必有与立,言人才之多寡,系国家之强弱也。……夫以中国民众数万万,其为士者十数万,而人才乏绝至于如是。非天之不生才也,教之之道为道尽也。夫二十年来,都中设同文馆,各省立实学馆、广方言馆、水师武备学堂、自强学堂,皆合中外学术相与讲习,所在而有。而臣顾谓教之之道未尽,何也? 诸馆皆徒习

---

　　① 《戊戌变法》(三),中国史学会编:《中国近代史资料丛刊》,上海人民出版社,1978年,第 21 页。

　　② 《戊戌变法》(二),中国史学会编:《中国近代史资料丛刊》,上海人民出版社,1978年,第 288 - 289 页。

　　③ 《戊戌变法》(二),中国史学会编:《中国近代史资料丛刊》,上海人民出版社,1978年,第 423 页。

西语西艺,而于治国之道,富强之原,一切要书,多未肄及,其未尽一也。格致制造诸学,非终身执业,聚众讲求,不能致精。"①在李端棻看来,洋务运动中兴办的学堂远远不足以改变中国的贫弱状况,因为这些学校培养的学生只是学习"技艺",并且不能"终身执业",所以必须要创办新式学堂,培养懂"治国之道"的国家政治人才,才能挽救中国,实现国家富强的理想。他正式提出设立"京师大学","选举贡、生、监三十岁以下者入学,其京官愿学者听之,学中课程一如省学,惟益加专精,各执一门,不迁其业,以三年为期",学生毕业后同样"予以出身,一如常官"。②

　　光绪帝将奏折交总理衙门议覆,总理衙门认为此为扩充官书局的职责,即交由管理书局大臣孙家鼐办理。孙家鼐便上奏清廷:"若云作育人才,储异日国家之大用,则非添筹经费,分科立学不为功。独是中京师建立学堂,为各国通商以来仅有之创举,苟仅援前此官学义学之例,师徒授受以经义帖括,猎取科名,亦复何裨大局? 即如总署同文馆各省广方言馆之式,斤斤于文字语言,充其量不过得数十翻译人才而止。"③在孙家鼐看来,建立京师学堂不能沿袭洋务学堂的方式,而应当参仿各国大学堂章程,建立综合性高等学堂,对此他提出了六条意见:第一,"宗旨宜先定"。"今中国京师创立大学堂,自应以中学为主,西学为辅;中学为体,西学为用;中学有未备者,以西学补之,中学有失传者,以西学还之。以中学包罗西学,不能以西学凌驾中学。"第二,"学堂宜造"。"拟于京师适中之地,择觅旷地,或购民房,创建学堂,以崇体制。"第三,"学问宜分科"。"拟分立十科:一曰天学科,算学附焉;二曰地学科,矿学附焉;三曰道学科,各教源流附焉;四曰政学科,西国政治及律例附焉;五曰文学科,各国语言文字附

_____

① 陈学恂编:《中国近代教育史教学参考资料》(上册),人民教育出版社,1986 年,第425 页。
② 舒新城编:《中国近代教育史资料》(上册),人民教育出版社,1986 年,第 143 页。
③ 陈学恂编:《中国近代教育史教学参考资料》(上册),人民教育出版社,1986 年,第430 页。

焉；六曰武学科，水师附焉；七曰农学科，种植水利附焉；八曰工学科，制造格致各学附焉；九曰商学科，轮舟铁路电报附焉；十曰医学科，地产植物各化学附焉。”第四，“教习宜访求”。“大学堂内应延聘中西总教习各二人，中国教习，应取品行纯正，学问渊深，通达中外大势者，虽不通西文可也。外国教习，须深通西学，兼识华文，方无扞格。”第五，“生徒宜慎选”。“大学堂学生，年以 25 岁为度，以中学西学一律赅通者为上等，中学通而略通西学者次之，西文通而粗通中学者又次之……惟中西各学，均须切实考验，第其优劣，分别去留，仍须性行温纯，身家清白，方能入选。”第六，“出身宜推广”。① 光绪帝对这些意见都表示赞同，但顽固派以经费困难为由，主张“缓办”，于是，建立京师大学堂的事情被搁置。

　　1898 年初，随着维新变法运动的日益推进，创办京师大学堂的事情再次提出，康有为提出“自京师立大学，各省立高等中学，府县立中小学及专门学”，② 御史王鹏运也奏请开办京师大学堂。2 月 15日，光绪帝发布上谕：“京师大学堂，叠经臣工奏请，准其建立，现在亟须开办。其详细章程，着军机大臣会同总理各国事务衙门王大臣，妥筹具奏。”③ 总理衙门仍以“事属创始，筹划匪易……查取东西洋各国学校制度，暨各省学堂现行章程，参酌厘定，尚未就绪”④ 为借口再次推迟。6 月 11 日，光绪帝下《明定国是诏》，正式宣布维新变法。在诏书中强调：“京师大学堂为各行省之倡，尤应首先举办。着军机大臣、总理各国事务衙门王大臣，会同妥速议奏。”⑤ 6 月 26 日，光绪再发上谕，严令军机处和总理衙门迅速覆奏，不得延迟，并告诫“倘再仍前玩

　　① 朱有瓛主编：《中国近代学制史料》（第一辑下册），华东师范大学出版社，1986 年，第 624 - 625 页。

　　② 《戊戌变法》（二），中国史学会编：《中国近代史资料丛刊》，上海人民出版社，1978年，第 201 页。

　　③ 朱有瓛主编：《中国近代学制史料》（第一辑下册），华东师范大学出版社，1986 年，第 633 页。

　　④ 朱有瓛主编：《中国近代学制史料》（第一辑下册），华东师范大学出版社，1986 年，第 637 页。

　　⑤ 《明定国是诏》。

竭,并不依限复奏,定即从严惩处不贷。"①至此,军机处与总理衙门才不得不草拟《京师大学堂章程》,章程共分 8 章 54 节,其中办学方针有二:"一曰中西并用,观其会通,无得偏废;二曰以西文为学堂之一门,不以西文为学堂之全体。以西文为西学发凡,不以西文为西学究竟。"对于京师大学堂与各省学堂的关系章程也做出了明确规定:"今京师既设大学堂,则各省学堂,皆当归大学堂统辖,一气呵成;一切章程功课,皆当遵依此次所定,务使脉络贯注,纲举目张。"②由此,京师大学堂不仅是全国的最高学府,还是全国最高的教育行政机构。

光绪帝阅览军机处和总理衙门上奏的《京师大学堂章程》后即发布上谕:"京师大学堂,为各行省之倡,必须规模宏远,始足以隆观听而育英才。"③受命为第一任管学大臣的孙家鼐一个月后上奏《奏陈筹办京师大学堂大概情形疏》,对原章程提出了补充意见,推荐许景澄为中学总教习,丁韪良为西学总教习;拟定大学堂开办费为 35 万两,常年经费 20.063 万两,以华俄道胜银行的中国政

图 1-1　京师大学堂校匾
图片来源:萧超然等编著:《北京大学校史(1898—1949)》(增订本),北京大学出版社,1988 年。

府存款的利息支付,校舍也在加紧修缮和扩建。就在京师大学堂筹办的时候,顽固派发动政变,维新变法失败,维新派的改革措施几乎全被废除,只有京师大学堂"以萌芽早,得不废",由孙家鼐继续筹办并于 1898 年 12 月正式开学。但京师大学堂的教学方针和教学内容却发生了很大变化,大学堂分《诗》《书》《礼》《易》四堂和《春秋》二堂,

---

　　① 朱有瓛主编:《中国近代学制史料》(第一辑下册),华东师范大学出版社,1986 年,第 633-634 页。

　　② 朱有瓛主编:《中国近代学制史料》(第一辑下册),华东师范大学出版社,1986 年,第 654 页。

　　③ 朱有瓛主编:《中国近代学制史料》(第一辑下册),华东师范大学出版社,1986 年,第 639 页。

"兢兢以圣经理学诏学者,日悬《近思录》、朱子《小学》二书以为的"。[1]
学堂原定招生 500 人,开学时学生不足百人,讲舍不足百间。

戊戌政变后,慈禧太后下令完全恢复八股取士的科举制度。大学堂的学生也只有参加科举考试得中后,才能获得举人、进士等头衔,才能有做官的资格。因此,每届科举考试期间,大学堂学生便纷纷请假赴考,大学堂实际上变成了科举考试的"培训班"。1900 年春,孙家鼐因反对慈禧太后阴谋废黜光绪帝,愤而辞职,由许景澄代理管学大臣。1900 年夏,义和团进京,大学堂学生均告假四散,道胜银行也被毁坏,办学经费毫无着落,许景澄奏请暂行裁撤大学堂。8 月 3 日,慈禧太后下令停办大学堂。8 月 14 日,八国联军侵占北京,京师大学堂遭俄、德侵略军侵占,校舍、房屋、图书和仪器设备大部被毁。至此,京师大学堂开办仅一年有余,且"学生从未足额,一切因陋就简,外人往观者轻之等于蒙养学堂"。[2]

二、清末的京师大学堂

《辛丑条约》签订后,清政府以牺牲国家主权和人民财富换得了统治局面的暂时稳定。为了缓和国内反清情绪以及迎合外国侵略者的要求以及维护摇摇欲坠的统治,清政府也意识到需要实行"变法维新",提出"兴学育才实为当今急务",逐步取消八股取士的科举制度,兴办新式学堂。1902 年 1 月 10 日,清政府正式下令恢复京师大学堂,任命吏部尚书张百熙为管学大臣,负责筹办。张百熙很想把京师大学堂办好,他指出:"大学堂理应法制详尽,规模宏远,不特为学术人心极大关系,亦即为五洲万国所共观瞻。天下于是审治乱,验兴衰,辨强弱。人材之出出于此,文明之系系于此。是今日而再议举办大学堂,非徒整顿所能见功,实赖开拓以为要务,断非因仍旧制,敷衍

---

① 喻长霖:《京师大学堂沿革史》,舒新城编:《中国近代教育史资料》(上册),人民教育出版社,1981 年,第 157 页。

② 张百熙:《筹办京师大学堂情形疏》,北京大学校史研究室编:《北京大学史料》(第一卷),北京大学出版社,1993 年,第 54 页。

外观所能收效者也。"张百熙主张从基础做起,暂不设本科,先办预备科,分设政科和艺科,"以经史、政治、法律、通商、理财等事隶政科;以声、光、电、化、农、工、医、算等事隶艺科"。预备科学生三年毕业后参加考试及格者入大学本科。此外,还设速成科,分为仕学馆和师范馆,"凡京官五品以下,八品以上,以及外官候选,暨因事留京者,道员以下,教职以上,皆准应考入仕学馆。举贡生监等,皆准应考入师范馆"。[①] 速成科学员学习三至四年毕业后,可担任初级官吏或学堂教习。此外,张百熙还对经费、校舍、图书、仪器等方面分别提出了建议。

参考和借鉴东西洋各国大学的章程,1902 年 8 月,张百熙主持拟定了一套学堂章程,经清政府批准颁行,称为《钦定学堂章程》。这套章程包括从小学到大学的各级章程,是中国以政府名义颁行的第一个完整学制。其中京师大学堂章程包括 8 章 84 节,对大学堂从办学纲领、领导体制、教师聘任、科目设置、课程安排到招生办法、毕业分配、教学纪律等各方面均做出了详细的规定。对于办学纲领章程是这样规定的:"京师大学堂之设,所以激发忠爱,开通智慧,振兴实业",以及"端正趋向,造就通才,为全学之纲领"。[②] 大学堂分大学预备科、大学专门分科和大学院三级,大学专门分科即大学本科,大学院相当于后来的研究生院。大学专门分科共设七科,科下共分35 目:

政治科,下分政治学、法律学二目;

文学科,下分经学、史学、理学、诸子学、掌故学、辞章学、外国语言文字学七目;

格致科,下分天文学、地质学、高等算学、化学、物理学、动植物学六目;

---

① 张百熙:《筹办京师大学堂情形疏》,北京大学校史研究室编:《北京大学史料》(第一卷),北京大学出版社,1993 年,第 52－53 页。

② 《钦定京师大学堂章程》,舒新城编:《中国近代教育史资料》(中册),人民教育出版社,1981 年,第 544 页。

农业科,下分农艺学、农业化学、林学、兽医学四目;

工艺科,下分土木工学、造船学、造兵器学、电气工学、建筑学、应用化学、采矿冶金学等八目;

商务科,下分簿记学、产业制造学、商业语言学、商法学、商业史学、商业地理学六目;

医术科,下分医学、药学二目。

大学预备科学制三年,毕业后给予举人出身,可以升入大学分科继续学习;大学分科学制三至四年,毕业后给予进士出身,可以升入大学院深造。[①]

为了办好京师大学堂,张百熙付出了很多的努力,尤其是在延聘师资方面,他提出:"此次奉旨切实举办,自应破除积习,不拘成例用人",对于"才具优长,通达时务","明练安详,学有根柢"的人才委以重任。对于总教习的聘任,他特别重视,"大学堂之设,所以造就人材,而人材之出,尤以总教习得人为第一要义,必得德望具备,品学兼优之人,方足以膺此选,前直隶冀州知州吴汝纶,学问纯粹,时事洞明,淹贯古今,详悉中外,足当大学堂总教习之任"。[②] 经过张百熙的积极筹备,京师大学堂于 1902 年 10 月 14 日举行招生考试,首先招考速成科学生,考试结果仕学馆录取 36 名,师范馆录取 56 名。11 月 25 日,大学堂再次举行招生考试,录取学生 90 名。12 月 17 日,京师大学堂举行入学典礼,宣布正式开学。

正当京师大学堂经过种种努力刚刚起步之时,顽固派因张百熙重用比较开明和进步的学者而对大学堂进行恶意攻击和造谣诽谤,张百熙更是首当其冲。清政府于 1903 年春加派荣庆为管学大臣,监督、掣肘张百熙,使其兴学的抱负难以实现。1904 年初,张之洞等奏请将管学大臣改为总理学务大臣,统辖全国学务;另设京师大学堂总

---

① 萧起然等编著:《北京大学校史(1898—1949)》(修订本)北京大学出版社,1988年,第 18-19 页。

② 张百熙:《举吴汝纶为大学堂总教习折》,北京大学校史研究室编:《北京大学史料》(第一卷),北京大学出版社,1993 年,第 305 页。

监督，专管大学堂事务。清政府批准
并派孙家鼐为总理学务大臣，张亨嘉
为京师大学堂总监督。张百熙失去
了其发挥兴学抱负的平台，不仅如
此，清廷对他主持拟定的学堂章程也
不放心，又于 1903 年 6 月，命张之洞
会同张百熙、荣庆修订学堂章程，这
次修订使得上述中国近代第一个国
家颁布的学制没有得以实施，修订学
堂章程的宗旨是："无论何等学堂，均
以忠孝为本，以中国经史之学为基，
俾学生心术一归于纯正，而后以西学
瀹其智识，练其艺能，务期他日成材，
各适实用，以仰副国家造就通材慎防
流弊之意。"[1]经修改后的大学堂章程
被称为《奏定学堂章程》，它与《钦定

图 1 - 2　张百熙（1847—1907）字
盖铮，湖南长沙人，清同治进士。
1902 年 1 月以工部尚书受命为管
学大臣，恢复因八国联军入侵而
暂时停办的京师大学堂。1904 年
2 月离任。
图片来源：中国网：http://www.chi-
na. com. cn/education/2013 - 03/28/
content-28389071. htmh

学堂章程》的不同之处在于：（一）大学堂预备科由原来的政科和艺
科，改分为三类：第一类为预备升入经学、政法、文学、商学等分科大
学的；第二类为预备升入格致、工科、农科等分科大学的；第三类为预
备升入医科大学的。（二）大学分科除了原有七科外增设了经学科，
下分周易、尚书、毛诗、春秋左传、春秋三传、周礼、仪礼、礼记、论语、
孟子、理学 11 门，突出了经学的地位。（三）大学院改名为通儒院，
学制 5 年，"以能发明新理，著有成书，能制造新器，足资利用为毕
业"。[2] 这一章程一直沿用至清末，在此期间，京师大学堂的规模有了
很大发展，速成班和预备科都有了毕业生，至 1910 年，分科大学除医

---

[1]　张百熙等：《重订学堂章程折》，舒新城编：《近代中国教育史料》（第二册），中华书
局，1933 年，第 4 页。
[2]　《奏定大学堂章程》，舒新城编：《中国近代教育史资料》（中册），人民教育出版社，
1981 年，第 621 页。

科外,其他七科正式开办。随着辛亥革命的爆发和革命形势的发展,京师大学堂的师生都无心上课,由于学生多数请假,学堂请求"暂时停办",清末京师大学堂就此结束。

三、清末京师大学堂人才培养的成绩与特点

虽然政治气氛日益紧张,京师大学堂在清末还是取得了不小的成绩。主要表现在以下几个方面:(1)到 1904 年底,师范馆和预科共招收了 500 多名学生①,且这一年从速成科挑选出 47 名学生派往外国留学,张耀增等 31 人赴日本,俞同奎等 16 人赴西洋各国(欧洲或美国)。这是京师大学堂派出的第一批留学生。(2)1905 年 4 月 24 日,京师大学堂举行第一届运动会,项目有:100 米至 800 米竞走、跳远、跳高、撑竿跳高、掷槌、掷球、越栏竞走、犬牙形竞走、拉绳等。对此,大学堂总监督专门发布文告:"盖学堂教育之宗旨,必以造就人才为指归,而造就人才之方,必兼德育体育而后为完备","今日本大学堂开第一次运动会,亦不外公表此宗旨,以树中国学界风气而已"。② (3)1907 年 3 月 13 日,京师大学堂为招收的第一批速成科师范馆学生举行了隆重的毕业典礼,并颁发了毕业证。毕业证书上有学生的毕业考试成绩,盖有京师大学堂关防和总监督印章,还印有西太后的"整理学风上谕"。这是京师大学堂第一次举行毕业典礼,共有 99 人毕业并全部授予举人的资格,学校按照他们在毕业考试中的成绩和平时的操行分数给他们排名次并委以官职,其中 18 名最优等学生被委以内阁中书的职务,60 名优等学生被委以中书科中书的职务,其余 21 名学生则被委以各部司书的职务。③ 1909 年初,又有师

---

① 庄吉发:《京师大学堂》,台湾大学出版社,1970 年,第 31 页。
② 蔡璐辑:《大学堂译学馆运动会记录》,转引自萧起然等编著:《北京大学校史(1898—1949)》,北京大学出版社,1988 年,第 25 页。
③ 北京大学校史研究室编:《北京大学史料》(第一卷),北京大学出版社,1993 年,第 396-403 页。

范馆学生 206 名、预科学生 132 名毕业。① 这班学生毕业后师范馆即改为优级师范学堂,脱离京师大学堂而独立,民国时期更名为北京高等师范学堂(现北京师范大学前身)。预科则改名为高等学堂,依然隶属于京师大学堂。(4)光绪三十三年(即 1907 年)大学堂增设博物实习科简易班,招生 37 人,学制两年,后又增加实习期一年。制作大学堂教学用标本、模型及其图画,不仅节省了购买这些器材的经费,而且加强了学生的动手能力,为我国培养了第一批这方面的人才。可惜的是,1910 年这班学生毕业后,博物科就停办了。(5)1910年 3 月 30 日,京师大学堂分科大学举行开学典礼,七科十三门共招生四百多人。除商科学制三年外,其余各科学制都是四年。因为这批学生入学后仅一年多就爆发了辛亥革命,他们是在京师大学堂改为北京大学校后才毕业的,所以严格意义上讲,京师大学堂没有正式的本科毕业生。

京师大学堂是戊戌变法的成果,体现了对旧制度和体系的革新,同时又是清政府创办的学堂,其教育原则和教育内容仍具有浓厚的封建性。因此清末的京师大学堂从其实质来看是新旧制度和内容糅合的产物,这一时期的京师大学堂还不是现代意义上的大学,只是中国传统太学向近代大学的转变和过渡阶段,这一特点也体现在此时期京师大学堂的人才培养方面。在人才培养目标上,初建时的京师大学堂以培养"西艺"与"西政"兼具的高级专门人才为主,侧重培养政治人才,以实现国家的救亡图存和真正富强的理想;《奏定京师大学堂章程》中对人才培养目标的设定是"激发忠爱,开通智慧,振兴实业,端正趋向,造就通才"。显然,这种人才培养目标的设定,体现了清政府既想学习西方造就新型人才来救亡图存,但又不能接受西方的道德文明,还希望培养的人才"忠"于这个腐败没落的政府。同时坚持"中体西用"原则,"学校必须以忠孝为本,以中国古典文化和历

---

① 北京大学校史研究室编:《北京大学史料》(第一卷),北京大学出版社,1993 年,第384－388 页。

史为基础。当学生的思想变得正直而纯正时,才能辅以西方文化知识来增长学生的才识,改进技能"。[1] 可见,此时的京师大学堂还是以中学为本,西学为辅,而最终是要维护以"忠孝"为本的清朝政府,培养清政府的高级奴才。

第二节　首任北京大学校长—严复

严复(1854—1921年),福建侯官(今福州市) 人。中国近代启蒙思想家、翻译家。曾任福州船政学堂教习、北洋水师学堂教习及总办、开平矿务局总办、京师大学堂附设译书局总办、复旦公学校长等职,1912年2月15日,被任命为京师大学堂总监督。5月1日,教育部下令,京师大学堂更名为北京大学校,学堂总监督改称大学校长,严复便成为北京大学第一任校长。严复就任北京大学校长时间虽短短几个月,但在北京大学的发展史上却是至为重要的,在1912年北京大学面临停办的境况下,他的坚持使北京大学能够在那个动荡的年代幸存了下来,这不能不说是北京大学的幸运。严复对于大学教育有着他自己的认识并形成了独特的教育思想体系,这些都影响到北京大学的变革和发展以及北京大学甚至整个中国的人才培养。

一、严复的人才培养观

（一）教育目标:"德智体"三育并举

严复对教育目标的设定,在他整个教育思想体系中居于核心的地位。他设定的教育目标,是培养"德智体"三育并举的中国资产阶级自由国民,这是中国最早提出的真正近代化的教育目标,这一目标的提出为中国教育的近代化转型确立了方向。

---

[1] （美）魏定熙:《北京大学与中国政治文化》(1898—1920),金安平、张毅译,北京大学出版社,1998年,第33页。

中国长期以来传统的教育目标是"学而优则仕",教育的目的是为现实政治服务,为国家培养政治人才,培养各级各类官吏候选人。这种教育对个体的要求是伦理本位的,"德"高是其教育的价值取向,重视道德教化是其教育方式,这就使得教育对象在德智体方面的发展有失偏颇。"德"讲求的是以三纲五常为核心的封建伦理道德,缺乏个体意志的选择自由;"智"的方面则依然是以伦理道德为主要内容,缺乏现实的科学教育;在"体"的方面更是匮乏,基本没有体育锻炼。到了

图 1 - 3
严复——北京大学第一任校长
图片来源:萧超然等编著《北京大学校史(1898—1949)》(增订本),北京大学出版社,1988年。

近代,随着中国国门被打开,西方知识文化的传入,一批先知先觉的中国近代启蒙思想家开始认识到中国的教育存在诸多的弊端,人才严重缺乏,正如龚自珍所批判的"左无才相,右无才史,阃无才将、庠序无才士,陇无才民,廛无才工、衢无才商、巷无才偷,市无才驵,薮泽无才盗,则非但鲜君子也,抑小人甚鲜"。[1] 如何才能改变中国的贫弱? 洋务派要培养的是具备制西方"制器之器"能力的应用人才,将西学中科学知识纳入学习范围,早期改良派更进一步,将西方的"政事"纳入人才的知识结构。但二者不仅均未涉及人才体育方面,而且对"智育"尤其是"德育"方面依然没有脱离封建道德体系,在"中体西用"原则下,人才培养目标依然没能转向近代化。

严复对于人才培养目标近代化的探索,较早的体现在《原强修订稿》中:"夫人才者,民力、民智、民德三者之征验也",[2]也就是说,严复人才培养目标的内在结构中包含德、智、体三方面。在培养目标的这三个方面中,最为体现其近代化的当属"德"这一方面,因为"智"的方

---

[1] 龚自珍:《乙丙际箸议第九》,《龚自珍全集》,上海人民出版社,1975年,第6页。
[2] 严复:《原强修订稿》,王栻主编:《严复集》(一),中华书局,1986年,第20页。

面是洋务派和早期改良派均已认识和实践过的,虽然程度上有所差异,但绝非是开天辟地的;而"体"的方面虽是严复首次明确提出,但一方面他自己未能给予更多的论证和充分的实践,另一方面这一点也是当时的封建统治集团和洋务派、早期改良派所能接受的。严复的先见之处在于他对教育目标的"德"方面注入了个体自由的伦理道德观念和个体意识,这是对忽视个体自由和个体意识的封建伦理道德的根本上的冲击,这也正是其近代化教育目标的体现。他从如何使中国摆脱贫弱出发,通过中西对比,指出西方之所以富强,"苟扼要而谈,不外于学术则黜伪而崇真,于刑政则屈私以为公而已。斯二者,与中国理道初无异也。顾彼行之而常通,吾行之而常病者,则自由不自由异耳"。① 在严复看来,富强与否关键在于是否具有使学术和刑政良好发展和保障个体自由的社会环境。个体的自由竞争创造了价值,促使社会向前发展,个体为私的努力,造就了国家的更加富强,"一洲之民,散为七八,争驰并进,以相磨砻,始于相忌,终于相成,各殚智虑,此既日异,彼亦月新"。② 从社会竞争规律角度,要实现国家的富强,必须要保证个体自由的充分发挥,在教育培养目标上,就要培养具备独立自由精神的个体。总之,严复的人才培养的目标是德智体兼具的人,即有近代科学技术知识、有体力、人格独立自由的资产阶级新国民。这一目标的确立,"无疑抓住了中国教育目标未能真正近代化的症结,在相当程度上解决了教育目标近代化的历史课题……他以个体自由为核心的教育目标的提出,也就标志着在中国,资产阶级自由教育理论的诞生"。③

（二）教育对象:从精英到大众

严复在确立了教育目标和三育并举的教育体系后,自然会涉及教育活动的承受者——教育对象的问题。早在 1895 年,他认为,中国教育是具有封建等级性的一种不公平的教育,普通民众难以接受

---

① 严复:《论世变之亟》,王栻主编:《严复集》(一),中华书局,1986 年,第 2 页。
② 严复:《原强修订稿》,王栻主编:《严复集》(一),中华书局,1986 年,第 23 页。
③ 崔运武:《严复教育思想研究》,辽宁教育出版社,1993 年,第 63－64 页。

教育，"至于吴民，则姑亦无论学校已废久矣，即使尚存如初，亦不过择凡民之俊秀者而教之。至于穷檐之子，编户之氓，则自襁褓以至成人，未尝闻有孰教之者也"。① 然而此时西方的教育却是另一番景象："西洋今日，业无论兵、农、工、商，治无论家、国、天下，蔑一事焉不资于学。……继今以往，将皆视物理之明昧，为人事之废兴。各国皆知此理，故民不读书，罪其父母。"②为了救亡图存，中国也必须要实施以德智体三育并举的面向广大民众的大众化教育，这是顺其自然的。

然而在接下来的几年中，严复非但没有进一步论述其大众化教育的问题，反而强调在当时情况下，中国还不能立即普及教育、提高民智以推行民主政治，而应当对知识阶层进行教育，实施精英教育。何以如此？这主要是严复受重渐变轻突变的进化论思想的影响。严复认为，要普及教育需要有"圣人"存在，通过这些"圣人"去启蒙和教育广大民众，在《辟韩》一文中指出，"是故使今日而中国有圣人兴，彼将曰：'吾之藐藐之身托于亿兆人之上者，不得已也，民弗能自治故也。民之弗能自治者，才未逮，力未长，德未和也。乃今将早夜以孳孳求所以进吾民之才、德、力者，去其所以困吾民之才、德、力者，使其无相欺、相夺而相患害也，吾将悉听其自由'"。③ 这一点更明显体现在就《原富》的翻译语言与梁启超的争论之中，梁启超认为近代学术文化的发展应当从贵族化转向大众化，那么语言也需通俗化、大众化，他批评严复的翻译"刻意摹仿先秦文体，非多读古书之人，一翻殆难索解"，"著译之业，将以播文明思想于国民也，非为藏山不朽之名誉也"。④ 对此，严复的答复是"若徒为近俗之辞，以取便市井乡僻之不学，此于文界，乃所谓陵迟，非革命也。且不佞之所从事者，学理邃赜之书，非以饷学童而望其受益也，吾译正以待中国多读古书之人"。⑤ 可

① 严复：《原强修订稿》，王栻主编：《严复集》（一），中华书局，1986年，第30页。
② 严复：《救亡决论》，王栻主编：《严复集》（一），中华书局，1986年，第48-49页。
③ 严复：《辟韩》，王栻主编：《严复集》（一），中华书局，1986年，第35页。
④ 梁启超：《介绍新著》，《新民丛报》，1902年第一期，第115页。
⑤ 严复：《与梁启超书》（二），王栻主编：《严复集》（三），中华书局，1986年，第516-517页。

见,严复在此强调的依然是精英教育——"中国多读古书之人"。

严复的思想随着社会、政治的变化也出现了变化发展,这种变化归因于清政府 1906 年预备立宪的开始。民主政治是严复的政治理想,而且他认为最适合中国的是立宪君主制,因此,1906 年开始,严复便又在多种场合强调大众教育:"鄙见此时学务,所亟求者,宜在普及",①"但使吾国之民,人人皆具普通知识,即不然,亦略解书数,有以为自谋生计,翕受知识之始基,则聚四百兆之人民,其气象自与今者迥异,故教育不必即行强逼也……"。② 在他看来,只有进行大众教育,才能为立宪政治的推行奠定基础,"顾欲为立宪之国,必先有立宪之君,又必有立宪之民而后可"。③

(三)教育原则:从全盘西化到体用一致

近代,随着我国人才培养目标的变化,必然要求教育原则的变革。洋务派与早期改良派对人才所具备的素质和学习内容的认识虽有所差别,但在人才类型上来讲是趋同于一类——掌握近代西方先进科学技术的清王朝的奴才。他们希望培养的人才能够掌握并运用西方的先进技术以实现救国图强,来进一步维护和巩固君王的统治,因此,中国的传统之学必为其本,西学为其末,在教育原则上奉行"中学为体,西学为用"即"中体西用"的原则。严复对此的评价是"盗西法之虚声,而沿中土之实弊"④,尤其是甲午战争中国的失败宣布了洋务运动的破产以及"中体西用"原则的无效,那么如何才能真正使中国富强呢? 严复对中西学术文化有着自己的认识:当时的中学"盖学术末流之大患,在于徇高论而远事情,尚气矜而忘实祸"⑤,总而言之,"无实"、"无用";西方近代学术与中国是大相径庭:"一理之明,一法之立,必验之物物事事而皆然,而后定之为不易。其所验也贵多,故

---

① 严复:《论教育与国家之关系》,王栻主编:《严复集》(一),中华书局,1986 年,第169 页。

② 严复:《与学部书》,王栻主编:《严复集》(三),中华书局,1986 年,第 593 页。

③ 严复:《宪法大义》,王栻主编:《严复集》(二),中华书局,1986 年,第 245 页。

④ 严复:《救亡决论》,王栻主编:《严复集》(一),中华书局,1986 年,第 48 页。

⑤ 严复:《救亡决论》,王栻主编:《严复集》(一),中华书局,1986 年,第 43 页。

博大；其收效也必恒，故悠久；其究极也，必道通为一，左右逢原，故高明。方其治之也，成见必不可居，饰词必不可用，不敢丝毫主张，不得稍行武断，必勤必耐，必公必虚，而后有以造其至精之域，践其至实之途"。① 通过这一比较，严复指出，要想改变中国贫困落后的状况，必须既要学习西学中的科学技术，即"用"，还要学习其"以试验为基的、以格致之学为核心的学术体系"，及"有用"为导向的价值取向。为此，他鼓足勇气，"宁负发狂之名，决不能喔咿嚅唲，更蹈作伪无耻之故辙"②，提出了惊世骇俗的"全盘西化"论。

1902 年，严复提出了"体用一致"原则，他引用裴可桴的话："体用者，即一物而言之也。有牛之体，则有负重之用；有马之体，则有致远之用。未闻以牛为体，以马为用者也"，因此"中学有中学之体用，西学有西学之体用，分之则并立，合之则两亡。议者必欲合之而以为一物"。③ 既然体用要一致，又要学习西学，那就是既要学西学中的"用"，又要学西学中的"体"，这不就是全盘西化吗？ 其实不然，这是对全盘西化论的一个超越性发展，是一个更新、更科学、更合理的原则。此时严复提出的体用，并非只有西学的体和用，而是包含了中学的体和用。他说："然则今之教育，将尽去吾国之旧，以谋西人之新欤？ 曰：是又不然"④，变革传统应当能够"择其所善者而存之"，"必将阔视远想，统新故而视其通，苞中外而计其全"⑤，也就是中国的教育变革应当保留传统中"善"的成分，视野开阔，心胸宽广，容纳今古，汇通中外，将中国传统的精华与西方近代的文明相融合来"愈愚"（即开民智），以实现中国的富强。

---

① 严复：《救亡决论》，王栻主编：《严复集》（一），中华书局，1986 年，第 45 页。
② 严复：《救亡决论》，王栻主编：《严复集》（一），中华书局，1986 年，第 53 页。
③ 严复：《与〈外交报〉主人书》，王栻主编：《严复集》（三），中华书局，1986 年，第 558－559 页。
④ 严复：《与〈外交报〉主人书》，王栻主编：《严复集》（三），中华书局，1986 年，第 560 页。
⑤ 严复：《与〈外交报〉主人书》，王栻主编：《严复集》（三），中华书局，1986 年，第 560 页。

二、严复对北京大学的贡献

严复作为北京大学的第一任校长,接手北京大学后,面临很多的困难。首先是经费问题。京师大学堂初创时的日常经费是从道胜银行领取的二十万两利息中支取,1905 年学部成立后,这笔钱归学部掌管,大学堂经费从学部领取。辛亥革命后,"学部分文不发,堂中异常支绌",严复与学部商议经费问题不能解决的情况下,只得借款,勉强开学。不久,财政部通令,京内外各衙门及学校职教员月薪在六十元以下的,照常支付,六十元以上者,一律暂支六十元。严复认为这一点在学校行不通,为此上书表示反对:第一,"名隶官规,俸给既优,位置亦固,迩日虽薄尽义务,将来之权利良多。学校任务则有似雇佣,既无考绩之可言,又乏酬庸之希望"。第二,"内外官俸,视爵秩高下而分等差。学校月薪则以事务繁简而判丰啬,如平均给予,事简者固安素常,任重者必怀绝望。倘各恪日力,放弃职任,表面之经费虽省,无形之贻误实多"。第三,教员薪水以授课多少为标准,"一日减薪,非抱璞长辞,即随意旷课,欲加之罪则无可置词,欲改聘师资则高材莫致"[①]。他提议为维持学校的正常发展,校长一人每月支六十元以示服从命令,其余教职员薪俸照额全支。

严复为节省经费,办好大学,对北京大学进行了系列改革:第一,归并科目;第二,精简机构;第三,裁减职员。[②] 即使如此,教育部仍在 7 月以经费困难、程度不高和办理不善为理由,提出停办北京大学。对此,全校师生坚决反对,严复也向教育部提交了《论北京大学不可停办说帖》[③],申诉北京大学不可停办的理由:第一,北京大学虽不能与发展百年的欧美大学相比,但创建之初,也是集全国人力、物力、财力而成。经过十几年的发展变迁才有今日"中国比较差高"的地位,

---

① 萧超然等编著:《北京大学校史(1898—1949)》(增订本),北京大学出版社,1988年,第 37 页。

② 张寄谦:《严复与北京大学》,《近代史研究》,1993 年第 5 期。

③ 《论北京大学校不可停办说帖》,王学珍、郭建荣编:《北京大学史料》(第二卷),北京大学出版社,2000 年,第 28 - 29 页。

如果停办,则"举十余年来国家全力所惨淡经营,一旦轻心掉之,前此所糜百十万帑金悉同虚掷",且北京没有受到革命破坏,大学形式依然存在,学生在校学习也有几年,没有理由遣散停办;第二,大学发展程度的高低,因为各国、各地大学的特殊状况而不可一概而论,且"从未有一预定之程度必至是而始得为大学,不至是而遂不得为大学者也"。对于北京大学的程度不高,严复指出大学程度要提高总会有提高之日,如果放任不做努力,便无提高之时;第三,普通教育在于养成公民之常识,大学教育在于养成专门之人才,二者并不相防。世界各国均有著名大学几所甚至几十所,我国成立的大学本来就少,而且作为中华民国的首都,北京怎么可以没有一所大学呢? 第四,严复认为,大学的宗旨除了造就专门人才外,还兼具"保存一切高尚之学术以崇国家之文化"。我国应参照外国大学,设立各种学科,无论学生多少,都可以进行研究,况且北京大学是"全国比较差高之学校,当亦有比较相当之学生,既有造就之盛心,必不患无学者"。且在蔡元培的努力下,北京大学将要设立研究所,以继承和发扬中国文化,北京大学更不可停办。针对现实状况,严复还在《分科大学改良办法说帖》中提出了改良方法:(1)对旧学生照原定教学计划择要讲授,缩短学期,作为选科生提前毕业,暑假后招考新生,重新订立教学计划。(2)关于教员,除非万不得已,主要聘请本国人才,以本国博学之人或留学生中乐于研究学问者为主,给予优厚待遇,使他们一边教授课程,一边研究学问。他认为这样"教之从前永远丐人余润,以重价聘请一知半解之外国教员,得失之数,不可同日而语矣"。① 严复和北京大学师生的努力使北京大学保留了下来,但严复被迫于10月辞职。

严复任北京大学校长的时间虽然只有短短8个月,任职时间的短暂以及北洋政府对北京大学的压制,致使严复的教育理念不能在北京大学得以实践。即使如此,在严复与全校师生的共同努力下,北

① 《分科大学改良方法说帖》,王学珍、郭建荣编:《北京大学史料》(第二卷),北京大学出版社,2000年,第30页。

京大学幸免于难,在教育部的责难下得以保留,更为重要的是,严复的《论北京大学不可停办说帖》和《分科大学改良办法说帖》更是为北京大学的整顿与改革提出了许多良好的建议,为后来的校长提供一种借鉴。

第三节　何燏时、胡仁源对北京大学的坚守

一、何燏时整顿北京大学

何燏时(1878—1961年),字燮侯,浙江诸暨人。1898年清政府选派留学生,何燏时以优异成绩入选,留学日本,进入东京帝国大学工科采矿冶金系学习,1905年毕业,获工科学士学位,是中国留学生在日本正规大学毕业的第一人。回国后,曾任学部专门司主事兼京师大学堂教习、京师大学堂工科监督(相当于现在的工学院院长)兼新校舍建筑主事。严复辞职后,教育部任命章士钊为北京大学校长,章未到校,由马良代理。不久,因学生反对,马良辞职,何燏时继任北京大学校长。

1913年1月,何燏时就任北京大学校长,5月,因出"凡预科毕业学生欲入本科者,须先经过入学试验"的布告,遭到学生强烈反对,终于酿成学潮。教育部严令惩处为首学生并于6月宣布将当时在校预科学生暂时解散。学潮平息后,正当何燏时积极准备下学期开学之时,教育部忽然通知北京大学,本科开学暂缓举行,以北京大学耗费过多、学生程度低和学风不正缘故,提出要将北京大学并入北洋大学。北京大学师生和社会各界纷纷反对,校长何燏时在给大总统的呈文中提出:"办理不善,可以改良;经费之虚糜,可以裁节;学生程度之不齐一,可以力加整顿,而此唯一国立大学之机关,实不可遽行停止"。[①] 在北京大学师生的共同抵制下,教育部声明:"本部职司教育,

---

① 《署北京大学校长何燏时呈恳维持大学并准立予罢斥文并批》,王学珍、郭建荣编:《北京大学史料》(第二卷),北京大学出版社,2000年,第5页。

但有整顿之意,并无撤废之心",要求北京大学定期开学,"所有学风功课仍当加意整饬,期收实益而免訾议"。[①] 10 月 13 日,北京大学本科正式开学。11 月初,何燏时被迫辞职,由工科学长胡仁源暂行管理校务。

何燏时任职京师大学堂和出长北京大学时,正值北京大学逐步走向正规大学的关键时期,学科的设置,校舍的兴建,经费的筹集,风纪的整顿,学制的改革,学校的保全,他都努力去改革、创建。同时,他还以校长之力,延揽许多人才到北京大学任教,据沈尹默回忆,马裕藻、沈兼士、钱玄同及他自己,都是由何延揽入北京大学的。

二、胡仁源对北京大学的改革

胡仁源(1883—1942 年),字次珊,号仲毅,浙江吴兴人。1901 年考入南洋公学特班,后留学日本、英国。历任江南造船厂总工程师,京师大学堂教员,北京大学预科学长、工科学长,北京大学代理校长、校长,教育部总长,唐山交通大学校长,浙江大学工学院教授等职。1914 年 1月 8 日,胡仁源被正式任命为北京大学校长,至此,频繁更替的北京大学校长暂时稳定,直到 1916 年末。胡仁源是民国初年担任北京大学校长时间最长的,他对北京大学的发展做出了许多努力,也使北

图 1-4　胡仁源
图片来源:北京大学档案馆:
http://www. dag. pku. edu. cn/tuji/
jsdxt. asp? nclassid=72&page=4

京大学规模有了较大的扩展。为谋求北京大学的发展,胡仁源拟定了《北京大学计划书》,指出:"大学设立之目的,除造就硕学通才以备世用而外,尤在养成专门学者",而"我国创立大学垂十余年,前后教

① 《教育部给北京大学训令》,转引自萧超然等编著:《北京大学校史(1898—1949)》(修订本),北京大学出版社,1988 年,第 42 页。

员无虑百数,而其能以专门学业表见于天下者,殆无人焉,不可谓非国家之耻矣"。胡仁源认为造成这种状况的原因有三个:(1)"社会心理大都趋重于官吏之一途,为教员者多仅以此为进身之阶梯,故鲜能久于其任";(2)教师"每年所担任科目本已极多,而且逐年更换";(3)"学问之士居本国而久,往往情形隔阂,学问日退"。对于这些问题,胡仁源提出了相应的解决办法:(1)"延聘教员,务宜慎选相当人才,任用以后,不可轻易更换。国家对于教员尤宜格外优遇,以养成社会尊尚学术之风"。(2)"各科功课由教员按照所学分别担任,至多不过三四科目。认定以后,每年相同,非有必要情形,不复更易"。(3)"于各科教员中每年轮流派遣数人,分赴欧美各国,对于所担任科目为专门之研究。多则年余,少则数月,在外时仍支原薪",以使"校内人士得与世界最新知识常相接触,不致有望尘莫及之虞"。[1] 可见,胡仁源教育发展眼光的前瞻性与世界性。

　　为谋求北京大学的发展,胡仁源提出了诸多的措施:(1)增聘教员。新聘专任教员六人,其中文科、法科各二人,理科、工科各一人。这时北京大学已经拥有了一批知名教授:陈黻震、黄侃、马裕藻、沈尹默、钱玄同、朱希祖、陈汉章、冯祖荀、俞同奎、胡濬济、张大椿、陶履恭(孟和)、温宗禹、夏元瑮、徐崇钦、王建祖、马叙伦、张耀曾等。(2)扩大招生。1914 年暑假后本科扩招新生:文科 70 名,理科 30 名,法科110 名,工科 40 名,共计 250 名。(3)改进教学方法。精简课程,订立考试规则,注重实践教学。每年假期,工科学生"由教员带赴各处工厂、矿山、铁道,分门实习,以资历练"[2];法科学生每月一两次,"由教员带领赴各厅观审,以资验习"[3];文法各科还要进行专题研究和讨论,毕业生需完成毕业论文。(4)编写教材和教授要目(即教学大

---

　　① 《北京大学计划书》,萧超然等编著:《北京大学校史(1998—1949)》(增订本),北京大学出版社,1988 年,第 47 页。

　　② 萧超然等编著:《北京大学校史(1998—1949)》(增订本),北京大学出版社,1988年,第 46 页。

　　③ 萧超然等编著:《北京大学校史(1998—1949)》(增订本),北京大学出版社,1988年,第 46 页。

纲)。成立教科书编委会,分六组:修身(伦理学)、国文由沈尹默主编,物理由何育杰主编,化学由俞同奎主编,数学由胡濬济主编,英语由严恩棫主编,图画由王季绪主编。同时,要求各教师编写各课程的教授要目。(5)整理图书、添置设备。将大学图书馆中所藏图书进行整理,将所有书籍详细清查,重新编定目录,并增设中、西书籍阅览室各一处,将常用书开架陈列,供师生自由阅览。新设物理实验室、化学实验室、材料试验室、试金室各一处,还购置一些实验仪器和图样模型。(6)扩建校舍。随着学生人数的增加,原有的校舍显然有些拥挤,为了给学生提供更好的生活和学习条件,1916 年 6 月,经过与比利时仪器公司商议,胡仁源、徐崇钦代表北京大学与对方签订合同,借款 20 万银元,在原操场上兴建楼房一栋,这幢楼房建成于 1918 年,这就是北京大学第一院著名的"红楼"。

图 1 - 5　北大红楼

中国教育新闻网:http://www. jyb. cn/photo/lstp/200905/t20090505 _ 269699. html

　　经过胡仁源的改革和创新,北京大学基本确立了日常运行体系,开始进入发展的正轨,为日后的蔡元培改革奠定了基础。然而,政治上的复古逆流阻碍了这一发展过程的正常进行,1915 年下半年,袁世凯策动御用文人和军阀官僚组成请愿团,上书国会要求改变国体,拥立他做皇帝。北京大学校长胡仁源和其他教授也成为其竭力收买和拉拢的对象。他先封胡为"中大夫",又授予北京大学一些教授"嘉禾章";随后他儿子袁克定"使人说仁源率诸教授劝进",但遭到胡仁源和北京大学教授们的严词拒绝。正是胡仁源及其他教授们对道义的坚守、对权贵的鄙弃,维护了北京大学的独立。

第四节　民国初年北京大学人才培养的状况与特点

民国初年,北京大学经过严复、何燏时和胡仁源等人的共同努力,在规模上有了很大的发展:1913 年全校学生 781 人,1914 年增至 942 人,1915 年进一步增加至 1 333 人,1916 年秋季开学时达到 1 503 人。1915 年 11 月,根据《大学令》,北京大学开始设立评议会,由每科选出议员二人组成。当选评议会议员的有:文科陈黻震、辜鸿铭,理科冯祖荀、俞同奎,法科张耀曾、陶履恭,工科温宗禹、孙瑞林,预科朱锡龄、张大椿。但此时的评议会的权限并没有得到真正落实,学校的行政事务决定权依然集中在少数几个人手中,蔡元培回忆道:"我初到北京大学,就知道以前的办法是,一切校务都由校长与学监主任庶务主任少数人办理,并学长也没有与闻的"。[①] 可见,当时的北京大学管理上还是专制的。

虽然早在民国元年就公布了蔡元培起草的,针对国内各大学共同制定的《大学令》,但由于北京大学是当时唯一的国立大学,这个"大学令"实际上就成为了北京大学的基本章程,规定了北京大学的教育目标、教育方针、学科体制、组织原则、校务管理等各方面的内容。《大学令》第一条规定"大学以教授高深学术,养成硕学闳材,应国家需要为宗旨"。虽然经过严复、胡仁源等校长的积极努力和奋斗,民国初年的北京大学有了规模上的发展和某些方面的改革,但行政规则没有改变,尤其是随着袁世凯复辟帝制活动的加紧,思想文化

---

① 高平叔编:《蔡元培全集》(第三卷),中华书局,1984 年,第 324 页。

领域又出现了尊孔读经的逆流。1914 年 6 月，教育部秉承袁世凯的旨意，把"法孔孟"定为教育宗旨，要求各学校教员编纂修身及国文教科书时，必须以孔子之言为宗旨，以前审定发行的教科书如有违背此义的，立即妥善修订并呈教育部审查。此时社会中"尊孔读经"、"保存国粹"甚至"定孔教为国教"的口号也深深影响着北京大学，辜鸿铭、刘师培等人竭力宣扬封建帝制和孔孟伦理道德思想，压抑着北京大学微弱的新思想。而且，此时的北京大学还保留着过去旧衙门的作风，教员中不少人不学无术，讲课敷衍塞责；学生混学历，找靠山，研究学问的兴趣很低，封建复古的陈腐思想在北京大学泛滥横行。因此，民国初年的北京大学还处于向近代意义上的大学转变过程中，直到蔡元培到来后才完成这一转变。

自清末创立后的近二十年内，北京大学虽然从京师大学堂更名为国立北京大学，但此时期对培养目标的设定并不具体明确，而且由于管学大臣或校长的频繁更替致使未能形成一脉相承的人才培养的思想。受封建思想影响，在教学内容上，缺乏近代科学文化思想尤其是近代人文思想的内容。师资力量也多为旧式先生，缺乏具有近代教育思想、掌握新式知识文化和教学方法的培养新式人才的教授。学生学习的目的也依然是求官发财，而不是真正的科学文化知识的学习和传播，更加缺乏学术研究。因此，蔡元培到来前的北京大学还未能形成一种系统的人才培养的方案，更谈不上人才培养模式的形成。但经过严复、何燏时、胡仁源等几位校长的坚守与改革，北京大学也在逐渐向近代大学转变，这为以后北京大学的整体发展与人才培养模式的形成奠定了基础。

第二章
北京大学人才培养模式的初步形成

自 1912 年更名后,北京大学在几任校长的坚守和努力下有所发展,也进行了课程设置、教学方法、教师聘任等方面的改革,但是,在袁世凯政府的摧残压制下,北京大学的根本性质依然没有改变,还是"半殖民地半封建性"①的学校。而且随着袁世凯复辟帝制活动的进行,思想文化领域内的尊孔复古潮流也笼罩着北京大学。直到蔡元培就任北京大学校长后,根据自己的教育理念对北京大学进行了翻天覆地的改革,才破除了北京大学的封建传统,他从办学方针、办学体制、师资聘任、校园文化建设等方面着手,把北京大学从"官僚养习所"变成了真正意义上的现代大学。此时,北京大学对人才培养目标的确立也非常明确,并确立了较为系统的教育教学体系,北京大学的人才培养模式逐步形成。

第一节 蔡元培的人才培养观

作为伟大的教育家,蔡元培对于教育尤其是大学教育有着深刻的理解,形成了其系统的高等教育思想。蔡元培的高等教育思想博

---

① 萧起然等编著:《北京大学校史(1898—1949)》(修订本),北京大学出版社,1988年,第 49 页。

大而精深，既包含了对于"大学是什么？"、"大学为什么？"等基本问题的回答，又包含了围绕这一基本思想而形成的大学人才培养理念、完全人格教育思想、教育独立思想以及教育管理思想等相关的教育思想。

一、蔡元培的大学观

蔡元培是中国近代杰出的教育家、思想家，他对发展中国新文化教育事业，建立资产阶级民主制度和近代教育制度作出了重大贡献，堪称"学界泰斗、人世楷模"。他开创了中国近代高等教育发展的新局面，奠定了中国近代教育的基础。研究蔡先生的高等教育思想，特别是最基础的大学观，对于厘清其办学思路，深入理解其人才培养理念，探索北京大学成功的奥秘具有重要意义。

图 2－1　任北京大学校长时的蔡元培

图片来源：金林祥著《思想自由兼容并包——北京大学校长蔡元培》，山东教育出版社，2004 年第 1 版插图。

（一）大学定性：大学是"研究高深学问"的机关。

蔡元培对大学性质的论述分见于他不同阶段、不同演说中，表述虽有所不同，但均离不开"研究高深学问"这一点。在 1912 年 5 月 16 日，蔡元培以教育总长的身份出席北京大学开学典礼，在演说词中强调"大学为研究高尚学问之地"[①]。这是蔡元培第一次阐述他的大学观。1917 年 1 月 9 日，蔡元培在《就任北京大学校长之演说》中向学生提出三件事：一曰抱定宗旨，二曰砥砺德行，三曰敬爱师友。他特别指出："诸君来此求学，必有一定宗旨，欲求宗旨之正大与否，必先知大学之性质。今人肄业专门学校，学成任事，此固势所必然。而在

---

① 梁柱：《蔡元培与北京大学》，北京大学出版社，1996 年，第 31 页。

大学则不然,大学者,研究高深学问者也"①。此外,在《北大1918年开学式演说词》中,他进一步明确大学的性质:"大学为纯粹研究学问之机关,不可视为养成资格之所,亦不可视为贩卖知识之所。学者当有研究学问之兴趣,尤当养成学问家之人格"②。同年在《北京大学月刊》发刊词中强调"所谓大学者,非仅为多数学生按时授课,造成一毕业生之资格而已也,实以是为共同研究学术之机关"③。1919年9月,在北京大学第22个开学仪式上致训词时,蔡元培重申:"大学并不是贩卖毕业的机关,也不是灌输固定知识的机关,而是研究学理的机关"④。蔡元培提出大学的性质和任务是研究高深学问的主张,在当时具有重大的意义。从宏观来看,他认为一个民族或国家的强盛,需要依靠学术上的进步。他在《我们希望的浙江青年》中说:"一个民族或国家要在世界立得住脚——而且要光荣的立住——是要以学术为基础的。尤其是在这竞争激烈的二十世纪更要依靠学术。所以学术昌明的国家,没有不强盛的。反之,学术幼稚和智识蒙昧的民族,没有不贫弱的。"⑤为了国家的强盛,蔡元培强调大学要研究高深学问,是有远见卓识的。从当时的北京大学来看,蔡元培强调研究高深学问尤为必要。当时北京大学的学生,"是从京师大学堂'老爷'式学生嬗继下来(初办时所收学生都是京官,所以学生都被称为老爷,而监督及教员都被称为中堂或大人)。他们的目的,不但在毕业,而尤注重在毕业以后的出路"⑥。在《我在教育界的经验》一文中,蔡元培

---

① 蔡元培:《就任北京大学校长之演说》,高平叔编:《蔡元培教育论著选》,人民教育出版社,1991年,第72页。

② 高平叔编:《蔡元培全集》(第三卷),中华书局,1984年,第191页。

③ 蔡元培:《〈北京大学月刊〉发刊词》,高平叔编:《蔡元培教育论著选》,人民教育出版社,1991年,第170页。

④ 蔡元培:《北京大学二十二周年开学式演说词》,高平叔编:《蔡元培教育文选》,人民教育出版社,1980年,第87页。

⑤ 蔡元培:《我们希望的浙江青年》,高平叔编:《蔡元培教育论著选》,人民教育出版社,1991年,第663页。

⑥ 蔡元培:《我在北京大学的经历》,高平叔编:《蔡元培教育文选》,人民教育出版社,1980年,第221页。

指出："北京大学所以著名腐败的缘故，因初办时（称京师大学堂）设仕学、师范等馆，所收的学生，都是京官。后来虽逐渐演变，而官僚的习气，不能洗尽。学生对于专任教员，不甚欢迎，较为认真的，且被反对。独于行政司法界官吏兼任的，特别欢迎；虽时时请假，年年发旧讲义，也不讨厌，因有此师生关系，毕业后可为奥援。所以学生于讲堂上领受讲义，及当学期学年考试时要求题目范围特别预备外，对于学术，并没有何等兴会。讲堂以外，又没有高尚的娱乐与自动的组织，遂不得不于学校以外，竞为不正当的消遣。这就是著名腐败的总因。我于第一次对学生演说时，即揭破'大学学生，当以研究学术为职，不当以大学为升官发财之阶梯'云云。"①

大学是研究高深学问的机关，这一性质决定了大学教员应是研究型教师，要具备高深的理论修养，对学问还要有浓厚的研究兴趣和较高的研究能力，并能对学生进行学术指导。为此，蔡元培在谈到教师的聘任标准时，认为"延聘教员，不但是求学问的，还要求于学问上很有研究兴趣，并能引起学生的研究兴趣的"②，并且强调"教授及讲师不仅仅是授课，还要不放过一切有利于自己研究的机会，使自己的知识不断更新，保持活力"。③ 蔡元培在北京大学教员聘任过程中，只问学识、能力，不管资格年龄，不问政治身份，只要有学问又乐于向学，都可容纳，各种学问从国学到西学都受重视。

（二）大学定位：大学治"学"，而不是专治"术"，不是职业教育机关。

蔡元培认为要准确定位大学，需处理好"学"与"术"的关系。他说："学与术可分为二个名词，学为学理，术为应用。各国大学中所有科目：如工商，如法律，如医学，非但研究学理，并且讲求适用，都是术。纯粹的科学与哲学，就是学，学必借术以应用，术必以学为基本，

---

① 蔡元培：《我在教育界的经验》，高平叔编：《蔡元培教育文选》，人民教育出版社，1980年，第243页。

② 高平叔编：《蔡元培教育论集》，湖南教育出版社，1987年，第248页。

③ 高平叔编：《蔡元培教育论集》，湖南教育出版社，1987年，第399页。

两者并进始可。"①主张"学为基本，术为支干"，二者相辅相成、密切相连，"不可不求其相应"。同时，二者又有各自不同的旨趣，"文、理、学也。虽亦有间接之应用，而治此者以研究真理为的，终身以之"。"法、商、医、工，术也。直接应用，治此者虽亦可有永久研究之兴趣，而及一程度，不可不服务于社会；转以服务时之经验，促其术之进步。与治学者之极深研究，不相侔也。"他强调"学"重于"术"，在基础理论和应用科学之间，他是重"纯粹的科学"研究的。因此，他主张在学校的设置上应有所侧重，不必各科兼备。"治学者可谓之'大学'，治术者可谓之'高等专门学校'。两者有性质之别，而不必有年限与程度之差。在大学者，则必择其以终身研究学问者为之师，而希望学生于研究学问以外，别无何等之目的。其在高等专门，则为归集资料，实地练习起见，方且于学校中设法庭、商场等雏形，则大延现任之法吏、技师以教之，亦无不可。即学生日日悬毕业后之法吏、技师以为的，亦无不可。以此等性质之差别，而一谓之'大'，一谓之'高'，取其易于识别，无他意也。"②

蔡元培对于大学定位的认识一方面是受德国大学"学术至上"思想的影响，同时又结合了当时中国的实际情况。在当时的中国，要想建立综合性的大学是比较困难的，就连国立北京大学（前身为京师大学堂）都几次面临解散的危机。蔡元培作为学贯中西的教育家，他深知要彻底改变中国，要学习的不是"术"，更重要的是"学"。从学科来看，文理科是农、工、商、法、医等应用学科的基础，而这些应用学科的研究前期，仍属于文理两科。"所以完全的大学，当然各科并设，有互相关联的便利。若无此能力，则不妨有一大学专办文理两科，名为本科，而其他应用各科，可办专科的高等学校……"③在当时条件下，蔡元

---

① 蔡元培：《在爱丁堡中国学生会及学术研究会欢迎会演说词》，高平叔编：《蔡元培教育文选》，人民教育出版社，1980年，第135页。

② 蔡元培：《读周春嶽君〈大学改制之商榷〉》，高平叔编：《蔡元培教育文选》，人民教育出版社，1980年，第41-42页。

③ 蔡元培：《我在北京大学的经历》，高平叔编：《蔡元培教育论著选》，人民教育出版社，1991年，第628页。

培对北京大学进行了改革,后来逐渐设立研究所,使其成为了真正的研究高深学问的大学,形成了北京大学优良的学术传统。

(三)大学定能:学术研究为上,注重人才培养,兼及服务社会。

在对大学作出定性和定位的同时,也就确立了大学的职能。蔡元培在强调大学是"研究高深学问的机关"的同时,也注重对学生的培养。大学培养的学生要是"硕学闳材",不是熬资格,也不是死记硬背教员讲义,而是在教导员指导之下研究学问,要以"学术为天职"。他说,大学教授和讲师不仅仅是授课,还要进行研究,并能够引起学生的研究兴趣。研究型的教师在教学过程中进行研究,学生在学习中研究;教师通过研究来改进教学,学生通过研究来加深学习,实现教学与研究的结合,这是理想的状况"所以一个大学,若是分班讲授与专门研究能同时并进,固然最好",但"若不能兼行,与其专做分班讲授的机关,还不如单做专门研究的设备,所费较少,成效更大"。也就是说大学能够做到学术研究与人才培养齐头并进是最好,舍而求其次便是以研究为本。他认为"大学所以难办的缘故,因为筹备大学的人把他的性质看错了。大学本来以专门研究为本位,所有分班讲授,不过指导研究的作用。……德、法等国的大学,虽然分班讲授的形式也颇注重;但每科学问,必有一种研究所。有许多教员,是终身在所研究的。学生程度提高了,也没有不进所研究的"。[①] 可见蔡元培对于大学职能的认识。在《中国现代大学观念及教育趋向》中,他更为明确地指出了大学教育的目的与观念"就是要使索然寡味的学习趣味化,激起人们的求知欲望。我们不决把北京大学仅仅看成是这样一个场所——对学生进行有效的训练,训练他们日后成为工作称职的人。无疑,北京大学每年是有不少毕业生要从事各项工作的,但是,也还有一些研究生在极其认真地从事高深的研究工作,而且,他们的研究总是及时地受到前辈的鼓励与认可。……这所大学还负有培育及维护一种高标准的个人品德的责任,而这种品德对于做一

---

① 蔡元培:《湖南自修大学介绍与说明》,《新教育》第 5 卷第 1 期,1922 年 8 月。

个好学生以及今后做一个好国民来说,是不可缺少的"。①

　　他还指出,近代的大学生不应该是"两耳不闻窗外事,一心只读圣贤书"的"书呆子"。"研究学理,不可不屏除纷心的嗜好,所以本校提倡进德会……研究学理,必要有一种活泼的精神,不是学古人'三年不窥园'的死法能做到的,所以,本校提倡体育会、音乐会、书画研究会……大凡研究学理的结果,必要影响于人生。倘没有养成博爱人类的心情,服务社会的习惯,不但印证的资料不完全,就是研究的结果也是虚无。所以,本校提倡消费公社、平民讲演、校役夜班与《新潮》杂志等。"②其中,许多的研究会和社团活动都是由蔡元培参与甚至是他率先发起的。可见,蔡元培虽不反对学生服务社会,但这种服务显然是有它的服务范围和具体内容的——用知识来服务社会大众,提高国民的素质,以最终实现教育救国。

二、蔡元培的人才培养目标

（一）蔡元培的完全人格思想

　　蔡元培的完全人格思想是其教育思想体系的重要组成部分,他认为:"教育者,养成人格之事业也"。③ 培养"完全人格"的个人,不仅关系着个体的发展,也关乎国家的兴衰,他指出:"盖国民而无完全人格,欲国家之隆盛,非但不可得,且有衰亡之虑焉"。④ 蔡元培完全人格思想的内涵是多维度的:

　　第一,完全人格是指德、智、体、美诸方面和谐发展。蔡元培在《普通教育与职业教育》演说词中指出,普通教育的宗旨是"养成健全

　　① 蔡元培:《中国现代大学观念及教育趋向》,高平叔编:《蔡元培教育论著选》,人民教育出版社,1991 年,第 493 页。
　　② 蔡元培:《北大第二十二年开学式演说词》,《北京大学日刊》第 443 号,1919 年 9 月 22 日。
　　③ 蔡元培:《一九〇〇年以来教育之进步》,高平叔编:《蔡元培教育论著选》,人民教育出版社,1991 年,第 41 页。
　　④ 蔡元培:《在爱国女学校之演说》,高平叔编:《蔡元培教育文选》,人民教育出版社,1980 年,14 页。

的人格"和"发展共和的精神"。对于健全人格,他认为内分四育,即"(一)体育,(二)智育,(三)德育,(四)美育"。①

首先是体育。他认为体育的目的不仅在于要锻炼学生的身体,更重要的是磨练意志,振作学生的精神,因为"健全的精神,宿于健全的身体"。但他反对靠奖励、竞胜的方法来发展体育,认为体育必须要合乎生理,学生有身体强弱的差别,因此,体育要以学生自身状况为标准,不至于因过分懒惰而不及格,否则会危害身体,这也就失去体育的价值了。

其次是智育。蔡元培认为智育是养成完全人格的关键,同时也是实现国家富强的关键。他学贯中西,非常了解中西文化教育的差别和各自的优缺点,深知中国近代科学技术的落后,迫切需要加强智育。"我国早期的教育制度实际上只重视个人修养的尽善尽美,重视培养个人的文学才能,而不注重于科学方面的教育。"②至于如何进行智育,蔡元培提出过许多见解,比如:教师要引导学生自主学习,不可逐字逐句讲解;学生要发挥自己的主动性和创造性,以一推十;教科书选定要合适;要注重实验研究;要因材施教等等。尤其是对于大学的教师来说,更不能照本宣科,而是要调动学生的积极性、主动性,引起学生对于研究的兴趣并指导学生从事研究,使学生掌握科学的学习方法、形成缜密的逻辑思维能力和灵活的学习以及运用知识的能力。

再次是德育。蔡元培认为,德育是完全人格的根本与核心,"若无德,则虽体魄智力发达,适足助其为恶,无益也"。③他认为旧教育压抑人的个性,"教育者预定一目的,而强迫受教育者以就之;故不问其性质之动静,资禀之锐钝,而教之止有一法,能者奖之,不能者罚

---

① 蔡元培:《普通教育和职业教育》,高平叔编:《蔡元培教育论著选》,人民教育出版社,1991年,第316页。

② 蔡元培:《中国教育的历史与现状》,高平叔编:《蔡元培教育论著选》,人民教育出版社,1991年,第499页。

③ 蔡元培:《在爱国女学校之演说》,高平叔编:《蔡元培教育论著选》,人民教育出版社,1991年,第76页。

之,如吾人之处置无机物然,石之凸者平之,铁之脆者煅之"①,新教育要按照学生身心发展的规律,通过引导和帮助,使受教育者在实践中养成良好的道德品质和行为习惯。蔡元培所说的"德"指的是什么呢? 他在《对于新教育之意见》中指出:"何为公民道德? 曰法兰西之革命也,所标揭者,曰自由、平等、亲爱。道德之要旨,尽于是矣。"②他同时指出资产阶级的自由、平等、博爱与中国传统伦理道德的"仁"、"义"、"恕"等范畴有着相同之处,可见蔡元培在尊重文化传承性的基础上,摒弃了封建道德中的专制和等级色彩,将合理的成分融入到近代资产阶级道德建设中。

最后是美育。蔡元培作为近代中国首倡美育的先驱,他的美育思想"既保留了传统美学中的悦乐精神和道德理性,又吸收了西方美学中自我解放和个性张扬的精神,是其完全人格教育思想的重要组成和显著特点"③。他认为美育不仅仅是美术教育,而是以个体为核心,通过美术、音乐等课程,来完善人格,美化人生的美感教育,美育的目的和作用在于培养人对美的体验和感悟,以达到精神上之愉悦,提高道德情操,培养创造精神。"有了美的兴趣,不但觉得人生很有意义,很有价值;就是治科学的时候,他一定添了勇敢活泼的精神。"④

第二,完全人格是指个性与群性的协调发展。蔡元培认为人是社会动物,人的本性中包含适应社会的能力,人不能脱离社会关系而存在,也不存在没有个人的社会,即人同时具有个性与群性的特点,"群性与个性的发展,相反而适以相成,是今日完全之人格,亦即教育之标准也"。⑤ 个性与群性的协调发展,既是完全人格养成的具体要

---

① 蔡元培:《从新教育与旧教育之歧点》,高平叔编:《蔡元培教育论著选》,人民教育出版社,1991 年,第 154 页。

② 蔡元培:《对于新教育之意见》,高平叔编:《蔡元培教育论著选》,人民教育出版社,1991 年,第 2 页。

③ 徐永赞、潘立勇:《蔡元培完全人格教育思想》,《河北学刊》,2006 年第 3 期。

④ 沈善洪编:《蔡元培选集》,浙江教育出版社,1993 年,第 303 页。

⑤ 蔡元培:《教育之对待的发展》,高平叔编:《蔡元培教育论著选》,人民教育出版社,1991 年,第 180 页。

求，也是实现国家生存、发展的必备条件。有人提出：如果为了个人，应助长个性的发展，这会阻碍国家和社会发展；如果为了国家和社会，应注重群性的养成，这又会阻止个性的发展。对此，蔡元培引用黄郛在《欧战之教训及中国之将来》中的论述明确指出："此后国家之生存，必须全体国民同时具备此两面之资格而后可。故此后教育家之任务，在发见一种方法，能使国民内包的个性发达，同时使外延的社会和国家之共同性发达而已矣。盖惟此二性具备者，方得谓此后国家所需要之完全国民也"。[①] 可见，蔡元培对个性和群性的关系认识是非常深刻的，在他看来任何坚持个人无政府主义、不顾群性和坚持极端的社会主义、不顾个性的观点，都是有失偏颇的，个性与群性是相辅相成的，要相互协调，共同发展。

第三，完全人格是指身、心两方面的平衡发展。在《一九〇〇年以来教育之进步》一文中，蔡元培批判中国古代教育偏隘，偏于心理方面（泛指精神方面），而不及生理方面（指身体、实利方面）；而当时的教育又偏重生理方面而忽视心理方面，有矫枉过正之误。他认为生理和心理两方面是相互影响的："健全之精神，必宿于健全之身体，衣食足而后知荣辱，生理之影响于心理也有然；科学知识、美术思想为发达工艺之要素，利用厚生之事业，非有合群之道德心，常不足以举之，心理之影响于生理，不亦有然乎！"[②]因此，教育当以遵循天性、养成完全人格为目的，对于身、心两方面不但不可偏废，而且要使二者协调一致，平衡发展。

（二）蔡元培的大学培养目标

在蔡元培丰富的教育思想中，对于大学教育的培养目标直接而明确的论述却极其少，只在《大学令》中指出："大学以教授高深学术，

---

① 蔡元培：《教育之对待的发展》，高平叔编：《蔡元培教育论著选》，人民教育出版社，1991年，第180页。
② 蔡元培：《一九〇〇年以来教育之进步》，高平叔编：《蔡元培教育论著选》，人民教育出版社，1991年，第48页。

养成硕学闳材,应国家需要为宗旨"。① 在这里,蔡元培所说的宗旨实际包含了人才培养目标的要求——硕学闳材,只是这里的硕学闳材与完全人格的目标是不是相同的呢? 根据蔡元培在《向参议员宣布政见之演说》中的论述,将教育方针,应分为普通和专门两类:普通教育,养成共和国民健全之人格;专门教育,则要养成学问神圣之风习,而实施专门教育之机构首先就是专门学校——大学及高等专门学校,因此可以断定完全人格是普通教育的培养目标,而大学的培养目标是在培养完全人格的基础上进行高深学问的讲授,培养出"硕学闳材"。

何为"硕学闳材"呢? 对此,蔡元培没有明确翔实的说明,根据他在不同的论述和演说可以得出他所要培养的"硕学闳材"所具备的品质有以下几个方面:

第一,健康的身体。蔡元培认为大学生首先要注重身体素质的提高,因为"健全的精神,必宿在健全的身体",②他指出:"今经科学发明,人之智慧学术,皆由人之脑质运用之力而出,故脑力盛则智力富,身体弱则脑力衰……"③因此,新时代下各个大学均注重体育锻炼,北京大学也要求每个学生都要参加体育运动。这不仅关乎一个学生的前途和命运,也关乎中华民族的将来。"中国民族为什么不中用,第一步乃是身体不健全,死亡率、病象、作工能力、体育状况,无论哪一种统计,都显出我们民族的弱点,所以要复兴民族,第一步是设法使大家的身体强健起来",④这一点要依赖于学生,尤其是大学生做榜样来实现。

---

① 蔡元培:《大学令》,高平叔编:《蔡元培教育论著选》,人民教育出版社,1991年,第24页。

② 蔡元培:《普通教育和职业教育》,高平叔编:《蔡元培教育文选》,人民教育出版社,1980年,第116页。

③ 蔡元培:《在浙江旅津公学演说词》,高平叔编:《蔡元培教育论著选》,人民教育出版社,1991年,第107页。

④ 蔡元培:《复兴民族与学生》,高平叔编:《蔡元培教育论著选》,人民教育出版社,1991年,第688-690页。

第二，丰富的知识和高强的能力。蔡元培认为："知识者，人事之基本也。人事之种类至繁，而无一不有赖于知识。"①因此，大学要教授学生广博的知识，同时，还要培养他们在各种知识领域中作进一步深入研究的能力，使他们成为知识丰富、能力高强的人才。

第三，优良的品德。蔡元培认为，一个民族的文化，一方面在于知识之发展，另一方面则有赖于品性优良。大学生作为国家、民族未来复兴的支柱，更应该以身作则，砥砺德行，蔡元培在《就任北京大学校长之演说》中指出："诸君为大学学生，地位甚高，肩此重任，责无旁贷，故诸君不惟思所以感己，更必有以励人。苟德之不修，学之不讲，同乎流俗，合乎污世，己且为人轻侮，更何足以感人"。② 大学生要养成自由、平等、博爱的高尚道德品质，由己及人，实现国人良好品德的形成和中华民族的复兴。

第四，研究高深学问的能力和兴趣。蔡元培对大学生要进行高深学问研究的论述有很多，在《就任北京人学校长之演说》中就明确指出："大学者，研究高深学问者也……所以诸君须抱定宗旨，为求学而来。入法科者，非为做官；入商科者，非为致富"，③而应当以研究学术为自己的天职。大学是研究学理的机关，学者不仅自己应当有研究学问的兴趣和能力，还应该能够引起学生的研究兴趣。同样，大学生也不是熬资格，不是死记硬背讲义，而必须在教师指导下自动地研究学问，养成研究学问的兴趣，养成研究学问的能力，掌握研究学问的科学方法。要求学生"无论何地何时，对于任何事件，均以科学眼光观察之，思考之，断定之"。④

第五，对美的追求和鉴赏能力。蔡元培对美感教育自始至终都是非常重视的，早在 1912 年任教育总长时即提出："美感者，合美丽

①　高平叔编：《蔡元培全集》(第二卷)，中华书局，1984 年，第 131 页。
②　高平叔编：《蔡元培全集》(第三卷)，中华书局，1984 年，第 6 页。
③　蔡元培：《就任北京大学校长之演说》，高平叔编：《蔡元培教育论著选》，人民教育出版社，1991 年，第 72 页。
④　蔡元培：《在南京特别市教育局演说词》，高平叔编：《蔡元培教育论著选》，人民教育出版社，1991 年，第 524 页。

与尊严而言之,介乎现象世界与实体世界之间,而为津梁",[1]通过美感教育使人脱离现象世界的七情六欲,而形成对美的欣赏,与物浑然一体,接近于实体世界。他还认为:"美感是普遍性,可以破人我彼此的偏见;美感是超越性,可以破生死利害的顾忌",[2]在教育上应特别注重,尤其是大学教育。学校的诸种事物中都含有美的元素,从学科分类的角度来看,美育范围并非限于美术、音乐、美学等几门课程,而是"凡是学校所有的课程,都没有与美育无关的"[3],数学中数与数的巧合关系、几何学中的各种形式、物理化学中光色的变化、植物学上的各种形状颜色的花与叶等等,"一经教师之提醒,则学者自感有无穷之兴趣"。[4] 大学生在学习各科知识的同时,通过组织音乐会、画法研究会、书法研究会等学会和参加展览会等活动来陶冶情操,激发艺术兴趣,培养自己的美感和对美好事物的鉴赏能力。

第六,健全的个性。蔡元培认为每个人各有其个性和优缺点,大学生应当发展自己的特性,不能为他人同化,"分工之理,在以己之所长,补人之所短,而人之所长,亦还以补我之所短。故人类分子,决不当尽归于同化,而贵在各能发达其特性"。[5] 蔡元培认为当时学校实行的年级制度,不分学生个体状况,一律要求学习几年才能毕业的做法很不恰当,为了使学生能够更好发展其个性,宜实行选科制。他说:"知教育者,与其守成法,毋宁尚自然;与其求划一,毋宁展个性。"[6]因此,他在北京大学率先实行选科制、学分制,鼓励学生成立了

---

① 蔡元培:《对于新教育之意见》,高平叔编:《蔡元培教育论著选》,人民教育出版社,1991年,第5页。

② 蔡元培:《我在教育界的经验》,高平叔编:《蔡元培教育论著选》,人民教育出版社,1991年,第707页。

③ 蔡元培:《美育实施的方法》,高平叔编:《蔡元培教育文选》,人民教育出版社,1980年,第155页。

④ 蔡元培:《美育》,高平叔编:《蔡元培教育论著选》,人民教育出版社,1991年,第577页。

⑤ 蔡元培:《在清华学校高等科演说词》,高平叔编:《蔡元培教育论著选》,人民教育出版社,1991年,第81页。

⑥ 高平叔编:《蔡元培全集》(第三卷),中华书局,1984年,第174页。

各种自治组织，培养学生的个性，以发展学生的自觉性、自治能力和创造力。

第七，服务社会的责任感。蔡元培强调大学是"研究学理的机关"，"大学学生，当以研究学术为天职，不当以大学为升官发财之阶梯"①，但这并不能说蔡元培主张学生应当脱离社会，"两耳不闻窗外事，一心只读圣贤书"。恰恰相反，他主张学生尤其是大学生应当要有社会责任感，"不知一种社会，无论小之若家庭、若商店，大之若国家，必须此一社会之各人皆与社会有休戚相关之情状，且深知此社会之性质，而各尽其一责任"。② 对于北京大学学生在平民演讲、校役夜班讲授、组织小学童子军以及五四运动等社会活动中的表现，蔡元培给予了肯定，他认为为了使自身对社会的贡献和影响更大，应当先注意丰富自己的知识、研究学问。而研究学问的目的最终还是要服务社会的，否则这样的学问也是虚妄的，"倘没有养成博爱人类的心情，服务社会的习惯，不但印证的材料不完全，就是研究的结果也是虚无"。③

三、蔡元培的教育方针

1912 年 1 月，蔡元培就任南京临时政府的教育总长。此时的中国处于新旧更替的时代，旧王朝的灭亡、新政权的建立，迫切要求教育文化的过渡更替，而作为指引教育发展方向的教育方针则尤为重要，因为它既是教育思想发展的航标，也是教育制度和政策制定的基准。确立的教育方针既要满足新兴资产阶级政权的需要，又要符合中国当时的社会和教育发展的实际状况。1912 年 2 月，蔡元培发表《对于新教育之意见》（后改为《对于教育方针之意见》），第一次明确提出"五育并举"的教育方针：军国民教育、实力主义教育、公民道德

---

① 高平叔编：《蔡元培全集》（第六卷），中华书局，1988 年，第 350 页。
② 蔡元培：《北大校役夜班开学式演说词》，高平叔编：《蔡元培教育论著选》，人民教育出版社，1991 年，第 133 页。
③ 高平叔编：《蔡元培全集》（第三卷），中华书局，1984 年，第 344 页。

教育、世界观教育和美感教育。

（一）军国民教育

所谓军国民教育，在此作为一种使动用法，即为"使国民接受军事教育"，也就是"使全体国民接受一种军事教育、体育训练、锻炼体格，以求得全民皆兵，进而达到保家卫国的效果"。[①]　其实，这个概念并不是蔡元培的首创，早在 1902 年蔡锷在其文章《军国民篇》中就明确表述了军国民教育的内涵：对全国国民和学生进行军人尚武精神教育和军事训练，以强健体魄，抵御外辱。同年，蒋百里在《军国民之教育》一文中，不仅明确提出了进行军国民教育的主张，而且对实施军人精神教育的纲领作了详细论述，还具体制订了在学校和社会实施军国民教育的方法。[②]

何以要实行军国民教育呢？　第一，是由中国当时所处的历史境遇决定的。自 1840 年鸦片战争以来，世界列强纷纷侵犯中国主权，割占中国领土，欺凌中国国民，侵占中国资源和财产，要改变这种状况非凭武力不可能解决。必须实施军国民教育，增强国民的身体素质，全民参战，抵御外敌入侵，改变被动挨打的局面并凭借武力逐步恢复失去的国家领土和主权。蔡元培对此的认识是："强邻交逼，亟图自卫，而历年丧失之国权，非凭武力，势难恢复"。[③]　第二，以发展的眼光来看，蔡元培认为在军人革命以后，会有文官执政的时期，此时的军人可能成为国家中一个特别的阶级，如果他们肆意妄为，社会将会动荡不安。只有实行军国民教育，打破军人这一"全国中特别之阶级"，进而"平均势力"。后来的历史发展都证明了军人这一特定阶级之间的争权夺利，影响到整个国家的稳定和民族的发展。第三，对清末教育宗旨之一的"尚武"的继承和发展。光绪三十二年（即 1906

---

① 汤广全：《自由与和谐：蔡元培"五育并举"观研究》，巴蜀书社，2009 年，第 30 页。

② 董宝良、周洪宇主编：《中国近现代教育思潮与流派》，人民教育出版社，1997 年，第 239 页。

③ 《对于教育方针之意见》，高平叔编：《蔡元培教育文选》，人民教育出版社，1980年，第 1 页。

年），学部奏请朝廷宣示教育宗旨：忠君、尊孔、尚公、尚武、尚实。对尚武一项实施原因有二：一是效仿其他国家，"东西各国，全国皆兵；自元首之子以至庶人，皆有当兵之义务"，每当国家面临大敌，全国人民皆以能为国效力为荣，这也是这些国家在战争中取胜的重要原因。二是中国政府锐意武备，但由于国民"饷糈之心厚而忠义之气薄，性命之虑重而国家之念轻"的积弊，难以做到"薄海之民咸知捐一生以赴万死"，因此必须要加强军国民教育，培养国民为国牺牲的精神。如何实施尚武的宗旨呢？在奏折中也作了说明："凡中小学堂各种教科书，必寓军国民主义，俾儿童熟见而习闻之"。① 第四，社会历史背景和思想渊源。中国自古以来读书人缺乏体育锻炼，体质较弱，对此蔡元培深有感触"以言体育，旧时习惯，偏重勤习，而与身体之有妨碍与否，皆所不顾，且以身体与灵魂为二物"。② 认识到这一点，蔡元培早在爱国学社时，就主张体育锻炼和军事训练："请彼等教授兵式体操，孑民亦剪发，服操衣，与诸生同练步伐。无何，留日学生为东三省俄兵不撤事，发起军国民教育会，于是爱国学社亦组织义勇队以应之"。③

蔡元培对军国民主义教育的认识着眼于中国国计民生，从历史发展的延续、现实发展的需要和未来发展的展望方面强调军国民教育的必要，在学校教育中就是要求发展体育教育，强调体育的重要性。"体育最要之事为运动。凡吾人身体与精神，均含一种潜势力，随外围之环境而发达"，身体的不运动，会导致身体羸弱，养成懦弱的性格。因此，无论是在校学生还是社会人员，都应当时时练习，"盖此等技术，不练则荒，久练益熟，获益非浅尠也"。④ 这一方面关系国民的身体素质，另一方面也影响到国民的精神状态。

---

① 《学部奏请宣示教育宗旨折》，舒新城编：《中国近代教育史资料》（上册），人民教育出版社，1981年，第220页。
② 中国蔡元培研究会编：《蔡元培全集》（卷3），浙江教育出版社，1997年，第101页。
③ 蔡元培：《蔡孑民先生言行录》，山东人民出版社，1998年，第5页。
④ 蔡元培：《在爱国女学校之演说》，高平叔编：《蔡元培教育论著选》，人民教育出版社，1991年，第75—76页。

（二）实利主义教育

所谓实利主义教育，就是以人民的生计作为教育的根本，强调教育与经济发展的关系，推动人民对职业技能的掌握，使人人都具备或为农、或为工、或为商的能力，以提高自身的生活水平，促进国民经济的发展，增强国力和国际竞争力。实利主义教育是"以美国教育家约翰·杜威（John Dewey）的实用主义教育理论为思想基础"，杜威主张"教育即生长"、"教育即生活"、"学校即社会"、"做中学"，强调教育与社会生活的紧密联系，倡导教育的生活化和实用性。

中国何以要进行实利主义教育呢？首先，蔡元培认为这是国际竞争的需要，"今之世界所恃以竞争者，不仅在武力，而尤在财力。且武力之半，亦由财力而孳乳"。① 武力的强盛、武器装备的更新、士兵的训练无不需要财力的支持，为了实现军事强大必须要从经济的发展、财力的积累着手，而这些又有赖于实利主义教育的开展。其次，是由我国当时经济发展的实况决定的。自甲午战争后，随着帝国主义入侵的加深，资本大量输入，商品大规模倾销，中国自给自足的农业濒临破产，传统小手工业中有的因为产品"与进口商品相同，或可以用进口洋货替代的产品……都只有被逐步淘汰的命运，而不可能获得新的发展机会"；有的手工业如丝、茶等则"陷入了依附于外国资本主义的境地，成为其附庸经济，仰其鼻息，随其波动"。② 而近代化的民族工业虽然有所发展，但始终未能成为社会经济的主要形式，而重工业发展更是落后，帝国主义在银行、航运和铁路运输、采矿业和制造业等众多领域占据垄断地位，在此种情形下，中国迫切需要发展实业，实施实利主义教育便成为当务之急。最后，实利主义教育是对"尚实"的继承和发展。清廷宣示"尚实"的宗旨，原因在于：第一，教育之所以可贵在于它能够应用于实际，取得实效。第二，中外历史事实证明，实业教育能够使社会经济发展、人民生活水平提高，而那些

---

① 蔡元培：《对于教育方针之意见》，高平叔编：《蔡元培教育文选》，人民教育出版社，1980年，第1页。

② 白寿彝总主编：《中国通史》（第19卷），上海人民出版社，1999年，第400页。

虚妄之学说,对于国计民生毫无益处。第三,当今世界各国,无不以追求实业发展为要政,实业教育"下益民生,上裨国计,此尤富强之要图,而教育中最有实益者也"。①

至于如何进行实利主义教育,清廷宣示的教育宗旨中提出作为普通教育的中小学堂所用教科书应讲授"浅近之理与切实可行之事",修身、国文等皆应从简易入手,教授以实用内容,格致、图画、手工等课程应作为重要科目,教员在教授课程时,凡是有实物者,要展示实物,可以进行实地研究者要指导学生就近实习。对此,蔡元培虽然没有明确的论述,但在执掌北京大学时期,也非常注意加强对学生的实际应用方面的训练。虽强调大学是研究高深学问的机关,但蔡元培要求学生注意实验的进行和科学理论的社会应用,组织开展社会调查、开办平民夜校等活动。

(三) 公民道德教育

所谓公民道德教育,蔡元培认为其内容就是法国大革命所标榜的自由、平等、博爱。由于这些概念是外来的,为了便于人们理解,蔡元培用国人所熟悉的中国古圣贤人的话来解释:自由就是孔子所讲的"匹夫不可夺志",孟子所讲的"富贵不能淫,贫贱不能移,威武不能屈",也就是"义";平等就是"己所不欲,勿施于人",就是"恕";博爱就是"己欲立而立人,己欲达而达人",也就是"仁"。自由、平等、博爱是公民道德教育的要旨,"三者诚一切道德之根源,而公民道德教育之所有事者也"。②

为什么要实行公民道德教育呢? 对此,蔡元培明确提出了一点:军国民主义教育和实利主义教育可以实现富国强兵,但"兵可强也,然或溢而为私斗,为侵略,则奈何? 国可富,然或不免知欺愚,强欺

---

① 《学部奏请宣示教育宗旨折》,舒新城编:《中国近代教育史资料》(上册),人民教育出版社,1981年,第221页。

② 蔡元培:《对于教育方针之意见》,高平叔编:《蔡元培教育文选》,人民教育出版社,1980年,第2页。

弱,而演贫富悬绝,资本家与劳动家血战之惨剧,则奈何"?① 也就是说,为了避免日后兵强国富以后可能会出现侵略他国或国内贫富差距过大、不同阶层群体斗争的问题,必须要进行公民道德教育。此外,应还有历史和现实的原因:一是对"尚公"思想的发展。从对公民道德教育用"义、恕、仁"来解释即体现出蔡元培的公民道德教育与我国传统的道德思想及清末的"尚公"思想有着相继的联系。在清末的教育宗旨中,对"尚公"做出了两点概述:(1) 外国列强的崛起,并非依赖于少数的英雄豪杰,而在于"尚信义,重亲睦"的教育,从而形成万众一心的爱国心,中国也应当培养民众的这种信念;(2) 我国学风蜕变,人心离散,"群情隔阂,各为其私",要改变这种状况,必须以"尚公"作为确定不移的教育标准,以求得到"人人皆能视人犹己,爱国如家"的效果。可见,蔡元培的博爱思想与"尚公"宗旨有相近的思想内容,但蔡元培的博爱思想更加广大,而且加入重要的自由与平等思想,比清末的教育宗旨更进一步。二是现实资产阶级革命发展的要求。十九世纪末二十世纪初的中国,面临主要帝国主义国家的瓜分,腐败的清政府却对外屈辱投降,对内疯狂镇压,致使民不聊生,士气低落。中国新兴资产阶级革命派意欲通过革命来推翻这个腐朽的王朝,争取国家的独立和民族的发展,为了革命发展的需要,因而提出自由、平等、博爱的口号来号召广大的革命者参与其中,为资产阶级革命时代的到来进行舆论宣传。

　　蔡元培认为教育有两大类:一类是隶属于政治的,一类是超越于政治的。专制时代的教育家因为要遵循政府的教育方针来确立教育的标准,因此是纯粹的隶属于政治的教育;共和时代,教育家应当要立足于人民的立场来确立教育标准,因此要有超越于政治的教育。但无论是军国民主义教育、实利主义教育还是公民道德教育都是隶属于政治的,它们还不是教育的最终目的。因为教育不仅有世俗的

---

　　① 蔡元培:《对于教育方针之意见》,高平叔编:《蔡元培教育文选》,人民教育出版社,1980 年,第 2 页。

追求，还要具有超越的眼光，"立于现象世界，而有事于实体世界"。①
也就是要在追求世俗幸福的同时，还要达到自由的境界，这就要进行
世界观教育。

（四）世界观教育

要分析蔡元培对世界观教育的理解，就首先要了解他对世界的
认识。他借鉴康德的世界二分法将世界分为现象世界和实体世界：
现象世界立足于时间和空间，强调事物之间的相对性，是可以为人的
认识所把握的，但受到必然性的制约，人是不自由的；实体世界超越
了时空的界限，是绝对的，是人的理性所无法把握的，只能靠直觉，但
人的感情和意志是自由的，是一种信仰。但他超越了康德，认为现象
世界和实体世界原本是统一的整体，"盖世界有二方面，如一纸之有
表里"，"现象实体，仅一世界之两方面，非截然为互相冲突之两世
界"，②我们的感觉就是依托于现象世界，而实体就存在于现象之中。

何以人们难以通往实体世界，实现自由呢？蔡元培认为，原因在
于现象世界中存在两种意识成为现象世界与实体世界之间的障碍：
一是人我的差别。个人因为自卫能力的不同而产生强弱的差别，因
生存能力的不同而产生贫富的差别，正因为这些差别的存在，才使人
与人之间产生差别意识，这与没有差异的实体世界是相违背的。二
是追求幸福的意识存在。个体中的弱者与贫者，因不满足于现实而
追求幸福，如果追求不能成功，就会产生无限的痛苦，如果追求成功，
则会有更进一步的追求。这种现象在现象世界中循环往复，与自由
的实体世界相隔离。如果人与人之间达到平衡，则人肉体上的享受
就会顺其自然，对幸福的追求意识就会泯灭，人与人之间的差别意识
就会消失。因此，现世幸福对不幸福的人到达实体世界有重要作用，
军国民教育和实利主义教育能够弥补他们的自卫和自存能力，道德

①　蔡元培：《对于教育方针之意见》，高平叔编：《蔡元培教育文选》，人民教育出版社，
1980年，第3页。

②　蔡元培：《对于教育方针之意见》，高平叔编：《蔡元培教育文选》，人民教育出版社，
1980年，第4页。

教育则可以使他们追求幸福的意识泯灭而达到忘我的境地,从而进入实体观念的教育即世界观教育中去。

至于如何进行世界观教育,蔡元培认为从两个方面来说:消极方面就是对于现象世界既不厌弃也不执著;积极方面就是对于实体世界,怀有渴望仰慕之心,进而慢慢领悟。世界观教育就是"循思想自由言论自由之公例,不以一流派之哲学一宗门之教义梏其心,而惟时时悬一无方体无始终之世界观以为鹄"。① 要实现由现象世界通往实体世界,教育家必须要采用的方法就是进行美感教育。

（五）美感教育

所谓美感教育,也就是美育,"应用美学之理论于教育,以陶养感情为目的者也",②也就是我们现在所讲的培养学生认识美、爱好美和创造美的能力的教育。蔡元培认为,美感教育是进行世界观教育的必由之路。这是因为美感教育是连接现象世界和实体世界的桥梁。"世界观教育,非可以旦旦而聒之也。且其与现象世界之关系,又非可以枯槁单简之言说袭而取之也。然则何道之由? 曰美感之教育。美感者,合美丽与尊严而言之,介乎现象世界与实体世界之间,而为津梁。"③在现象世界中,人们的情感会随着境遇的变化而变化,然而这些境遇在美感教育中,却只有美感而没有其他的杂念。比如,现象世界中的火山喷发、狂风沉船现象,对于世人是非常可怕的事情,但如果把它们作为图画的内容就只有美感了,这样人们就对现象世界既不厌弃也不执著,以至于能够脱离了现象世界的情感而接触到实体世界的观念了。

蔡元培不仅翻译、介绍西方的美学思想和理论,对美育的实施也是身体力行。为了推广和开展美育,他专门写了《美育实施的方法》,

---

① 蔡元培:《对于教育方针之意见》,高平叔编:《蔡元培教育文选》,人民教育出版社,1980年,第5页。

② 蔡元培:《美育》,俞玉滋、张援编:《中国近现代美育论文选》,上海教育出版社,1999年版,第207页。

③ 蔡元培:《对于教育方针之意见》,高平叔编:《蔡元培教育文选》,人民教育出版社,1980年,第5页。

主张从家庭美育、学校美育、社会美育三方面来实施。首先，家庭美育要着手于胎教，由于单个家庭不可能实施完美教育，蔡元培主张设立公立的胎教院和育婴院。从这些机关的选址、建筑的风格、内部景观布置到室内的装饰、器物的陈列以及选择的阅览书籍和音乐都要有标准，一切以美为依据。其次，学校美育是实施美育的最重要的阶段和途径，可以开设音乐、图画、手工、舞蹈、唱歌等各种美育课程，但又不局限于这些课程，所有的课程都具有美育的材料，要从美育的角度来看待枯燥的课程，在知识教授过程中培养学生的美感。再次，社会美育也是必不可少的。因为学生在学校的时间毕竟有限，而且许多人没有入学或已离开学校，依然需要进行美育，因此社会美育也是重要的部分。社会美育可以通过设立美术馆、美术展览会、音乐会、剧院、历史博物馆等机关来进行，还可以通过地方的美化来实现，包括美化道路、建筑、公园、名胜古迹甚至公坟。总之，美育自出生之前直到死后，终生都要进行。

结合蔡元培在北京大学的实践，他特别强调美育在大学中的实施方法。首先，他开设美学课程并亲自主讲。其次，倡导或支持成立各种与美育相关团体，如音乐研究会、画法研究会、书法研究会、戏剧研究会等，通过社团活动来进行美感教育。再次，支持创建专门艺术院校。1927 年创立的国立音乐院（今上海音乐学院前身），1928 年创立的杭州国立艺术院（今浙江美术学院前身），都是在蔡元培的支持和帮助下成立的，他还兼任国立音乐院的院长。

蔡元培提出的"五育"是内在统一的，具有和谐的特质。[1] 首先，军国民主义教育、实利主义教育和公民道德教育是隶属于政治的，属于现象世界；世界观教育和美感教育是超越政治的，属于实体世界。如前所述，现象世界与实体世界是世界的两面，二者是一个统一的整体。其次，五育之间是相互依存，不可分割的。蔡元培将其比作人体："军国民主义者，筋骨也，用以自卫；实力主义者，胃肠也，用以营

---

①　汤广全：《自由与和谐：蔡元培"五育并举"观研究》，巴蜀书社，2009 年，第 197 页。

养;公民道德者,呼吸机循环机也,周贯全体;美育者,神经系也,所以传导;世界观者,心理作用也,附丽于神经系,而无迹象之可求。"①因此,此五育均不可偏废,要共同发展,以培养具备完全人格的人才。

四、蔡元培的教育管理思想

蔡元培的教育管理思想自身就是一个庞大的系统,既包括学术管理思想、学生管理思想等,还包括教师管理思想、教育经费管理思想等相关管理思想。本书旨在探讨人才培养的问题,所以重点探讨与之关系密切的学术管理思想、行政管理思想、校务管理思想、教学管理思想和学生管理思想。

(一) 学术管理思想——"思想自由,兼容并包"

蔡元培从大学是研究高深学问的学府这一教育理念出发,结合自身中西教育的经历,将西方大学尤其是德国大学的成功经验和中国教育的优良传统相结合,提出大学应"思想自由,兼容并包",这既是蔡元培的办学方针,也是其大学学术管理思想。在 1918 年的《北京大学月刊》发刊词中,蔡元培这样写道:"大学者,'囊括大典,网罗众家'之学府也。《礼记·中庸》曰:'万物并育而不相害,道并行而不相悖。'足以形容之。如人之身然,官体之有左右也,呼吸之有出入也,骨肉之有刚柔也,若相反而实相成。各国大学,哲学之唯心论与唯物论,文学、美术之理想派与写实派,计学之干涉论与放任论,伦理学之动机论与功利论,宇宙论之乐天观与厌世观,常樊然并峙于其中,此思想自由之通则,而大学之所以为大也"。② 这可能是蔡元培最早对其办学方针的论述。1919 年 3 月 18 日,针对林琴南对北京大学改革中新文化、新思想、新道德以及白话文的质疑,蔡元培一一作出解释,并再次强调他对大学办学方针的主张:"(1) 对于学说,仿世界

---

① 蔡元培:《对于教育方针之意见》,高平叔编:《蔡元培教育文选》,人民教育出版社,1980 年,第 6 页。

② 蔡元培:《〈北京大学月刊〉发刊词》,高平叔编:《蔡元培全集》(第三卷),中华书局,1984 年,第 211 页。

各大学通例，循'思想自由'原则，取兼容并包主义，与公所提出之'圆通广大'四字，颇不相背也。无论为何种学派，苟其言之成理，持之有故，尚不达自然淘汰之运命者，虽彼此相反，而悉听其自由发展。（2）对于教员，以学诣为主"。①

对于蔡元培的"思想自由，兼容并包"思想，可以从几个方面来理解：第一，"思想自由，兼容并包"是由大学性质和真理的发展规律所决定的。大学之所以为"大"，就在于"囊括大典，网罗众家"，就在于能够包容各家、各派并任其在学术领域自由发展；学术研究的真谛在于对真理的追求，而真理与谬误是一对矛盾，二者相辅相成的，更何况真理具有相对性，因此学术研究中必然会出现不同甚至是相反的认识和观点，形成不同的学术派别。正是这些不同的学术观点、学术派别之间的争论与激辩，才使得我们的学术研究和真理的发现得以不断地前进和发展。也正是因为如此，蔡元培"素信学术上的派别，是相对的，不是绝对的；所以每一种学科的教员，即使主张不同，若都是'言之成理、持之有故'的，就让他们并存，令学生有自由选择的余地"。② 第二，所谓"思想自由"，就是"至理之信，不必须同他人；己所见是，即可以之为是。然万不可诪张为幻"，"一己之学说，不得束缚他人，而他人之学说，亦不束缚一己"③，对于事物的评判和观点随个人思想而有所不同，大家可以自由讨论。所谓"兼容并包"，就是平等的对待各种学术观点和学术派别，即使不同甚至是相反，只要"言之成理"，"尚不达自然淘汰之运命"，就应让其自由发展。第三，思想自由与兼容并包，二者相辅相成：只有真正的思想自由，才能使各种不同学术观点和学术派别兼容并包；只有兼容并包，各种学术见解和派别才可能共同存在，才能实现学术上的思想自由。第四，兼容并包并

---

① 蔡元培：《致〈公言报〉函并答林琴南函》，高平叔编：《蔡元培全集》（第三卷），中华书局，1984 年，第 271 页。

② 蔡元培：《我在北京大学的经历》，高平叔编：《蔡元培教育文选》，人民教育出版社，1980 年，第 222 页。

③ 高平叔编：《蔡元培全集》（第三卷）中华书局，1984 年，第 51 页。

非无所不包,而是有条件的。在教师聘任方面,蔡元培坚持兼容并包的原则,不问出身、学历、政治派别,但坚持严格的学术标准,对于学术水平低、滥竽充数者,坚决辞退。对于旧派教员刘师培、辜鸿铭等人的学术思想和教育活动予以支持,但坚决不许他们在讲坛上宣扬帝制和他们的政治信仰。

对于蔡元培的这一思想,陈独秀如此评述:"北大教员中,像崔怀庆、辜鸿铭、刘申叔(刘师培)、黄秀生四位先生,思想虽说是旧一点,但是他们都有专门学问,和那班冒充古文家、剧评家的人不可同日而语。蔡先生对于新旧各派兼收并蓄,很有主义、很有分寸,是尊重讲学自由。是尊重新旧一切正当学术讨论的自由","他对于各种学说,无论新旧都有讨论的自由,不妨碍他们个性的发达;至于融合与否,乃听从客观的自然,并不是主观上强求他们的融合。我想蔡先生的兼收并蓄的主义,大概总是如此"。①

(二)行政管理思想——"教育独立"

蔡元培第一次明确阐述自己的教育独立思想是在 1922 年 3 月发表的《教育独立议》中,他开宗明义地提出,教育以发展受教者的能力、培养健全的人格为目的,既然如此,教育就应当交由教育家来实施和管理,而不受各政党或各教会的影响,具有自身的独立性。从蔡元培的论述和实践中可以看出,蔡元培的教育独立思想包含三层意思:

第一,教育独立于政党。对此,蔡元培从两个方面来说明:(1)"教育是要个性与群性平均发达的。政党是要制造一种特别的群性,抹杀个性。例如,鼓励人民亲善某国,仇视某国;或用甲民族的文化,去同化乙民族。今日的政党,往往有此等政策,若参入教育,便是大害。"②培养个性与社会性和谐发展的健全人格是蔡元培的理想教育目标,他认为任何强调群性抹杀个性的一边倒的垄断性教育都是不

---

① 吴雪:《蔡元培教育管理思想述评》,硕士论文,大连理工大学,2006 年 6 月。

② 蔡元培:《教育独立议》,高平叔编:《蔡元培教育文选》,人民教育出版社,1980 年,第 145 页。

完全的教育,因此他主张教育与党政利益、党政行为保持距离,避免教育被垄断。这一思想在当时的社会环境下代表了多数教育界人士的心声,受到知识分子尤其是自由主义知识分子的积极响应,充分体现了自由主义教育思想的精髓——对受教育者个性的张扬和对个人价值的尊重。(2)"教育是求远效的;政党的政策是求近功的。中国古书说:'一年之计树谷;十年之计树木;百年之计树人。'可见教育的成效,不是一时能达到的。政党不能常握政权,往往不出数年,便要更迭。若把教育权交与政党,两党更迭的时候,教育方针也要跟着改变,教育就没有成效了。所以,教育事业不可不超然于各派政党之外。"①教育是一种长期的事业,需要稳定的环境和较长的运转周期,以保证教育方针、教育制度和政策的稳定性、连续性和有效性。蔡元培的这一思想是对当时军阀统治下,政权更迭频繁导致教育动荡的一种控诉和抗议,积极响应了当时的教育独立运动,将重点放在了教育行政组织改革,主张教育行政与其他政府行政要分开。

第二,教育独立于宗教。教育附于宗教会阻碍学术的自我更新,"教育是进步的:凡有学术,总是后胜于前,因为后人凭着前人的成绩,更加一番工夫,自然更进一步。教会是保守的:无论什么样尊重科学,一到《圣经》的成语,便绝对不许批评,便是加了一个限制",②而且教育是公共的,是全人类可以共享的,但教会是有差别的,教会中又有很多派别,至于谁真谁伪,永无定论。教育若皈依于某种宗教,其宗教情感和教义便会代替客观的理性,从而妨碍判断的客观性和科学性,影响知识的更新和学术的发展。这实际是主张教育思想独立。反对宗教势力渗入教育虽然是蔡元培的一贯主张(以美育代宗教),但详细明确地辨析宗教和教育的关系是与当时教育界的非基督教运动简称"非基运动"密不可分的。

---

① 蔡元培:《教育独立议》,高平叔编:《蔡元培教育文选》,人民教育出版社,1980年,第145页。

② 蔡元培:《教育独立议》,高平叔编:《蔡元培教育文选》,人民教育出版社,1980年,第145页。

第三,教育行政独立。蔡元培的教育独立思想的实践是他担任南京国民政府大学院院长期间试行的大学院与大学区制,这一制度效仿法国的教育行政制度,取消自民国以来实行的教育部、教育厅、教育局的管理体系和模式。对于大学区制的具体做法,蔡元培在《教育独立议》一文中作为实现教育独立的一个途径进行了详细的描述:"分全国为若干大学区,每区立一大学;凡中等以上各种专门学术,都可以设在大学里面,一区以内的中小学校教育,与学校以外的社会教育,如通信教授、演讲团、体育会、图书馆、博物院、音乐、演剧、影戏……与其他成年教育、盲哑教育等等,都由大学办理。大学的事务都由大学教授所组织的教育委员会主持。大学校长,也由委员会举出。由各大学校长,组织高等教育会议,办理各大学区互相关系的事务。教育部,专办理高等教育会议所议决事务之有关系于中央政府者,及其他全国教育统计与报告等事,不得干涉各大学区事务。教育总长必经高等教育会议承认,不受政党内阁更迭的影响"。[①] 大学院代替原教育部,统辖全国的学术和教育,全国分若干大学区,大学区成为独立的教育行政单位,教育部成为了高等教育会议的一个执行机构,不能干涉和管理大学区事务。

在蔡元培的积极促动下,1927 年 6 月国民政府颁布训令,准其在广东、浙江、江苏三省试行大学区制。根据《中华民国大学院组织法》,大学院为全国最高学术教育机关,直接隶属国民政府,依照法令管理全国学术及教育行政事宜。大学院设秘书处、总务处、高等教育处、普通教育处、社会教育处、文化事业处,并详细规定各处的职权;大学院设中央研究院作为全国最高之学术研究机关;全国依据教育、经济、交通等状况分为若干大学区,大学设校长一人,总理大学区内一切学术和教育行政事项。根据《修正大学区组织条例》,大学区设评议会、秘书处、研究院、高等教育部、普通教育部、扩充教育部等机

---

① 蔡元培:《教育独立议》,高平叔编:《蔡元培教育文选》,人民教育出版社,1980 年,第 146 页。

构,分别负责相应的事务。

实行大学院和大学区制的目的是实现教育学术化和学术研究化,实现教育独立。但在试行一年多后,由于政潮、经费、行政效率和学风等问题,使得中小学对于大学区制颇有微词,国内教育界也纷纷责难:"官制不统一;大学院制其精神为人才集中,程度提高,但与普及教育本旨不合,学术与教育是两项事,大学非教育,教育行政机关不是专管学术;大学制本是试行,据目前试验之结果,可谓专注学术,忽视教育;小学迁就大学,国民经济能力不足,初小教育基础落空,与儿童本位之旨大相违背"。[①] 1928 年 11 月,国民政府下令大学院改为教育部;1929 年7 月 1 日颁布停止大学区制令,大学区制试行失败。

(三) 校务管理思想——"教授治校,民主管理"

所谓"教授治校",并不是有人理解的"有教授职称的人在管理大学",而是一种现代大学理念,并且是一种民主管理的制度和形式。蔡元培的教授治校思想便是一种民主的校务管理思想,他的这一思想并非独创,而是学习和借鉴德国大学的做法:"诸君都知道,德国革命以前是很专制的,但是他的大学是极端的平民主义;他的校长与各科学长,都是每年更迭一次,由教授会公举的",而且,校长由神学、医学、法学、哲学四科的教授按年轮流担任,学生从来没有因为校长的去留而发生问题的,"这是何等精神呵"。[②]

对此,蔡元培的直接论述并不多见,但却明显的见证于他在北京大学的改革实践中。对这一思想的论述最早反映在蔡先生任中华民国教育总长时起草的《大学令》中:"大学设评议会,以各科学长及各科教授互选若干人为会员",负责各学科的设置与废止、讲座的种类、大学内部规则、审查学生成绩以及请授学位者是否合格等;"大学各科各设教授会,以教授为会员",负责审议学科课程、学生试验事项、

① 《经亨颐等在国民党二届五中全会上提请设立教育部案》,中国第二历史档案馆编:《中华民国史档案资料汇编》(第五辑第一编),教育(一),江苏古籍出版社,1994 年,第 47 页。

② 蔡元培:《回任北大校长在全体学生欢迎会上的演说词》,高平叔编:《蔡元培全集》(第三卷),中华书局,1984 年,第 341 - 342 页。

审查大学院生属于该科的成绩、审查提出论文并审查请授学位者是否合格等。可见,教授会负责学科事务,评议会负责事关全校大局的事务,教授在学校的校务管理和学术与教学事务方面都有充分的管理权,这种规定类似于德国大学的管理体制。① 根据《大学令》,北京大学于1915年设立了评议会,但没有发挥它应有的作用,直到蔡元培任校长。

1917年,在蔡元培主持下重新设立了评议会,作为全校的最高立法机构和权力机构。由于各科学长都是当时知名教授,所以评议会实际上是教授组成的校务会议,代表教授的权益,是教授治校的重要体现。随后为进一步扩大教授治校的范围,在1917年12月,北京大学评议会议决设立教授会。根据《北京大学学科教授会组织法》,"每一部教员,无论其为研究科、本科、预科教授,讲师,外国教员,皆为本部教授会之会员"。② 此外,还设立行政会议,作为全校的最高行政机构和执行机关,评议会决定的事项,一般由行政会议实施,行政会议的委员也都是教授。负责全校教学与科研的教务会议由教务长和各系主任组成,其成员都是知名教授。从立法到行政,从事务到学术,北京大学的管理都是由民主选举的教授代表组成的机构来执行,实现了教授治校体制的建立。这一方面遵循了学术和教育发展的内在规律,较好地解决了学术与行政管理之间的关系和矛盾,调动了教师们的积极性,使他们专心向学,保证了学术至上;另一方面教授治校体制的建立是校内的一项民主改革,有利于学校内部的自治,对于稳定北京大学的组织和学风起到重要作用。

（四）教学管理思想——"尚自然,展个性"

在教育上,蔡元培崇尚自然和个性,其在1918所作的《新教育与旧教育之歧点》一文中指出:"新教育所以异于旧教育者,有一要点

---

① 陈发美:《蔡元培的"教授治校"思想与实践》,《有色金属高教研究》,2000年第6期,第45页。

② 《学科教授会组织法》,王学珍、郭建荣主编:《北京大学史料》(第二卷),北京大学出版社,2000年,第1833页。

焉,即教育者非以吾人教育儿童,而吾人受教于儿童之谓也",我国旧教育以养成科名仕宦之材为目的,是教育者预定目的,强使受教育者来实现,而不顾其天性与资质,完全按照一种方法教授。现在的新教育则要深知儿童身心发展的规律,选择种种适当的方法来教授,要学习近代新教育的做法,"知教育者,与其守成法,毋宁尚自然;与其求划一,毋宁展个性"。[①] 如何才能发展学生的个性呢? 从蔡元培的具体实践中可以归纳为以下几个方面:

第一,改年级制为选科制。当时实行的年级制,不论学生的个人具体情况与个性,必须读满年限方能毕业,而留级者因某几门课程不及格,必须全部复习,造成学生在教室睡觉、看其他书籍甚至旷课的弊端。对此,蔡元培有其看法:"论到发展个性一层,现在学校中行分年级制度,不论个性如何,总使读满几年,方能毕业,很不适当","学校确有不及书院之点。我们知道以前书院院长,或擅长文学,从其者,能文者辈出;或长经学与小学,从其学者,莫不感化。因为院长以此为毕生事业,院内尚自由研究,故能自由发展。现在学校内科目繁多,无研究余地"。[②] 于是,提倡改年级制为选科制,打破了年限对学生的限制,有利于学生发展自己的兴趣、爱好和特长,促进人才个性的成长和发展。

第二,沟通文理。蔡元培认为文理两科是不应该分科的,因为文科的史学、文学都与科学有关,而哲学则全部以自然科学为基础;理科各学科都与哲学有关,尤其是自然哲学是自然科学的归宿。而且,由于学科发展出现交叉,有些学科无法以文理来区分:如心理学从前属于哲学,而采用实验法后,似乎应该划入理科;地理学中的人文方面属于文科,而地质、地文等方面则属于理科。文理分科会给学生造成很大的障碍:文科学生"因与理科隔绝之故,直视自然科学为无用,

① 蔡元培:《新教育与旧教育之歧点》,高平叔编:《蔡元培全集》(第三卷),中华书局,1984年,第173-174页。

② 蔡元培:《在北京高等师范学校〈教育与社会〉社演说词》,高平叔编:《蔡元培全集》(第三卷),中华书局,1984年,第395页。

遂不免流于空疏";理科学生"以与文科隔绝之故,遂视哲学为无用,而陷于机械的世界观",①同时,"治文学者,恒蔑视科学,而不知近世文学,全以科学为基础;治一国文学者,恒不肯兼涉他国,不知文学之进步,亦有资于比较;治自然科学者,局守一门,而不肯稍涉哲学,而不知哲学即科学之归宿,其中如自然哲学一部,尤为科学家所需要;治哲学者,以能读古书为足用,不耐烦于科学之实验,而不知哲学之基础不外科学,即最超然之玄学,亦不能与科学全无关系"。② 为了消除这些弊端,蔡元培主张"沟通文理,合为一科","融通文、理两科之界限:习文科各门者,不可不兼习理科中之某种(如习史学者,兼习地质学;习哲学者,兼习生物学之类);习理科者,不可不兼习文科之某种(如哲学史、文明史之类)"。③

　　第三,转专业。学生在入学前选择专业的时候可能会受社会、家庭等的影响,所选专业并非适合自己或自己的专长所在,经过一学期甚至一年的学习后,认识到自己不适合继续本专业的学习,便会向学校申请转科。据法科一年级经济门学生顾宝随禀称:法科课程与性格矛盾,恳请改入文科英文学门旁听一节。校方查法科课程既非该生性之所近,应准其在法科退学,并准暂在文科英文学门随班听课,俟学年考试后,再行核办。对此,法科教务处专门致函文科教务处:"本科经济门一年级学生顾宝随现禀由校长批准,在本科退学改入贵科英文学门,随班听讲,俟学年考试后视成绩之优劣,再行查核办理,兹将该生之名戳暨保证书等件,一并送交贵处查照办理为荷。"④另外,文科一年级英文门学生巾焘呈称文科课程,非性之所近,恳请准予改入法科肄业一节,蔡元培认为应准该

---

① 蔡元培:《传略》(上),高平叔编:《蔡元培全集》(第三卷),中华书局,1984 年,第331 页。

② 蔡元培:《〈北京大学月刊〉发刊词》,高平叔编:《蔡元培全集》(第三卷),中华书局,1984 年,第 211 页。

③ 蔡元培:《在专门以上学校校长会议提出讨论之问题》,高平叔编:《蔡元培全集》(第三卷),中华书局,1984 年,第 209 页。

④ 《法科教务处致文科教务处函》,《北京大学日刊》,第 54 号,1918 年 1 月 24 日。

生在文科退学，改为法科法律门旁听生。学生所选专业与自身的特点和本性相符合，准许学生转入其他专业学习，是蔡元培"尚自然，展个性"教育教学管理的重要体现。

（五）学生管理思想——"自治自立"

蔡元培认识到，要将学生培养成为"硕学闳材"，养成健全的个性，就必须要培养学生的自治能力和自动精神，"诸君但能在校中保持这种自治的能力，管理上就不成问题"。[1] 学生的自治不仅关系自身，还会影响社会，由学生自治发展到平民自治，"提高国民自治的精神"。[2]

这种自治能力首先是生活管理中的自治，学生在社会中处于先导地位，因此学生的行为必须要约束管理好。对于有些学生不喜欢教职员的管理，自我又不能管理而做出种种坏行为的情况，蔡元培指出"我意不要人家管理，能够自治，是好的；不要管理，自便放纵，是不好的。管理规则、教室规则等可以不要，但要能够自守秩序，总要办到不要规则而其收效仍如有规则时、或且过之才好"。[3] 也就是说，只要学生能拥有自治的能力，就可以自我管理，既不受他人"治"，又可以把宿舍、教室以及自我卫生等各项事务管理好。

自治自立精神还包括自动的求学，"在学校，不能单靠教科书和教习。课堂功课固然要紧，自动自习，随时注意，自己发见求学的门径和学问的兴趣，更为要紧"。[4] 这就要求学生有较强的自我约束能力和自治能力，蔡元培致力于培养和提高学生的自治能力，采取了包括成立自治会、学术团体、文体活动、社会活动等措施。

---

① 蔡元培：《回任北大校长在全体学生欢迎会上演说词》，高平叔编：《蔡元培教育论著选》，人民教育出版社，1991年，第232页。

② 蔡元培：《在北京高等师范学校学生自治会演说词》，高平叔编：《蔡元培教育论著选》，人民教育出版社，1991年，第291页。

③ 蔡元培：《对于学生的希望》，高平叔编：《蔡元培教育论著选》，人民教育出版社，1991年，第286页。

④ 蔡元培：《对于学生的希望》，高平叔编：《蔡元培教育论著选》，人民教育出版社，1991年，第286页。

第二节　蔡元培对北京大学的改革

　　1916 年 12 月 6 日,胡仁源辞去北京大学校长一职。在马叙伦等人的推荐下,12 月 26 日,蔡元培被正式任命为北京大学校长,直到1927 年 7 月,任职十年,实际在校差不多 5 年时间,他离开北京大学的其他时间里,由蒋梦麟等代理校长职务。正如他后来在《我在北京大学的经历》中讲到的:"我居北京大学校长的名义,十年有半;而实际在校办事,不过五年有半"。①

　　蔡元培就任北京大学校长一职,是当时主客观条件下的必然事件。当时的中国政治极其腐败,军阀混战导致社会不稳定,而北京大学乃至整个北京的教育,受到军阀破坏、封建返古逆潮的压制,依然是一种腐败的封建旧教育,急切需要大刀阔斧的教育革新;蔡元培是中国近代民主主义者,他学贯中西、学识渊博,在教育界、学术界乃至政界都有重要的地位;当教育部有意要他任北京大学校长的消息传出,有友人劝他去北京大学,北京大学再腐败也要有人去整顿,不妨试一下;孙中山认为蔡元培就任北京大学校长,有利于北方革命思想的传播,力主就任;蔡元培在前期的革命活动、暗杀活动不能实现其救国的理想后,转向了教育救国,就任北京大学校长,可以实现其教育救国的理想。当然,也有人劝蔡元培不要就任,因为北京大学太腐败了,如果整顿不好,反而会坏了自己的名声。对此,蔡元培也是再三思虑,认为任北京大学校长不是做官,并且教育可以救国,因此决定北上就任。他后来在给汪精卫的信函中提到他当时的想法:"吾人苟切实从教育着手,未尝不可使吾国转危为安。而国外所经营之教育,又似不及在国内之切实。弟之所以迟迟不进京,欲不任大学校

---

　　①　蔡元培:《我在北京大学的经历》,高平叔编:《蔡元培教育论著选》,人民教育出版社,1991 年,第 632 页。

长,而卒于任之者,亦以此。"①

　　蔡元培于 1917 年 1 月 4 日到北京大学视事,自此便开始了他在北京大学的改革。蔡元培的改革既参照了近代西方大学模式,又结合了他自身的大学教育理念,同时也体现了壬子癸丑学制与《大学令》、《大学规程》中关于高等教育制度建设的内容和精神。他在北京大学的这一改革实践,对北京大学乃至整个中国高等教育制度的建立和发展都产生了深远的影响。

一、变革学校宗旨,确立学校性质

　　针对当时北京大学教师不研究学问、学生为做官发财而求学的积弊,蔡元培首先提出要明确大学的性质——研究高深学问的机构。在 1917 年 1 月 9 日就任北京大学校长的演说中,蔡元培指出"大学者,研究高深学问者也"。② 1918 年 9 月 20 日,在北京大学开学式的演说中再次强调:"大学为纯粹研究学问之机关,不可视为养成资格之所,亦不可视为贩卖知识之所。"③为了使北京大学成为真正"研究高深学问"之所,使教师成为学问家,使学生为学问而求学,蔡元培从以下几个方面进行了改革:

　　第一,转变学生的观念和态度。如前文所述,民国初年的北京大学封建气息还十分的浓厚,学生为升官发财而求学,毫无研究学问的兴趣。1915 年考入北京大学的冯友兰,对北京大学当时的情况进行了描述:"我进北大的时候……大部分学生和他们的家长们,都还认为上北京大学就是要得到一个'进士出身',为将来做官的正途。当时的北大学生都想着,来上学是为了混一个资格为将来做官做准备。北大无形中是一个官僚养成所"。④ 为改变学生的这种为当官而求学

---

　　①　《致汪精卫君书》,《蔡孑民先生言行录》(下册),新潮社,1920 年 10 月,第291 页。
　　②　高平叔编:《蔡元培全集》(第三卷),中华书局,1984 年,第 5 页。
　　③　高平叔编:《蔡元培全集》(第三卷),中华书局,1984 年,第 191 页。
　　④　冯友兰:《我所认识的蔡孑民先生》,陈平原、郑勇编:《追忆蔡元培》,中国广播电视出版社,1997 年,第 163 页。

的观念,蔡元培反复强调大学的性质是"研究高深学问"的场所,学生必须要明确大学与专门学校的不同,"抱定宗旨,为求学而来。入法科者,非为做官;入商科者,非为致富。宗旨既定,自趋正轨"。[①]"大学学生,当以研究学术为天职,不当以大学为升官发财之阶梯"。[②] 1918年11月,他在《〈北京大学月刊〉发刊词》中说:"所谓大学者,非仅为多数学生按时授课,造成一毕业生之资格而已也,实以是为共同研究学术之机关"[③]。1919年,在北京大学第22学年开学典礼上,再次强调"大学并不是贩卖毕业的机关,也不是灌输固定知识的机关,而是研究学理的机关。所以,大学的学生并不是熬资格,也不是硬记教员讲义,是在教员指导之下自动的研究学问的"。[④] 蔡元培通过在各种场合下,反复不断地强调大学的性质和大学生学习的目的,来为社会转型中迷茫的青年大学生们指明学习的方向,也为中国近代高等教育的发展指明方向。

第二,改革教员聘任原则,整顿教师队伍。蔡元培认为北京大学之所以不能令人满意,在于两点:"一在学课之凌杂,二在风纪之败坏。救第一弊,在延聘纯粹之学问家,一面教授,一面与学生共同研究,以改造大学为纯粹研究学问之机关。救第二弊,在延聘学生之模范人物,以整饬学风"。[⑤] 为此,蔡元培在聘任教员时坚持以"学问"为标准,打破年龄和资格的界限,打破政治信仰界限,延聘积学而热心学问的教员,裁减、辞退不称职的教员包括洋教员。北京大学文科教员中,顽固守旧的多,因此,蔡元培首先聘任了大批年轻的、有进步思想的学者任北京大学文科教员,其中陈独秀任文科学长。陈独秀是《新青年》杂志的主编,这本杂志旨在提倡民主和科学,反对旧道德,提倡新道德,反对旧文学,提倡新文学,在俄国十月革命后介绍马克

---

① 高平叔编:《蔡元培全集》(第三卷),中华书局,1984年,第5页。
② 高平叔编:《蔡元培全集》(第六卷),中华书局,1988年,第350页。
③ 蔡元培:《〈北京大学月刊〉发刊词》,高平叔编:《蔡元培教育论著选》,人民教育出版社,1991年,第170页。
④ 高平叔编:《蔡元培全集》(第三卷),中华书局,1984年,第344页。
⑤ 高平叔编:《蔡元培全集》(第三卷),中华书局,1984年,第11页。

思主义，是新思想、新文化宣传的阵地。陈独秀于北京大学任职后，《新青年》搬到了北京大学，在北京大学围绕《新青年》聚集了一批具有革新思想的教员，如李大钊、胡适、刘半农、周作人、鲁迅等，他们为北京大学成为五四新文化运动的发源地做了先期的理论宣传，也推动了中国的教育、文化和学术向前发展。

　　蔡元培聘任教员不问年龄与资格，只重视学问与研究学问的兴趣。比较典型的例子是，梁漱溟以其发表于《东方杂志》(6、7、8期连载)的《究元决疑论》引起蔡元培的注意，蔡邀请他到北京大学开设"印度哲学"，时年梁漱溟只有 24 岁，而且他自以为只不过初涉佛典，于此外对印度哲学并无所知，因此不敢应承。后来经蔡先生劝导，才终于答应。对于此事梁漱溟这样回忆道"蔡先生反问：'你说你教不了印度哲学，那么，你知有谁能教印度哲学呢？'我说不知道。蔡先生说：'我们亦没有寻到真能教印度哲学的人。横竖彼此都差不多，还是你来吧！你不是爱好哲学吗？我此番到北大，定要把许多爱好哲学的朋友都聚拢来，共同研究，互相切磋；你怎可不来呢？你不要当是老师来教人，你当是来合作研究，来学习好了。'他这几句话打动了我，只有应承下来。"①此外，蔡元培还聘请了徐宝璜、朱家骅、胡适、钱玄同、刘文典等一大批年轻的教员，据1918 年教员统计，全校教授的平均年龄只有三十几岁，最年轻的二十五岁。其次，蔡元培聘任教员只认学识，不求全责备。蔡元培说："夫人才至为难得，若求全责备，则学校殆难成立。"因此，北京大学在聘任教员时不论其政治背景及私人生活，"复辟主义，民国所排斥也，本校教员中，有拖长辫而持复辟论者。以其所授为英国文学，与政治无涉，则听之。筹安会之发起人，清议所指为罪人者也，本校教员中有其人，以其所授为古代文学，与政治无涉，则听之。嫖、赌、娶妾等事，本校进德会所戒也，教员中间有喜作侧艳之诗词，以纳妾、狎妓为韵事，以赌为消遣者，苟其功课不荒，并不诱

学生而与之堕落,则姑听之"。①

第三,在学术管理上提倡"思想自由,兼容并包"。这一方针除了体现在前文所述的教员聘任方面,还体现在课程的设置安排和充实教学内容上。蔡元培在教学内容和课程改革上,既积极吸收国外先进的科学文化,"世界的科学取最新的学说",对于中国丰富的传统文化,也要用新方法来整理,教学内容要涵盖古今中外。以 1917 年底教务会议议决的方案,文科哲学门的课程有哲学概论、中国哲学史大纲、西洋哲学史大纲、心理学、论理学、伦理学、中国古代哲学史、中国中古哲学史、中国近代哲学史、西洋古代哲学史、西洋中古哲学史、西洋近代哲学史、西洋现代哲学史……儒家哲学、道家哲学、墨家哲学以及柏拉图派哲学、亚利斯多德(即亚里士多德)哲学、康德派哲学。②由此可见,北京大学在教学内容上覆盖面非常广,这既有利于各种学说、思想、观点在大学校园中相互交融、自由辩论,更为学生提供了广阔的视野和自由选择的余地,有利于学生独立思维和创新能力的发展。不同学术派别,甚至"两相发对之学说"共同存在于北京大学校园,这种民主的学术氛围,能启发学生的思路,鼓励他们在比较中辨别并产生新的想法,从而增强学生对探索真理和学术研究的兴趣和能力。

二、改革学校管理体制,实行教授治校

蔡元培一向主张大学要实行民主管理,他明确指出:"本校事务,是全体职员共同负责的"。③ 他认为以前校长和学监专制管理校务的办法不妥,着手建立新的学校管理体制。"第一步组织评议会,给多数教授的代表,议决立法方面的事;恢复学长权限,给他们分任行政

---

① 蔡元培:《致〈公言报〉函并答林琴南函》,高平叔编:《蔡元培全集》(第三卷),中华书局,1984 年,第 271 页。

② 《改订文科课程会议纪事》,王学珍、郭建荣主编:《北京大学史料》(第二卷),北京大学出版社,2000 年,第 1056 - 1057 页。

③ 《回任北大校长在全校教职员欢迎会上的演说词》,高平叔编:《蔡元培全集》(第三卷),中华书局,1984 年,第 343 页。

方面的事。但校长与学长,仍是少数。所以第二步组织各门教授会,由各教授与所公举的教授会主任,分任教务。将来更要组织行政会议,把教务以外的事务,均取合议制。并要按事务性质,组织各种委员会,来研讨各种事务。照此办法,学校的内部,组织完备,无论何人来任校长,都不能任意办事。"①在他的努力下,北京大学的管理体制日趋完备。

第一,进一步规范评议会。北京大学在 1915 年已设立评议会,但没有发挥其应有的作用。蔡元培主持北京大学后于 1917 年 3 月即重新改选部分评议会委员,并向教育部呈报评议会章程。章程规定,评议会由校长、各分科预科学长及预科主任教员、各分科及预科中国专任教员中选举的议员组成,负责讨论各学科的设立与废止、讲座之种类、大学内部规则、学生风纪事项、审查学生成绩及学位申请合格与否等事项。随着其他改革的进行和评议会工作的开展及实践经验的积累,1920 年春,对评议会做出了修订:

第一条　本会以左列人员组织之。

(甲)校长

(乙)教授互选之评议员

第二条　评议员额数以教授全数五分之一为准,评议员任期一年,任满得再被选。

第三条　评议员于每年暑假后第一月内,用记名投票选举之。

第四条　本会设议长一人,以校长任之;书记一人,由会员互选之,如校长因故不能出席时,得由出席评议员推定临时主席。

第五条　本会议决左列各事项:

---

①　《回任北大校长在全体学生欢迎会上的演说词》,高平叔编:《蔡元培全集》(第三卷),中华书局,1984 年,第 342 页。

（甲）各学系之设立废止及变更。

（乙）校内各机关之设立废止及变更。

（丙）各种规则。

（丁）各行政委员之委任。

（戊）本校预算。

（己）教育总长及校长咨询事件。

（庚）凡关于高等教育事项,将建议于教育部者。

（辛）关于校内其他重要事项。

第六条　评议员均有提案之权,非评议员之教职员,得以五人以上之连署,建议于本会。

第七条　评议员关于校内一切设施,有疑义时,得以书函或口头向校长提出质问,要求答复。

第八条　本会对于校内一切设施如认为不适当时,得议决咨请校长取消之。

第九条　本会议决事件,凡关于校内者,由校长分别交该管职员办理,惟第五条庚项之建议,得以本会名义行之。

第十条　本会每月开常会一次,由议长召集,于三日前通知。

第十一条　遇有特别事件,得由校长或过半数之评议员召集临时会议。

第十二条　本会以评议员全数三分之一为法定开会人数,得议决事件。

第十三条　遇有紧急事件,临时会议不足法定人数,又不及召集第二次临时会议时,得由校长斟酌办理,但须交最近之常会或临时会议追认之。

第十四条　本会开会时,得随时请各职员出席报告。

第十五条　本规则得以评议员全数三分之一之提议,

过半数之可决修正之。①

这次的修订使评议会的内容更加全面、具体,尤其重要的是,废除学长制后,评议员由教授中选举产生,体现了教授治校的宗旨;同时,教员可以提出议案,体现了民主的广泛性,使得全体教职员都能参与到学校事务中,调动了全员的积极性。

第二,设教授会。蔡元培认为,评议员只是教授中的少数(1/5),为了让更多的教授参与到各门各系的管理中,必须建立教授会,于是在 1917 年 12 月,北京大学评议会议决设立教授会。根据《北京大学学科教授会组织法》,"每一部教员,无论其为研究科、本科、预科教授,讲师,外国教员,皆为本部教授会之会员",教授会负责讨论议决"本部之教授法良否"与"本部教科书之采择",并有权参与讨论"本部学科之增设与废止"与"本部应用书籍及仪器之添置"。② 1919 年,废门设系后,改称为各系教授会,负责规划本系的教学工作:课程设置、教科书的采择、教授法的改良、学生选科的指导及学生成绩考核等。教授会进一步扩大教授参与教学管理事务的范围,使更多的教授获得了应有的民主权利,提高了他们的积极性,另一方面,由本系教授负责本系的教学工作,让懂教学的教授管理教学事务,更符合教育的原则,更具科学性。

第三,设行政会议。行政会议是全校的最高行政机构和执行机关,评议会决定的事项,一般由行政会议实施。行政会议由各行政委员会委员长、教务长及总务长组成,校长兼任议长。行政会议下设专门行政委员会,委员限于教授。北京大学设立的行政委员会有:组织委员会——协助校长调查及编制大学内部之组织;预算委员会——协助校长编制大学预算案;审计委员会——协助校长稽核用途、审查

---

① 《评议会规则修正案》,王学珍、郭建荣主编:《北京大学史料》(第二卷),北京大学出版社,2000 年,第 139-140 页。

② 中国蔡元培研究会编:《蔡元培全集》(第 18 卷),浙江教育出版社,1998 年,第 230-231 页。

决策及改良簿记法;聘任委员会——协助校长审查聘任教务部分职员之资格;图书委员会——协助校长谋图书馆之扩张与进步;庶务委员会——协助校长谋庶务之推行与进步;仪器委员会——协助校长谋仪器之扩张与进步;出版委员会——协助校长审查编译之图书,规划推行出版事务;临时委员会——以所任事务定其名称,事毕即行撤销。① 行政会议各委员会分工明确,各司其职,为提高效率,又制定行政会议规则,全面负责全校的行政事务。

第四,设教务会议。北京大学的教务原来一直由各科学长负责,各自为政,互不联系。1919 年 2 月,评议会议决"废除学长制,由各科教授会主任合组文理两科教务处,直接校长办理事务"。② 同年 4 月,北京大学撤各科学长,成立教务会议,由各系主任组成,"操全校学术之大政"。1920 年,北京大学章程中进一步明确教务会议的职权:"增减及支配各学系之课程;增设或废止学系建议于评议会;荐举赠予学位之候补人于评议会;关于其他教务上之事件。"③而教务处由教务会议所组织,由教务长和各系主任组成,教务长由各系主任互选一人,掌管全校学术事务,任期一年。与行政会议一样,教务会议也制订了相应的规则《北京大学校务会议规则》,④对于教务会议的组成、职权以及与其他机构和部门之间的关系均做出了说明。

第五,设总务处。总务处"管理全处之事务,设总务长一人,总管事务。总务委员若干人,分管各部分事务"。⑤ 总务长由校长从总务委员中委任,以教授为限,任期 3 年;总务委员也由校长委任,凡由教

---

① 中国蔡元培研究会编:《蔡元培全集》(第 18 卷),浙江教育出版社,1998 年,第 350 页。

② 《大学改组案提前实行》,《申报》,1919 年 4 月 12 日。

③ 《指令》第一千九百号,王学珍、郭建荣主编:《北京大学史料》(第二卷),北京大学出版社,2000 年,第 83 - 84 页。

④ 中国蔡元培研究会编:《蔡元培全集》(第 18 卷),浙江教育出版社,1998 年,第 359 页。

⑤ 《国立北京大学内部组织试行章程》,王学珍、郭建荣主编:《北京大学史料》(第二卷),北京大学出版社,2000 年,第 78 页。

授兼任者,任期 2 年。总务委员分管一部或数部事务,由校长指定,分管某部的总务委员称某部主任。各部分管事务如下:

总务部:文牍课、会计课、日刊课。

注册部:注册课、编志课、询问课、介绍课。

图书部:登录课、购置课、编目课、典藏课。

仪器部:登录课、购置课、编目课、典藏课。

出版部:印刷课、售书课、讲义课。

庶务部:斋务课、卫生课、杂务课、收发课。[①]

经过蔡元培的改革和创新,北京大学建立了较为成熟和完备的教授治校的民主管理体制,综合其各机构,组图表如下:

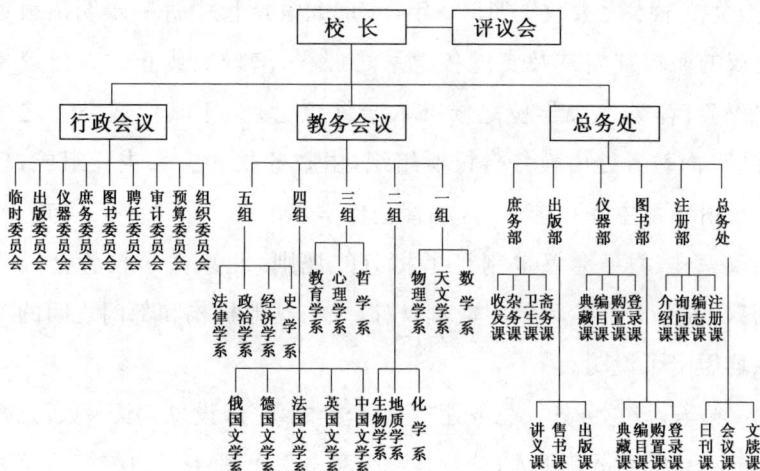

图 2-2　1920 年北京大学组织结构图

三、进行教学改革,培养硕学闳材

蔡元培非常重视人才的培养和学术研究的发展,他认为大学教育不同于专门学科教育和职业教育,"在大学,则必择其以终身研究学问者为之师,而希望学生于研究学问以外,别无何等之目的。其在

---

① 《教育公报》,第 7 卷第 12 期,1920 年 12 月 20 日。

高等专门，则为归集资料，实地练习起见，方且于学校中设法庭、商场等雏形，则大延现任之法吏、技师以教之，亦无不可。即学生日日悬毕业后之法吏、技师以为的，亦无不可"，[①]"职业教育好像一所房屋，内分教室寝室等，有各别的用处……职业教育所注重的，是专门的技能和知识，有时研究到极精微处，也许有和日常生活绝不相干的情形……这是从事专门学问的特异点"。[②] 高等专科和职业教育都是要培养各行各业的专门人才，而大学是要培养专门研究学问的人才。对于如何才能培养以研究学术为志业的人才，蔡元培认为应从教学改革入手，重视基础学科建设，注重培养学生的自主性和研究兴趣。

第一，实行选科制。蔡元培就任北京大学校长后，发现当时实行的年级制存在很大的弊端：一是"使锐进者无可见长"，二是"留级者每因数种课程之不及格，须全部复习，兴味毫无，遂有在教室中瞌睡、偷阅他书及时时旷课"。[③] 恰好那时北京大学教员中有留学美国回来的，极力宣传美国大学实行的单位制的优点，于是提议改年级制为单位制，提交1917年10月召开的专门以上学校校长会议通过，在北京大学率先试行。根据蔡元培草拟的说明书，选科制度的基本内容为："（一）各科皆为有系统之编制。（二）学生以习满若干单位，即为毕业（吾国规定每周1时，全年为一单位），不必拘定年限。（三）预科40单位，以3/4为必习科，以1/4为选科，选科皆由各预科主任因程度而指定之。（四）本科80单位，半为必习科，半为选科（理工科量减少）。（五）本科学生入校时，皆须择定本科教授一人为导师。（六）选科于本门专治一系外，更当兼治与专科有重要关系者。其尚愿旁治他学者，亦听之。（七）凡前一学年之平均分数在甲等者，本

---

① 蔡元培：《读周春嶽君〈大学改制之商榷〉》，高平叔编：《蔡元培教育论著选》，人民教育出版社，1991年，第137页。

② 蔡元培：《普通教育和职业教育》，高平叔编：《蔡元培教育论著选》，人民教育出版社，1991年，第315页。

③ 《传略》，高平叔编：《蔡元培全集》（第三卷），中华书局，1984年，第332页。

学年可择选科规定之最多单位。"①选科制的实行，一方面避免了学生不必要的重复学习过程，使学生能够根据自己的基础自由选择学习的年限，从而得以调动学生的积极性和主动性；另一方面，学生可以在必修科的基础上，根据自己的兴趣和爱好自由选择课程，为学生以后的研究寻找兴趣点，有利于他们对学问研究的深入和持久，也有利于学生个性的发展。

第二，改革学科设置。蔡元培进北京大学时，北京大学设文、理、工、法四科，1917 年又设商科。蔡元培认为"完全的大学，当然各科并设，有互相关联的便利。若无此能力，则不妨有一大学专办文理两科，名为本科，而其他应用各科，可办专科的高等学校"。② 当时的北京大学，无论校舍、经费，还是设备，都没有条件办完全大学，对此他在为吴稚晖《海外中国大学末议》一文所作的跋文中这样写道："即如北京大学，恒有人以'最高学府'目之，而图书、标本、仪器之缺乏，非特毕业生留校研究，无深造之希望，即未毕业诸生，所资以参考若实验者，亦多未备"。③ 若以有限的资源要办多科，必然会有很多弊端，因此，蔡元培提出"专办文理科"。具体的做法是加强文理两科、归并商科、停办工科、独立法科，只因法科方面反对未实现，其他均得以实现。1918 年开学之际，蔡元培又提出了"沟通文理，合为一科"的主张，1919 年 3 月经北京大学评议会通过，于 4 月开始实施。不久后，蔡元培又改学门而为学系，进一步沟通各系之间的关系，加强各学系之间学生的联系，使他们真正能文理相通。

---

① 高平叔撰：《蔡元培年谱长编》（中册），人民教育出版社，1996 年，第 60－61 页。
② 蔡元培：《我在北京大学的经历》，高平叔编：《蔡元培教育文选》，人民教育出版社，1981 年，第 223 页。
③ 《跋〈海外中国大学末议〉》，高平叔编：《蔡元培全集》（第三卷），中华书局，1984 年，第 366 页。

图 2 - 3　北京大学日刊

图片来源:萧超然等编著《北京
大学校史(1898—1949)》(增订
本),北京大学出版社,1988 年。

图 2 - 4　蔡元培为《新潮》
杂志刊名题签

第三,大力开展社团活动,创办刊物。为把北京大学创办成研究
高深学问的学府,而不是"贩卖毕业文凭的机关",蔡元培还提倡和创
办各种社团、学术刊物,营造校园学术氛围,提高学生研究学问的兴
趣,丰富学生的生活,陶冶他们的情操以及培养他们服务社会的责任
感。据不完全统计,蔡元培时期北京大学成立的社团有进德会、学术
研究会、哲学研究会、史学会、新闻学研究会、音乐研究会、画法研究
会、书法研究会、戏剧研究会、歌谣研究会、风俗调查会、国民杂志社、
新潮杂志社、数理学会、生物学会、化学会、马克思主义研究会、平民
教育讲演团、校役夜班、健身会、技击会、消费公社、学生银行、北大同
学会等等几十个。这些组织,有的是为了砥砺德行,提高修养;有的
是为了提供正当的娱乐;有的是为了养成学生互助与自治精神,有的
是为了服务社会,但更多的是从事学术研究。[①]　此外,蔡元培还鼓励
学生创办报纸刊物,发表各社团组织的研讨成果和作品,传承发展大
学文化。比较有名的报刊有:《北京大学日刊》、《北京大学月刊》、《新
青年》、《每周评论》、《国故月刊》、《新潮》、《国民杂志》、《音乐杂志》、

---

①　金林祥:《思想自由兼容并包——北京大学校长蔡元培》,山东教育出版社,2004
年,第 279 页。

《新闻周刊》、《北京大学数理杂志》、《北京大学地质研究会会刊》等。

第三节 北京大学硕学闳材培养体系

人才培养体系是整个人才培养模式的核心内容，是人才培养理念的展现，是人才培养目标得以实现的关键。而人才培养体系中，课程体系、教学内容和教学方法是最主体的内容，教学管理制度是其保障。蔡元培就任北京大学校长后，不仅对于管理体制进行了改革，还根据其教育理念和人才培养理念对人才培养体系进行了改革，对学科设置、课程体系到教学内容、教学方法以及教学管理制度，各个方面进行了全面的改革，使北京大学的整个人才培养模式有了一个全新的变化，一种近代研究型人才培养模式初步形成。

一、壬戌学制与大学人才培养

在近代中国颁布实施的学制共有三部。第一部是由张百熙、荣禄、张之洞拟定于 1904 年颁布的《奏定学堂章程》，即癸卯学制；第二部是由蔡元培主持制定的，于 1912 年 9 月由教育部向全国颁布的《学校系统令》，即壬子学制，第二年又陆续公布各级各类学校令作为补充，合称"壬子·癸丑学制"；第三部原名"学校系统改革案"，于1922 年颁布，因这一年为旧历壬戌年，因此称为壬戌学制。因为此学制小学、初级中学和高级中学的修业年限分别为六年、三年和三年，所以也称为"六三三"学制，这是我国近代教育史上实施时间最长、影响最大、最为成熟的一个学制。它的制订与颁布，是中国教育近代化进程中的一个里程碑，它的贯彻和实施，又进一步地推进了中国教育近代化的发展。它对于近代中国学校体系的建立、教育制度的建设、教育政策的制定以及人才目标的设立与培养方面，都产生了重大的影响。

（一）壬戌学制的内容和特点

壬戌学制的内容包括标准、学制系统图和说明三部分。标准共有七项：（一）适应社会进化之需要；（二）发挥平民教育精神；（三）谋个性之发展；（四）注意国民经济力；（五）注意生活教育；（六）使教育易于普及；（七）多留各地方伸缩余地。其系统图如图2-5：

其说明包括初等教育、中等教育、高等教育和附则四部分，共计29条。

（一）初等教育

1. 小学修业年限六年。

附注一：依地方情形，得暂展一年。

2. 小学校得分初高两级。前四年为初级，得单设之。

3. 义务教育年限暂以四年为准，但各地方至适当时期得延长之。

义务教育入学年龄，各省区得依地方情形自定之。

4. 小学课程得于较高年级，斟酌地方情形，增置职业准备之教育。

5. 初级小学修了后，得予以相当年期之补习教育。

6. 幼稚园收受六岁以下之儿童。

7. 对于年长失学者宜设补习学校。

（二）中等教育

8. 中学校修业年限六年，分为初高两级：初级三年，高级三年。但依设科性质，得定为初级四年，高级二年，或初级二年，高级四年。

9. 初级中学得单设之。

10. 高级中学应与初级中学并设，但有特殊情形得单设之。

11. 初级中学施行普通教育，但得视地方需要，兼设各种职业科。

12. 高级中学分普通、农、工、商、师范、家事等科。但得酌量地方情形,单设一科,或兼设数科。

附注二:依旧制设立之甲种实业学校,酌改为职业学校,或高级中学农、工、商等科。

13. 中学教育得用选科制。

14. 各地方得设中等程度之补习学校或补习科,其补习之种类及年限视地方情形定之。

15. 职业学校之期限及程度,得酌量各地方实际需要情形定之。

附注三:依旧制设立之乙种实业学校,酌改为职业学校,收受高级小学毕业生,但依地方情形,亦得收受相当年龄之修了初级小学学生。

16. 为推广职业教育计,得于相当学校内酌设职业教员养成科。

17. 师范学校修业年限六年。

18. 师范学校得单设后二年或后三年,收受初级中学毕业生。

19. 师范学校后三年得酌行分组选修制。

20. 为补充初级小学教员之不足,得酌设相当年期之师范学校或师范讲习所。

(三)高等教育

21. 大学校设数科或一科,均可。其单设一科者称某科大学校,如医科大学校,法科大学校之类。

22. 大学修业年限四年至六年。(各科得按其性质之繁简,于此限度内斟酌定之。)

医科大学校和法科大学校修业年限至少五年。

师范大学校修业年限四年。

附注四:依旧制设立之高等师范学校,应于相当时期内提高程度,收受高级中学毕业生,修业年限四年,成为师范大学校。

23. 大学校用选科制。

24. 因学科及地方特别情形得设专门学校,高级中学毕业生入之,修业年限三年以上,年限与大学校同者待遇亦同。

附注五:依旧制设立之专门学校,应于相当时期内提高程度,收受高级中学毕业生。

25. 大学校及专门学校得附设专修科,修业年限不等(凡志愿修习某种学术或职业而有相当程度者入之)。

26. 为补充初级中学教员之不足,得设二年之师范专修科,附设于大学校教育科,或师范大学校;亦得设于师范学校或高级中学,收受师范学校及高级中学毕业生。

27. 大学院为大学毕业生及具有同等程度者研究之所,年限无定。

(四)附则

28. 注重天才教育,得变通年期及教程,使优异之智能尽量发展。

29. 对于精神上或身体上有缺陷者,应施以相当之特种教育。①

从壬戌学制的制订的全过程和具体内容来看,它同历史上的壬寅学制、癸卯学制以及壬子·癸丑学制相比,有着如下的鲜明特点:

第一,它是酝酿时间最长、准备最为充分、讨论最为广泛的一个学制。壬戌学制从 1915 年第一届教育会联合会上提出改革学制系统的议案,到 1922 年底正式颁布,前后历时七年多,这在学制制订历史上是前所未有的。在这一过程中,各省区教育会、教育会联合会多次召开会议,对学制问题展开讨论。同时,这次学制改革受到社会各界的广泛关注,尤其是在第七届教育会联合会议决"学制改革草案"并将其通过报刊和杂志等向国人公布后,引起社会各界名人志士尤

---

① 璩鑫圭、唐良炎编:《中国近代教育史资料汇编·学制演变》,上海教育出版社,2007 年,第 1008－1012 页。

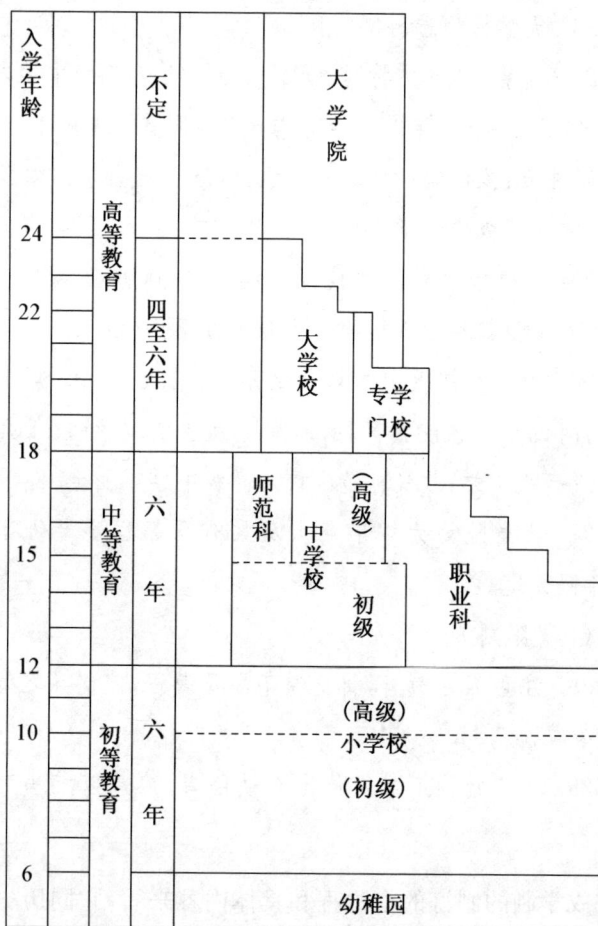

图 2 - 5   壬戌学制系统图

图片来源：钱曼倩、金林祥：《中国近代学制比较研究》，广东教育出版社，1996 年，第 279 页。

其是文化教育界的专家和学者的广泛关注和参与，单单在报纸杂志上公开发表文章的就有袁希涛、余家菊、俞子夷、蔡元培、陶行知、胡适、汪懋祖、廖世承、舒新城、俞大同、王舜成、李步青、潘文安、陆规亮、过探先、邹秉文、郑辟疆、杨鄂联、李石岑、黄炎培、庄启、常导直、吴研因、王岫庐、周予同等人①。

---

① 钱曼倩、金林祥：《中国近代学制比较研究》，广东教育出版社，1996 年，第 259 - 266 页。

第二，它是一个立足于中国教育实际、参考西方尤其是美国学制的融合内外的学制。由于壬戌学制施行的是小学六年、初中三年、高中三年的"六三三"学制，与美国当时已实行了十年的学制从中小学修业年限上来说是一致的，因此有人就认为壬戌学制是盲目抄袭美国学制。事实上，在壬戌学制的制订过程中，确实受到实用主义教育思想的影响，也借鉴了美国、德国、日本等资本主义国家学制的经验和不足，但并没有"舍己从人，轻于吸收"，而是采取了批判吸收的态度和明智的做法——"如有适用的，采取他；如有不适用的，就回避他"①，虽然还未达到"明辨择善"的程度，然而比起以前学制的做法，已经是大大进步了。更何况当时美国实用主义教育学说是一种符合时代发展要求的先进的思想学说；而实践也证明了美国学制的经验对中国教育的发展是有益的。壬戌学制充分考虑到了中外国情的差异，对美国学制和教育思想是学习和借鉴，而非照搬、照抄。

第三，它是群众行为与政府行为、普通教育工作者与教育专家、理论讨论与现实实践相结合的产物。壬戌学制的制订，起初是由各省教育会和全国教育会联合会发起和具体讨论审订的，是一种群众行为。这种群众行为推动了政府的参与，尽管存在着分歧和不愉快，但双方还是能够顾全大局，通力合作，共同努力制订了壬戌学制。在壬戌学制的制订过程中，既有工作在第一线的普通教育工作者和教育管理人员，也有教育专家，大家为了制订一个科学、合理的学制，群策群力，坚持不懈地探讨，因此壬戌学制又是普通教育工作者与教育专家合作的产物。同时，自第七届全国教育会联合会后，各省区指定若干学校进行实地试验，如广东的执信学校、天津的南开学校都试行新学制，这就把理论探讨与实际实践结合了起来。这种群众行为与政府行为、普通教育工作者与教育专家、理论讨论与现实实践相结合的做法，不仅在我国近代学制发展史上开了先河，也为以后学制的制订提供了有益的借鉴。

---

① 陶行知：《我们对于新学制草案应持之态度》，《新教育》第4卷第2期。

第四，根据学龄儿童的年龄分期划分教育阶段，符合教育发展的内在规律。

教育的发展不仅受到社会政治、经济和文化发展的制约，还有其自身的内在发展规律，那就是要受制于儿童身心发展的状况。在第七届全国教育会联合会议决的学制系统草案的总说明中，明确指出："全学制系统分三段：初等教育，中等教育，高等教育。各段之划分，大致以儿童身心发达时期为根据：即童年时期（六岁至十二岁）为初等教育段，少年时期（十二岁至十八岁）为中学教育段，成年时期（十八岁至二十四岁）为高等教育段"。[①] 虽然在壬戌学制正式颁布时删掉了总说明的文字，但教育阶段的划分依然如故。不仅明确认识到教育阶段的划分，必须以学龄儿童的年龄分期作为标准，而且这个分期的划分大体上符合我国学龄儿童身心发展的实际状况，这是学制制订过程中的一个飞跃，表明了我国学制的制订工作已经建立在科学的基础之上了。对此，当时的教育专家也作出了评论："从儿童身心发育阶段以为划分学级之大体标准"，这是新学制草案的一个重要创新；[②]"根据儿童身心发达时期为各段教育的划分"，是新学制草案的一大优点；[③]"关于我国学龄儿童的年龄分期问题，现在还没有一致的意见。按照习惯，把它分为学龄初期、中期和晚期。初期约相当于'六三三制'的小学，中期相当于初中，晚期相当于高中。所以'六三三制'是符合我国学龄儿童的身心发展的。"[④]

第五，学制内容从中国的实际出发，富有很大弹性。我国幅员辽阔，各地由于历史和现实的原因，在政治、经济和文化上的发展很不平衡。之前的壬子·癸丑学制在制订时没有考虑到这些，过于整齐划一，在实施过程中暴露出很多的问题。对此，顾树森在《对于改革

---

① 《学制系统草案》，璩鑫圭、唐良炎编：《中国近代教育史资料汇编·学制演变》，上海教育出版社，2007年版，第906－907页。

② 余家菊：《评教育联合会之学制改造案》，《中华教育界》第11卷第7期。

③ 李石岑：《新学制草案评议》，《教育杂志》第14卷号外。

④ 《廖世承先生对一九二二年学制的看法》，《华东师范大学学报》（教科版），1984(1)。

现行学制之意见》一文中,作出了批评:"我国土地广大,各省风俗习尚不同,人民程度高下不同,设施教育自当因地制宜,有变通活动之办法,方足以适应社会之需要。乃今之秉教育行政者,不问其地方情形如何,程度高下如何,而欲以统一办法颁行全国,无论何种学校,其内容组织一以部章是从,甚至课程钟点稍有出入,视学者即指为不合,驳斥随之。即使办学者有不得已苦衷,再三声明,而文牍往返,手续繁复,办学者之精神,多消灭于无谓之文字,而欲其专心研究,改良进步,其可得乎!"①朱叔源也痛斥这种情形:"我国现行学制,完全抄自日本,实未曾有社会的和心理的研究……制度太划一,太不活动,不管社会的需要,不管地方的情形,也不管学生的个性,总将这呆板的几样科目,尽量灌输,致学生在学校里所受的知识和训练,用到社会上去,动有枘凿之虞。"②鉴于此,壬戌学制在制订过程中,非常注重"多留各地方伸缩余地",依据此精神,在学制的各个阶段都作了较为灵活、富有弹性的规定。在初等教育阶段,小学校修业年限为六年,但"依地方情形得暂展一年";义务教育年限以四年为标准,"但各地方至适当时期得延长之";义务教育入学年龄,各地可"依地方情形自定之";小学课程,"于较高年级,斟酌地方情形,增置职业准备之教育"。③ 在中等教育阶段,这种灵活性和弹性体现得更为明显:中学校修业年限为六年,初高级各三年,也可以"初级四年,高级二年,或初级二年,高级四年";高级中学应与初级中学并设,"但有特别情形时,得单设之";初级中学施行普通教育,"但得视地方需要,兼设各种职业科";高级中学分普通、农、工、商、师范、家事等科,"但得斟酌地方情形,单设一科或兼设数科"。高等教育阶段,大学可以并设数科,也可以单设一科;修业年限四至六年;因学科及地方特殊需要,可以设立各种专门学校;大学校及专门学校可以附设专修科,其修业年限也

---

① 顾树森:《对于改革现行学制之意见》,《教育杂志》第 12 卷第 9 号。
② 朱叔源:《改良现行学制之意见》,《中华教育界》第 11 卷第 3 期。
③ 钱曼倩、金林祥:《中国近代学制比较研究》,广东教育出版社,1996 年,第 279 - 280 页。

长短不一;大学院的学习年限,依实际情况,也不作统一规定。

第六,颇具特色的中学教育改革。壬戌学制在制订过程中,中等教育阶段虽是分歧最大、争论最激烈的,结果却是新学制中改革最大、最成功,也是最有特色的,被视为新学制的精华,对此,各教育专家都有着大致统一的认识。余家菊认为:"此次中学新制,实于学生个性,学校经济,职业准备,升学的基本知识,各方面大概都顾虑到了,所以我说中学制度是新制的精粹";①周予同指出:"这次新学制系统草案的中等教育段,能够将升学和职业两方面兼顾,在维持现社会的原则上面,使学生依据经济的状况和个人的志趣,受相当的教育,这是不能不赞许的。某教育家说,新学制是'八面玲珑',我以为配称这四个字的只有中等教育段";②廖世承也认为"新学制中最精彩的是中等教育一段"。③ 具体而言,这些特色体现在修业年限的延长、中等教育分初级和高级、加强职业教育以及施行选科制等方面。

(二) 壬戌学制对大学人才培养的影响

学制改革及壬戌学制的颁布实施,深深影响了中国的整个教育系统,进一步促进了中国教育近代化的进程。它不仅加速了中小学教育的发展,对中国高等教育的发展和大学高等人才的培养也产生了重要的影响。

中等教育阶段是整个教育系统中承上启下的阶段,它不仅要培养适应社会政治、经济建设的职业人才,还肩负着为大学输送生源的任务,中学毕业生程度的高低直接影响着专门学校和大学人才培养的规格和质量。壬戌学制中,中等教育阶段的改革是最有特色的,它对大学人才培养的影响主要有以下几个方面:

第一,延长年限,提高中学程度。我国自清末产生近代学制以来,中学的修业年限一般比较短,在壬戌学制前的几个学制时期,中学阶段一直在四年至五年间徘徊。壬寅学制规定中学四年,但初等

---

① 余家菊:《评教育联合会之学制改造案》,《中华教育界》第11卷第7期。
② 周予同:《对于新学制系统草案的我见》,《教育杂志》第14卷第3号。
③ 廖世承:《关于新学制一个紧急的问题》,《新教育》第5卷第4期。

教育长达十年，即使学生五岁入学，中学毕业也已经十九岁了。为弥补这一不足，在中学的第三、第四年开设实业科，这一学制未及实施，第二年就颁布了癸卯学制。癸卯学制中，中学年限比壬寅学制延长了一年，变成了五年，初等教育缩短了一年，变成了九年，起初中学不分科，至1909年受德国学制的影响，实行文理分科。无论是壬寅学制还是癸卯学制，从初入小学到大学毕业，整个学习年限都在二十多年。为改变这种状况，壬子·癸丑学制缩短了修业年限，中学由五年改回到原来的四年，小学由九年减少到了七年。可是，随年限的缩短又出现了中学毕业生知识水平太低的问题。中学教育作为一个特定的教育阶段，有着它独特的任务，仅用四年的时间来完成中学教育的全部任务，实在是不够的。学生在四年中学得的知识和技能，既不能为升学做好充分的准备，也不能为就业提供必要的技能。就升学预备而言，当时的学生在入大学或专门学校之前，必须先入预科，"大学预科之设，即证明中学之劣"。[①] 就就业技能而言，学生在中学阶段受的教育偏重于普通教育，只是在三、四年级才有每周五小时以内的职业教育，所以中学毕业生就业的困难也很大。对于学制的这种缺陷，当时的教育界知名人士提出了批评："在这样学制下面的中学校所造出来的学生，无论对于升学预备或职业教育都不能使人满足"。[②] 因此，需要延长中学年限，提高中学程度，为毕业生升入大学或专门学校做好充分的准备。

第二，中学分初中和高中两段，高中又分普通与师范科、职业科。壬子·癸丑学制中中学阶段的设置比较呆板，四年连贯不分段，且规定以省立为原则，这不仅限制了中学学校数量的增加，而且加剧了学生的流失。一些年龄较大或家庭经济困难的学生，往往急于谋生，而"不待毕业，中途辍学"。[③] 壬戌学制改变了这种整齐划一的做法，把中学分成初、高两级，二者可以合设，也可以根据地方情形，单独设

---

① 孟禄：《对于中国教育意见的概要》，《教育杂志》第14卷第2号。
② 舒新城：《中学学制问题》，《教育杂志》第14卷第1号。
③ 廖世承：《新学制与中学教育》，《新教育》第4卷第2期。

立,而且高中阶段又分为普通高中、师范科和职业科。这种区分有几大好处:一是增加了中学学校在各省区地方发展的灵活空间。新学制颁布后,各地方根据当地实际的发展状况,设立完整中学,或单设初中,抑或职业科、师范科的发展,使中国的中学教育在短期内有了一个较大的发展,表 2-1 可以清楚地说明这一点:

表 2-1　历年度全国中学情况统计表(1916—1929 年)

项目　数量　年度	1916 年	1922 年	1925 年	1928 年	1929 年
中学校数(所)	350	547	687	950	1 225
中学生数(人)	60 924	130 385	129 978	188 700	248 668
中学毕业生数(人)	12 419				34 646

资料来源:钱曼倩、金林祥:《中国近代学制比较研究》,广东教育出版社,1996 年,第 294 页。

　　需要说明的是,新学制实施以后中学的发展,主要表现为,一是县立初中的大量设置。以江苏省为例,新学制施行前各县除几所私人设立的中学外,公立县中一所也没有;新学制实施后,各县纷纷请求设立初级中学,到 1924 年核准试办的县中就有江宁、盐城、高邮、南通、上海、淮阴、如皋、青浦、阜宁、涟水、沛县、高淳、宜兴、睢宁等 14县。至 1930 年,除少数几个教育经费特别困难的县以外,全省已设立县中 50 所,其中松江、宜江、泰县三县兼办高中。[①]

　　二是增加了初中毕业生的选择余地。壬子·癸丑学制中学生一直要到中学毕业,才能选择升学或就业。壬戌学制把中学分为初、高二级,规定"初级中学施行普通教育",学生毕业后,可以升入高中继续普通教育,也可以入各种职业学校,准备就业。这样,初中毕业后,学生可以根据自己的兴趣爱好以及家庭状况作出选择,不同的人群可以获得不同的教育和职业出路,符合人才培养的规律和要求。三是为大学和各专门学校培养较好的生源。高中阶段的分类,使将来

---

　　① 《第一次中国教育年鉴·丙编·教育概况》,开明书店,1934 年,第 197-198 页。

要升入大学的学生能更多的接受普通教育,提高知识深度和广度;而使将来就读专门学校的学生开始涉入其专业领域,为将来更深、更专业的学习奠定基础;又能使毕业后就就业的学生学到相关的职业知识和谋生的基本技能。总之,高级中学阶段不论是普通科,还是职业科,比起以往学制来说,程度都有了提高,而且这种区分更加明确,使学生也更明确自己的目标,为高等教育提供良好的生源。

第三,加强职业教育,兼顾升学与就业。这是壬戌学制中等教育段改革最突出的地方。由于中学教育肩负就业和升学双重任务,因此教学内容中既应该有到高一级学校继续学习所应具备的普通知识和基本技能,同时也要有一定的职业知识和训练,为学生就业做好准备。然而,壬子・癸丑学制中的中学教育偏重于普通教育,是"完足普通教育",中学被视为"纯为升学之机关"。[①] 但事实上,中学毕业生中能升入大学或专门学校的只是极小一部分。不能升学的大部分就需要就业,但由于没有经过必要的职业教育和技能训练,不能很好地就业,就成为了高等游民。大量中学毕业生的出路问题,便"成为教育界绝大的问题"。[②] 鉴于此,壬戌学制增强职业教育,力求兼顾升学和就业两个方面。具体的做法,一是废弃原制甲种实业学校,一是在高中开设职业科。废弃原制甲种实业学校,改设两种不同类型的职业科:针对高级小学毕业生进行一至三年的完全职业教育的完全职业科,而四年或五年的逐渐减少普通科并增加职业科。让小学毕业生立刻就从事职业教育确实是值得进一步的斟酌,但中学阶段逐渐减少普通知识教育而逐渐增加职业教育的做法还是独具匠心的。而在高中阶段开设职业科,可以使学生在三年初级中学的普通教育基础上接受更高级的职业教育,一方面学生可以更好的认识到了自己的兴趣和专长,选择更能适合自己的工作;另一方面也为一些能够升入大学尤其是专门学校的学生提供较好的普通知识和相应的职业技

---

① 俞大同:《评全国教育联合会议决的改革学制案》,《中华教育界》第 11 卷第 8 期。
② 周予同:《对于新学制系统草案的我见》,《教育杂志》第 14 卷第 3 号。

能的训练。

第四，施行选科制，是壬戌学制的一大特色。选科制又称选修制，是设置选修学科供学生自由选学的一种教学管理制度。这种制度最初创立于德国，却在美国得到充分的发展和完善。这种制度的长处在于能适应不同学生的不同发展要求，有利于发展学生的个性，调动学生的学习积极性，体现因材施教的原则。在我国率先采用选科制的是 1919 年蔡元培任校长时的北京大学，在此时的一些中学均有试行，例如北京高等师范学校附属中学、南京高等师范学校附属中学、江苏省立第一中学、南开学校中学部、湖南明德中学、岳云中学、上海浦东中学等。① 可见，选科制是当时教育界的一种"潮流"，壬戌学制的规定适应了这种潮流，也受到教育界人士的好评。舒新城指出："中等教育采选科制与设校分科取纵横活动主义，是本案之特殊优点"。② 胡适也认为"教育以儿童为中心，学制系统宜顾及其个性及智能，故于高等及中等教育之编课，采用选科制"，是新学制的"一个大长处"。③ 廖世承则主张"初级中学应采用选科制"，因为"初级中学最大的效用，在适应个性；倘使没有选科，怎样能够适应个性呢？"④当然，选科制的实施需要一定的客观条件，在当时的条件下，在中学施行选科制更是困难重重，但这一制度对于学生个性的发展和不同类型人才的培养具有重要意义。

壬戌学制中对高等教育改革的内容和幅度都不是很大，但其中涉及的几个方面也深深影响了高等教育的发展，对人才培养方面的影响主要包含下列三个方面。第一，取消预科制度。上世纪初的中国，教育还处于从传统教育向现代教育的转型过程，现代教育制度和教育体系还没有建立，但为了更快的培养高水平人才，蔡元培在任教育总长时特别注重高等教育的发展，积极促进各大学的建立和发展。

---

① 钱曼倩、金林祥：《中国近代学制比较研究》，广东教育出版社，1996 年，第 298 页。
② 舒新城：《中学学制问题》，《教育杂志》第 14 卷第 1 号。
③ 胡适：《对于新学制的感想》，《新教育》第 4 卷第 2 期。
④ 廖世承：《关于新学制一个紧急的问题》，《新教育》第 5 卷第 2 期。

但由于中学毕业生程度偏低不能适应大学的要求,因此大学设预科,招收中学生,对其进行符合大学要求的教育,预科毕业后考取本校本科,这提高了本科招收学生的水平,从而提高大学生的整体水平。然而凡事有两面,预科的设置尤其是某些大学的预科与本科相对独立,在课程设置上与本科重复,取本科第一年应授课程,在预科第三年教授,使学生升入本科后对于课程内容毫无兴趣,削弱了他们对学问的兴趣。壬戌学制中取消预科的规定也是随着中学程度的提高而设定的,由于中学的学年从四年延长到了六年,大大提高了中学的程度,使高中毕业生能够达到大学招生的要求,那么预科的设置就没有必要了,而且取消预科制度后,中等教育与高等教育的关系得以理顺,使高等教育摆脱了中学普通教育的任务,得以集中精力从事于专业教育和科学研究,有利于教育水平的提高。第二,采用选科制。选科制是以开设相当数量的选修课为基础而给予学生充分选择学习课程、充分发挥学生个性的一种教学管理制度。这种制度的实施一般是各系、各专业将课程分为必修课、指定选修课和任意选修课三种,每一门课程规定一定的学时数,学生可以在所开设的课程中根据自己的兴趣和特长进行选择,但必须达到所规定的学时总数才可以毕业。选科制的实施,使学生可以根据自己的实际情况来选择课程,达到学有所好、学有所成,提高毕业生人才水平和整个高等教育的质量。同时,选科制的实施还有利于教育资源的整合。第三,大学与专门学校并设,并设立师范大学。各类专门学校及师范学校的设立,可以分别为社会培养所需的各种专业人才,也可以使研究型大学摆脱培养专业人才的负担,使它们能集中力量办好基本的文理科,同时专门大学的设立可以集中优势资源增强各专业人才培养所需的师资力量和加强基础设备的建设,这使得各类大学的分工和职能更加明确,人才培养也更加专业。尤其是在中国近代高等教育发展的初期,在教育资源极其短缺的情况下,教育资源的这种整合是很重要的也是很有必要的。

二、学科设置与课程设置

蔡元培上任伊始便开始了北京大学的学制和学科改革，1917 年 1 月 27 日国立高等学校校务讨论会上，蔡元培提出了大学改制议案。他认为欧洲各国高等教育的编制属德国最为合理："其法科医科既设于大学，故高等学校中无之。理工科、商科、农科既有高等专门学校，则不复为大学之一科。而专门学校之毕业生，更为学理之研究者，所得学位与大学毕业生同。普通大学之大学学生会，常合高等学校之生徒而组织之，是德之高等专门学校实即增设之分科大学，特不欲破大学四科之旧例，故别立一名而已"。① 也就是说，德国的大学和高等专门学校程度是一样的，只是设立的学科不同，而且互不重复，大学中设置的学科，高等专门学校不设，高等专门学校设立的学科，大学不再设立，避免了学科设置的重复现象。然而，我国当时大学的编制是效仿日本，既在大学中设法、医、农、工、商各科，又分别设立各科的高等专门学校，虽然深浅程度稍有差别，但科目没有大差别，这种设置"义近骈赘"，而且两种学校的毕业生服务社会总有"互相龃龉之点"。因此，蔡元培提议参考现行的大学及高等专门学校制改编大学制如下：②

（一）大学设文、理二科。其法、医、农、工、商五科别为独立之大学，其名为法科大学、医科大学等。其理由有二，文、理二科专属学理，其他各科偏重致用，一也；文、理二科有研究所、实验室、图书馆、植物园、动物院等种种之设备合为一区已非容易，若遍设各科，而又加以医科之病院，工科之工场，农科之试验场等，则范围过大，不能不各择适宜之地点，二也。

（二）大学均分三级。计预科一年，本科三年，研究科二年，凡六年。

---

① 《北京大学改制与蔡元培》，《申报》，1917 年 8 月 17 日。
② 《北京大学改制与蔡元培》，《申报》，1917 年 8 月 17 日。

这个提案经北京高等师范学校陈宝泉校长、北京法政专门学校吴家驹校长、北京医学专门学校汤尔和校长、北京农业专门学校路孝植校长、北京工业专门学校洪镕校长一致赞同,于1月30日由各校长公呈教育部请核准。2月23日教育部召开会议就此讨论认为第一条无异议,认为第二条中预科一年太短,研究之名不必设,交校务讨论会复议。3月5日,校务讨论会开会议决,大学均分二级,预科二年,本科四年,凡六年。教育部再次讨论无异议,于是在3月14日发出指令:"案据北京大学等校校长改定大学专门学制,并拟具办法请予鉴核等情到部……经本部迭次开会讨论,先行改定大学修业年限为预科二年,本科四年。除指令北京大学遵照并俟大学规程修改完竣再行公布外,其各大学……欲照改定年限办理者,应将各科详细课程斟酌妥订,呈部核定,再行遵办。"[①]

农、工、医等专门学校的改制既需要经费的支持,又需要相应的师资配备,不是短期内能够完成的。而北京大学有改革的机会,于是评议会议决对北京大学学科进行改革。(一)扩大文、理两科。当时的北京大学号称有五科,然而每科所设最少的只有一门,最多的也不过三门,要想以有限的经费来实现各科的全面发展,是绝不可能的,必然会出现顾此失彼的情况。既然大学要以文理为主,则加强文理两科是当时北京大学学科改革的第一要义。但由于经费的限制,这个扩大的过程是缓慢的,到1917年暑假后,北京大学文理科都只增设了一门,即史学门和地质学门。这样,文科由原来的中国哲学、中国文学、英国文学3门增加到了4门,理科从原来的数学、物理、化学3门扩充为4门。1918年,文、理、法三科成立了研究所,所内又附设编译处。1919年,废去文、理、法科之名,改门为系,全校共有十四个系,即数学系、物理系、化学系、地质学系、哲学系、中文系、英文系、法文系、德文系、俄文系、史学系、经济系、政治系、法律系。1920年增设了地质研究所,1924年新成立了教育学系和东方文学系,1925年

---

①　高平叔撰著:《蔡元培年谱长编》(中册),人民教育出版社,1996年,第43页。

成立生物学系,1926 年在哲学系心理门的基础上扩大成立了心理学系,至此,全校共设置了十八个系,分为五个组。文理科的规模和程度都得到了很大的提高。(二)预备独立法科。在北京大学原有的学科中,法科较为完备,学生人数也最多,具有独立的法科大学的资格。蔡元培原设想将法科从北京大学分出去,与北京法政专门学校合并组成独立的法科大学。于是在 1917 年暑假后,将法科先移设于预科校舍,作为法科独立的准备,然而由于法科方面的反对,这个设想没有成功。反倒是后来北洋大学法科并入北京大学,北京大学的商科也归入法科,法科的规模和实力反而得到了加强。(三)归并商科。依照教育部规定,商科应该设银行、保险等专门,但北京大学的商科在各科中设立最晚(1917 年设立),而且由于“经费不敷”,不设专门,仅仅讲授普通商业学,“实不足以副商科之名”[1]。正值北京大学学科改组之时,遂参照美国、日本等国大学法科兼设商业学的做法,决定将原有的商科改为商业学门,并入法科,等现有学生毕业后,即于 1919 年终止。(四)停办工科。当时的北京大学工科仅设有土木工程和采矿冶金两学门,与近在咫尺的同为国立大学的北洋大学的工科所设之门相同。两校在设备仪器、延聘教员方面彼此重复,而且两校工科学生总共不到千人,“纳之一校犹病其寡,徒糜国家之款以为增设他门之障碍而已”,因此,与教育部和北洋大学商议,北京大学预科毕业生中凡愿意入工科者,送入北洋大学学习,北京大学工科则俟已有的两班学生毕业后就停办。1922 年土木工程学门学生毕业,1923 年采矿冶金门的学生毕业,至此北京大学工科正式停办,其经费用于理科建设。北京大学工科没有了,但在全国范围内,工科教育则得到了加强,显然蔡元培的这一举措并非仅仅局限于北京大学的整合与发展,而是从全国的大局出发,整合教育资源,避免了重复建设,这在当时高等教育资源短缺的形势下尤其重要。对于此举,他

---

[1]　转引自金林祥:《思想自由兼容并包——北京大学校长蔡元培》,山东教育出版社,2004 年,第 219 页。

回顾在北京大学的经历时这样说道："我没有本校与他校的界限，常为之通盘打算，求其合理化"。[①]（五）改革预科。大学设立预科，是从旧制的高等学堂嬗蜕而来。1904 年颁布的癸卯学制规定，在中学堂之上设立高等学堂，年限 3 年。但由于各省高等学堂程度不齐，毕业生升入大学后，给大学带来种种困难。因此，在壬子·癸丑学制中规定，停办高等学堂，而改为各大学自设预科，其本意是提高大学入学学生的程度，提升大学的水平，但是在具体的实施过程中暴露出不少问题。以北京大学为例，自预科设立至 1917 年已有五年的时间，期间出现的弊端主要有两点：一是课程设置整齐划一，缺乏学科特点。预科，顾名思义就是要为升入大学各学科做预备的，课程上应反映不同学科的特点。然而，北京大学预科课程设置大一统，以预科一部[②]为例，课程设置上"兼为文、法、商 3 科预备，于是文科所必须预备而为法、商科所不必设者，或法、商科所必须预备而为文科所不必设者，不得不一切课之。多费学生之时间及心力于非要之课，而重要之课，反为所妨"。[③] 二是预科呈半独立状态，与本科课程设置重复。预科的课程设置不仅不与本科相衔接，反而与本科竞胜，取本科第一年应授课程，在预科第三年教授，使学生升入本科后感到第一年的课程无聊而挫折其在学问上的兴趣。而且大学六年的时间实际上只学习五年的课程，对于学生而言，无论是时间、精力还是财力都是一种浪费。因此，预科的改革也是形势所迫，具体的做法：一是缩短预科学习年限，延长本科学习年限，预科从三年缩减为二年，本科由三年增加为四年；二是加强预科与本科的联系，取消预科学长，预科直接受大学本科学长管理；三是预科课程与本科相衔接，预科主要课程均由本科教师兼任。

　　经过上述一系列的改革，北京大学加强了文理科，而后废科设

　　① 蔡元培：《我在北京大学的经历》，高平叔编：《蔡元培教育论著选》，人民教育出版社，1991 年，第 628 页。

　　② 注：当时的北大预科分为一部和二部，一部为文、法、商 3 科预备，二部为理、工二科预备。

　　③ 高平叔编：《蔡元培全集》（第三卷），中华书局，1984 年，第 133 页。

系，废学长设系主任，不仅废除了文、理、法之间的界限，也理顺了本科与预科之间的关系，这是蔡元培有关大学学科设置思想的体现和实践，也反映出他希望提升大学学术水平，以发展中国大学教育事业，进而提高国家和民族的科技文化水平，实现"教育救国"的愿望和拳拳之心。在废除学长制的同时，蔡元培提议设置教务处，统辖全校教务，并经评议会讨论通过。1919 年 3 月 1 日，评议会议决《文理科教务处组织法》："（一）教务处由各教授会主任组织之。（二）本处办理左列（即下列）各项事务：（甲）襄助校长计划全校及各学系之进行。（乙）教员之延聘及解约等，一切接洽事宜。（丙）分配教授科目及规定时间表。（丁）计划关于学术上之设备。（戊）办理入学、毕业、奖励、惩戒各事。（己）编制各学系预算。"[1]教务处成立后，便进一步加大对北京大学教务改革的力度。

民国初年的北京大学，虽然取消了经学科，也不再"以忠孝为本"、"以经史之学为基"，但课程陈旧，而且各科功课由教员分别担任后，"每年相同，非有必要情形，不复更易"。[2] 尤其是严复任校长时积极推行外语会话，课堂上除了国学课程外，都用外语讲授，课外活动，如开会、演讲、讨论也多用外语。这对于促进外语学习有一定的意义，但也形成了一种盲目崇拜外国和轻视本国的倾向，这种现象到蔡元培上任后才得到改善。1917 年底，文理科都修订了课程，根据理科学长夏元瑮的《改订理科课程案报告》，"预科一二年及本科一二年，不设选择课；本科三四年必修科选择科之多寡，各门不必尽同，可自行酌定"，[3]预科课程包括国文（三单位）、英文（九单位）、数学（九单位）、物理（三单位）、化学（三单位）、博物（三单位），预科一二年课程相同，每年修三十单位，共六十单位；本科课程中德文或法文为公共

---

① 《北京大学日刊》，第 323 号，1919 年 3 月 4 日。
② 《北京大学计划书》，萧超然等编著：《北京大学校史（1898—1949）》（修订本），北京大学出版社，1988 年，第 47 页。
③ 《改订理科课程案报告》，王学珍、郭建荣主编：《北京大学史料》（第二卷），北京大学出版社，2000 年，第 1042 页。

必修课,各学门一二三年各修两个单位,学术史为第四年必修课,一个单位,其余课程按照学门的不同而有不同设置,相近或相关学门也设置同一课程,如算学门、天文学门、物理学门、化学门第一年均设有微积分(四单位),而生物学门则不设此课程。设立教务处后,再次对北京大学课程设置进行了改革,1919 年暑假后教务上开始实行新制。新制规定,大学预科二年,为一级,须习满五十单位,每一单位约计三十小时之课,实验时间倍之;本科四年为一级,须习满八十单位。预科的课程中,语言文字、论理学大意、哲学概论为共同必修科,全体学生共同研修;此外为分部必修科,分甲乙两部,甲部稍偏重数学物理,乙部稍偏重历史地理等科,由学生随性选择其中一部。本科第一年的课程,以大学学生所不可少之基本学科(如哲学史大纲、科学概论、社会学大意)及在预科所曾学习的外国语为共同必修科,此外为选修科。选修科分为五组,每组各有所偏重,学生根据自己的本性于一组内选习八至十一单位以上,为一年后专门入某一系学习做准备。五组科目具体课程见表 2 - 2:

表 2 - 2　北京大学分组选修科课程表(1919—1920 年)

组别	适合系别	课程目录
组一	数学、物理、天文等	立体解析几何、方程论、微积分、实验物理(A)、实验物理(B)、无机化学、化学实验(B)、力学、天文
组二	生物、地质、化学等	无机化学、实验物理(B)、数学、地质学、矿物学、矿物学实习、动植物学
组三	哲学、心理学、教育学等	中国哲学史大纲、西洋哲学史大纲、论理学、伦理学、心理学、生物学大意、地质学大意、经济学、数学、哲学概论
组四	中国文学、英文学、法文学、德文学等	中国文学史要略、中国文学史(一)、中国诗文名著选、欧洲文学史大纲、英文学梗概、英文作文、法文学梗概、法文修辞学及作文、法文演说、法国文学史、法国近世史、德文学梗概、德文修词与文体学、德文作文
组五	史学(政治、经济、法律)等	中国通史、东洋史、学术史、史学研究法、法制史、交通史、经济学、心理学、论理学

资料来源:《国立北大学学科课程一览》,王学珍、郭建荣主编《北京大学史料》(第二卷),北京大学出版社,2000 年,第 1079 - 1082 页。

　　大学本科第二三四年的课程,分数学、物理学、天文学、化学等系,这三年的课程全用选科制。北京大学当时实行的选科制是一种必修与选修相结合的方式。以实行新制的哲学系为例,本科第二年的必修科目有:西洋哲学史大纲、伦理学、第一外国语、第二外国语;第三年的必修科目有:第一外国语、第二外国语。第二、第三年的选修科目有:本系开设的中国哲学(二)道家、中国哲学(五)宗明哲学、西洋近代哲学史、西洋现代哲学、印度哲学概论、唯识哲学、科学概论、社会学大意、教育学、教育学史、伦理学史、社会问题、宗教哲学、心理学实验,其中前七门课程为选习的必修科。他系开设的相关课程有经济学、数学、生物学大意、地质学大意、人类学与人种学。每年级必修科目与选修科目合计应在二十单位以上,在他系所选科目不得超过四单位。

　　这种课程的设置包含了四个层次:最基础的公共必修课程、相关系的共同必修课程、系内专业选修课程、系外相关专业选修课程。这种课程设置结构符合人才培养所需的课程设置要求,符合课程体系建设的基本原则——全面性原则、系统性原则、层次性原则和适应性原则。[①] 基础的公共必修科一般包含一些大学生必备素质的基础知识、基本方法等方面的内容,不论何种专业的学生都必须掌握这些知识、具备这种素质和能力,这类似于现在通常所讲的通识教育的内容,是一个合格的大学生必须要掌握的。相关系的共同必修科也可以称为专业基础课,这是大学生专业学习的基础,他们对专业课掌握的程度在一定程度上取决于对专业基础课学习的程度和效果。专业基础课在学科体系和教学内容上的安排充分与专业课相结合,为专业课的学习奠定坚实的基础。系内专业选修课程的设置是充分考虑到了学生个体的差异,由学生根据自己的兴趣和特长来选择学习和研究的具体专业,这对于大学生在某一方面深入的学习甚至是研究

---

　　① 钟岩、钟新文:《加强高校课程体系建设提高人才培养质量》,现代教育科学,2003(1),第92页。

是非常重要的。相关系的选修科又可以使大学生在学习本系课程的同时，发展自己其他的兴趣、拓展自己的视野、加强相关学科的横向联系，这也更有助于交叉学科的建设和发展。

三、人才培养模式创新

要培养高质量的大学生人才，除了要有先进的人才培养理念、科学合理的学科体系，更重要的还在于人才的培养方式，它是人才培养理念得以实现的主体，它是实施人才培养方案的最核心内容，也是整个人才培养模式的核心和具体体现。为了培养高质量的大学生，蔡元培时期的北京大学严格招生考试、采取多途径教学、注重教学与研究的结合。

高水平的毕业生的培养，离不开良好的生源，北京大学在招生考试方面有着严格的规章制度。首先，严格规定报考资格。根据《国立北京大学入学考试规则》，预科报考者须具备下列条件之一：（1）旧制中学校毕业者；（2）四二制中学之初级毕业者；（3）二四制中学之高级二年修业期满者；（4）三三制中学之高级一年修业期满者；（5）有上述同等学力而报考德文、法文、俄文者。且报考时（1）（2）两项要呈验毕业证书，（3）、（4）两项须呈验初级毕业证书及高级修业证书，（5）项不验证书。本科报考者须具备下列条件之一：（1）旧制高等学堂毕业者；（2）高等专门学校毕业者；（3）公立大学预科毕业者；（4）高级中学毕业者（三三制，四二制或二四制中学之高级）；（5）有上述同等学力而投考俄文学系者。且（1）—（4）项须呈验毕业证书，第（4）项必须同时验初级中学毕业证书。

其次，明确规定考试科目及程度。根据报考系别的不同，考试科目和要求的程度也有所差异，根据其差异分三组。（第一组）投考国文学、东方文学、英文学、法文学、德文学、俄文学、史学、法律学、政治学、经济学诸系者，考试科目及程度如下："1. 国文：须略通中国学术及文章之流变；2. 外国文（英文，或法文，或德文，或俄文）：（1）能直接听讲并笔记；（2）能以国语与外国语互译；（3）能作文，无文法上之谬误。3. 数学:代数、几何(平面及立体)、平面三角。4. 论理学:须了解演绎归纳的方法及其应用。5. 历史:须习过中国通史及西洋通史,其西洋史得用国文或外国文作答。6. 地理:中外地理,其外国地理得用国文或外国文作答。"①(第二组)投考数学、物理学、化学、地质学诸系者,考试科目及程度如下:"1. 国文:须略通中国学术及文章之流变;2. 外国文(英文,或法文,或德文,或俄文):(1) 能直接听讲并笔记;(2) 能以国语与外国语互译;(3) 能作文,无文法上之谬误。3. 数学:A. 代数、几何(平面及立体)、平面三角。B. 解析几何,微积分大意。4. 物理及实习:普通物理及实习。5. 化学及实习:普通化学及实习。"(第三组)投考哲学系及教育学系者,可选择以上第一组或第二组考试科目。

再次,严把资格审查关。考生在报名时必须呈缴证书,"所有声请先准报名随后补缴证书等情事,概不通融",对于持五年前毕业证书者要特别审查,"一切私人函件证明资格,请准报名,均无效",②可以说资格审查时是"只认证书不认人"。

最后,"宁缺毋滥"的录取制度。上世纪二十年代的中国教育虽然取得了较大程度的发展,但由于受封建科举制度影响很深,此时的中国教育还没有完成向近代的转变过程,各级学校对于新的教学内容、教学方法、教学体系的掌握和运用还不是很成熟,尤其是新旧制交替下学校体系的混乱,致使当时我国中学的教学程度还较低。根据对北京大学 1922 年招生情况的统计,当年投考者共 2488 人,而录取者只有 163 人,仅占 6.5%。"一般人士,遂以为标准过高之故,实则中等教育程度之低降,未可为讳也。"③当年参加北京大学入学考试的考生成绩如表 2-3:

---

① 《国立北京大学入学考试规则》,《北京大学日刊》,第 1910 号,1926 年 5 月 18 日。
② 《国立北京大学入学考试规则》,《北京大学日刊》,第 1910 号,1926 年 5 月 18 日。
③ 《北京大学本年度招生计划》,王学珍、郭建荣主编:《北京大学史料》(第二卷),北京大学出版社,2000 年,第 817 页。

表 2－3　1922 年北京大学入学考试考生成绩统计表

人数　分数＼科目	国文	英文	数学
90 分以上	0	7	10
80—89	5	21	23
70—79	49	59	38
60—69	298	247	160
50—59	411	147	128
40—49	408	233	133
90 分以上	0	7	10
80 分以上	5	28	33
70 分以上	54	87	71
60 分以上	352	334	177
50 分以上	763	481	305
40 分以上	1171	714	438
零分	0	67	310

資料来源：《北京大学本年度招生计划》，王学珍、郭建荣主编《北京大学史料》（第二卷），北京大学出版社，2000 年，第 817－818 页。

从上表中可知，在国文、英语、数学三科中，数学四十分以下最多有 2 050 人，零分竟达 310 人之多。而国文中竟也有一千多人分数在四十分以下，更是令人堪忧。面对这样的入学考试成绩，北京大学在录取时做了充分的考虑，"其录取，不能仅恃一学科之及格"①，因此其录取标准是兼顾三科，共录取 163 人：三科六十分以上者，28 人；二科六十分、一科五十分以上者，45 人；一科六十分、两科五十分以上者，35 人；三科五十分以上者，10 人；二科六十分、一科四十分以上者，45 人。由于三科四十分以上人数太多，所以仅取前面的 163 人。可见，当时北京大学在录取时很重视入学成绩和学生三科的均衡发展，也没有因为学生程度的低下而降低录取标准，虽然仅录取了两千多人

---

① 《北京大学本年度招生计划》，王学珍、郭建荣主编：《北京大学史料》（第二卷），北京大学出版社，2000 年，第 818 页。

中的 163 人,但较好地保证了录取生的质量。

经过蔡元培的努力,北京大学不仅在课程建设方面得到了加强,开设了一批有较高水平的课程,还特别注意对学生进行多途径培养。如政治系开设的演习课,是根据专业需要开的一门选修课。演习分调查和译书两种形式,由学生自由选择一种或两种,采取师生共同研究、讨论的方法进行。1923 年演习课分设政治史、政治制度、政治理论、国际政治、社会问题五题。调查方法为,由选修学生就前述问题某方面任选一题目,与指导教师商定后,由教师指定参考资料、指导研究方法,学生自行调查研究,于一定期间内写出报告,轮流在规定的演习时间上堂解说,再由教师和同学自由质问或批评,最后由教师评定分数,每人每学期至少报告一次。译书方法为,学生一人或两人与教师商定选译书目,请教师指导翻译方法和参考材料,自行翻译,于两个月后,轮流上堂报告译作的大概内容,对其所译书目进行评价,并陈述翻译过程中的疑难,报告后由教师和同学自由质问或批评,最后由教师评定分数。译书每人至少每两月作一次报告。调查报告或译书的成果须交存本系教授会,以备演习员和本校师生参考。演习课对于培养学生的调查分析能力和实际工作能力有一定的作用,李大钊、周鲠生、高一涵、王世杰、陶孟和等都担任过这门课的指导教师。这时政治系还开设《现代政治》课程,采取演讲的形式,讲解当前国际国内重大的政治问题,讲题由系教授会随时在北京大学日刊上公布。当时的讲题有:李大钊的《人种问题》,王世杰的《现代之出版自由》、《委员政府制》、《国际难民问题》,高一涵的《苏维埃联合的根本组织法》、《福滨社会主义的理论与方法》,周鲠生的《民族主义与国际主义》、《俄罗斯的政治》、《现代日本的政治》,杨栋林的《现代英国殖民地与其母国之关系》,燕树棠的《中俄交涉问题》、《租界与租借问题》,陈翰生的《法西斯政治》等[①]。

---

① 萧超然等编著:《北京大学校史(1898—1949)》(修订本),北京大学出版社,1988年,第 204 页。

不仅文科的课程丰富多样了,理科的基础理论课程、专业课程和实验课程也都比以前充实和丰富了很多。北京大学地质学系由于会集了许多地质学、古生物学方面的知名学者,不仅在北京大学而且在国内高校同类专业中也是很受瞩目的一个系,其课程内容很丰富。其中李四光的岩石学、高等岩石学、地质测量和地质构造学;何杰的地质学概论、经济地质学;王烈的矿物学、普通地质学;葛利普①的高等地层学、高等古生物学等,都具有很高的水平。再如物理系的物理学课程分为初级物理、普通物理和专门物理三级,分别在预科、大学一二年级和三四年级学习。其中专门物理课程有颜任光的物理光学、气体中之电流及电子论;何育杰的数理物理、热力学及气质微粒运动论、原量论;李书华的放射学及 X 光线;温毓庆的交流电及无线电等,内容非常丰富。同时,随着理科各系设备的改善,加强了对学生实验的指导。例如,蔡元培为筹办北京大学生物学系,专门聘请钟观光为理科教授,担负采集我国植物标本的工作,他先后深入福建、广东、云南、广西、浙江、安徽、江西、湖北、四川、河南、山西等地调查我国植物分布情况,历时五年,搜集和整理了许多珍贵植物标本与资料,对我国早期植物分类学的发展,作出了重大贡献。1924 年,他主持创建了北京大学植物标本室,至 1927 年,生物系整理出的植物标本八千多种,为教学和科研提供了较好的条件。地质学系在 1920 年前没有一个实验室,李四光应聘到校后,受蔡元培委托管理仪器、标本,曾任地质学系仪器主任。经过他多年的努力,建立了矿物学、古生物学、岩石光学等专业实验室,开辟了地质陈列室和研究室等。物理系原来也仅有一间实验室仪器室,设备差,精密实验无法进行。经蔡元培聘请颜任光来校主持物理系后,北京大学物理系逐渐成为国内同类专业中设备较齐全的一个系,设有高等物理实验室、电学实验

---

①　葛利普(A. W. Graban,1870—1946),或译为葛拉普或葛拉包,美国地质学家和古生物学家。1920 年来华工作,担任北大地质学系教授和地质调查所古生物研究室主任二十多年。主要从事古生物学、地层学和地学史方面的研究,对北大地质学系建设和我国古生物学的发展作出了一定贡献。著有《中国地质史》等书。1946 年病逝于北京。

室、仪器储藏室、暗室,以供师生实验所需。这时,北京大学物理系学生的实验课也逐渐充实,1925 年至 1926 年,物理系的实验课程见表2－4。由表中可见,预科两年和本科前两年的实验课程每周都有 3 个小时,并有专门老师指导,目的是使学生能够使用各种高级仪器,以培养学生将来独立进行实验、研究的能力。专门物理实验课程则每周要 6个小时,学生可以在教授的指导下自做实验,进行专题性的研究。

表 2－4　北京大学物理系实验课程表(1925—1926 年)

实验科目	班次	每星期钟点	教员
初级物理	预科甲部第一年级	3	丁燮林、林晓、张佩瑚
初级物理	预科甲部第二年级	3	李书华、龙际云、罗宗炜
普通物理 普通物理	本科第一年级 本科第二年级	3 3	李书华 丁燮林
普通及专门物理 专门物理	本科第三年级 本科第四年级	6 6	杨肇燫、丁燮林 温毓庆、李书华

资料来源:《国立北京大学物理学系课程指导书》,王学珍、郭建荣主编:《北京大学史料》(第二卷),北京大学出版社,2000 年,第 1111 页。

除了校内的课堂讲授和实验教学外,北京大学还非常重视对学生社会实践能力的培养,几乎所有实际应用性的课程和学系都有实践活动内容。1919 年北京大学就制订了《法科诉讼实习章程》,为方便法科四年级学生实习诉讼,在校内讲堂按照法庭形式临时建设"假设法院",每月举行两次。"假设法庭"分地方审判庭、高等审判庭和大理院三级,由法科四年级法律门学生分别担任诉讼中的角色,三年级法律门学生和政治经济门四年级学生中有志于司法者也可参加。学生就民事诉讼、刑事诉讼、国际私法诉讼、行政诉讼、选举诉讼等方面的假设案情,根据所学内容、按照当时现行法令和判类为标准对案件进行模拟审理。例如,1925 年 12 月 24 日,北京大学法律系举行了一场民事诉讼实习,题目内容为"李某从军在外,由其母王氏管理家务,王氏因债务无法清偿,邀同李某之叔,及其他中人,以李某名义,将田地二十余亩立契卖给了张某为业,价钱六百余元,张某以李某本人未曾到场,不肯买受,经李某之叔出立字据,保无后患,张某始允。迨买卖契约成立,李某闻知,初尚不持异议,隔日与其友人谈及此事,其友人谓王氏无权处分,李某因此起诉,主张该买卖契约为无效。"①在诉讼过程中的各职务,由各位学生担任,由左德敏指导。这种"假设法庭"的设立,可以充分锻炼学生在具体案情中对于法律法令的运用能力和推理能力,也进一步增强他们对于法庭案件审理程序、方法、根据、标准等方面的熟悉程度,为以后的工作做好充分的准备。此外,法律系的学生还实地参观法院、监狱,据1927年5月11日《晨报》记载,"北京大学法律系本期毕业生定期参观各级法庭及监狱,以增阅历。兹闻参观日期,已于前日经该系教授会与各处接洽妥帖,于昨日起开始参观,计昨日午后二时参观高等审检厅,今日午后二时参观大理院,明日午后二时参观地方审检厅,后日午后三时参观第一监狱,每次参观均先一时在该校第三院集齐,由该系教授领导前往云。"②此外,北京大学地质系、化学系、土木采矿系等均有外出参观实习,近者就在北京周边地区,远者则到南京、上海、杭州、武汉等南方地区。如1924年5月,北京大学地质系学生分三组分赴全国各地进行实地参观考察,"四年级往汉冶萍、上海、大连、奉天、唐山等处考察;三年级学生分往汉冶萍、宜昌、南京等处考察;四年级学生王炳章等十人与经济地理组三年级学生郁士元等二十余人,由何杰指导,定于五月五日出发,先往汉阳、大冶参观云"。③

同时,北京大学还注重将社会活动与教学实习相互结合。五四时期经蔡元培倡导成立的平民夜校,是作为沟通学校和社会联系的一个渠道,是大学生为社会服务的一项重要措施,得到许多同学的支持,一直坚持下来。1921年4月,一些同学发起成立了平民教育研究

①　《北大型式法庭实习由左德敏指导》,王学珍、郭建荣主编:《北京大学史料》(第二卷),北京大学出版社,2000年,第1218页。

②　《北大生定期参观》,王学珍、郭建荣主编:《北京大学史料》(第二卷),北京大学出版社,2000年,第1219页。

③　《北大地质系三四年级旅行团将出发》,《晨报》,1924年5月2日。

社,提出要以研究平民教育为职志,并由社员合力开办了北京大学第二平民夜校。1924年教育学系成立后,平民夜校又成为教育学系同学进行教育实践的一个场所,夜校的校务和教师多由教育学系同学担任。平民夜校设高小班、国民班、特别班(甲部、乙部)。高小、国民两班程度相当于普通小学,学生多为贫民无力升学者,教学目的是使他们能直接应用,不是为他们升学作准备,因而教材偏重于地理、历史、国语、常识、算术计算法;实行分科制,学生不受年级限制,不同科目以达到的程度为依据,可在不同年级听课,学生通过甄别考试确定各科的年级,并以重要科目中的最低一级代表其所在年级。特别班乙部相当于初中前三学期的程度,甲部则相对于后三学期程度,学生多来自普通中学,具有课外补修性质。在夜校的行政管理上进行了一些改革性实验,学校设教务、行政、训育、体育、学生各委员会,全体教职员会为立法部;规定教职员连续两星期不到校视事者辞职,学生连续三日不到校上课者除名。在教学上规定以“启发”为原则,以“谈话”为方式,打破“注入式”,取消“讲演式”。这种教学的实践对于教育系学生来说,不仅是在教学管理、教学方法、教学内容上的实践,更重要的是加强对当时教育状况的了解,对教育改革的试验,这样的实践经历为学生毕业后更快更好的投入工作做好了充足的准备。

四、教材与教学方法的改革

人才培养目标的差异也要求教学方法和教学内容的变革。蔡元培上任后,北京大学对于教材和教学方法也进行了相应的改革。之前的北京大学,由于可适用的教材匮乏,各教员会对所授课程编制讲义发给学生,以备学生平时学习参考和考试准备之用,这种教学形式一直沿用至二十年代。对于发讲义这种做法的弊端,蔡元培和教授们都有所认识,夏浮筠(夏元瑮)、陈聘丞(陈世璋)曾提出减发讲义案交由评议会讨论。1917年12月11日的《北京大学日刊》刊登了《评议会致全校全体教员公函》,对于减发讲义案做出议决:“一、大学各科教授会,应速选定明年应用之教科书,预向书店定购,以备下学年之用;二、各预科功课及本科外国语,应用教授会审定之教科书,一律不发讲义;三、本科各科目,凡有适宜之教科书者,一概用教科书,不另发讲义;四、各科目如无适宜之教科书者,而有别种相当书籍可资参考者,可由教员将该项功课编一节略,以供学生考查之助,不另发详细讲义;五、专门科学及其他高等学术,无适宜之教科书或参考书时,可由教员随时酌定印发讲义;六、如遇不得已,须翻印刻本,而原书篇幅过多者,应由教员摘要发印,不可任意翻印全书,致学校财政大受影响"。① 对此,各科学长纷纷致函各教员,通告此议,且对于此事提出自己的认识和建议。陈独秀认为"大学印发讲义实非正当办法,文本科业已有数种学科,由教员口授,学生笔述,未发讲义,亦无十分困苦难行之处",希望其他教员也采用这种口授笔述的方式,但"如有窒碍难得之处,仍须续编讲义者,希示以所编讲义准于何时完结,以便由校中付印,作为教科书,或学生笔述时参考之用。何种讲义完全出版后,即不续发何种讲义,以后倘有增改,当可由学生笔录,不至难行也"。② 这样的改革其实对于培养学生的自主能动性是很有帮助的,然而却引起很多学生的反对,对此教员致函教务长"诉苦":"比闻法律系习行政法、国际法学生诸君,对于杰棠等教授方法有不愿依从者,颇以为异。杰棠等以为纯粹讲义制,直接垄断学生思想力,间接防止学生翻阅参考书籍,有弊甚多。于是采用简单讲义方法,意在给学生以讲演的概要,使其自做笔记,并以余暇翻阅参考书籍。杰棠等在讲室时,力避讲演太速,亦在为做笔记者谋便利。将来学校图书增加,学生外国语程度提高时,此种简单讲义方法,或即为完全废除讲义制度之先步"。③ 燕树棠、王世杰都是北京大学有名的教授,他们非常重视教育教学方法,认为这种简单讲义法能够锻炼学

---

① 《评议会致全校全体教员公函》,王学珍、郭建荣主编:《北京大学史料》(第二卷),北京大学出版社,2000 年,第 1179 页。

② 《致文科全体教员诸君公函》,王学珍、郭建荣主编:《北京大学史料》(第二卷),北京大学出版社,2000 年,第 1179 页。

③ 《燕树棠、王世杰先生致教务长函》,王学珍、郭建荣主编:《北京大学史料》(第二卷),北京大学出版社,2000 年,第 1182-1183 页。

生的自主能力,从长远看对学生是有利的,他们告知教务长,如果学生能够理解当然是最好,如果学生不能理解,也"不愿牺牲正当方法,备员讲席,以至有负学校之委托"①。可见,二十年代的北京大学教授们,非常注意教学方法的改革和应用,加强对学生自治自主能力的培养。无独有偶,同时期的哲学系教授张竞生也指出培养学生自动力的必要,并提出了改革教学方法的相应建议。由于当时北京大学的教学时数为八十单位制,每周需要上二十个小时的功课,学生们忙于在各课堂间奔走,缺乏自主学习的时间,这虽然与图书馆书目不够充足有关,但张竞生认为可以采取其他的方式来弥补。比如:"减少单位为六十,学生每星期上十五点钟功课,教习功课,比常约减四分一;将所减得时间,由各教习就所任功课,应须参考外国书中,摘择要处,并为说明,由学生笔记(学生好西文愿自己翻译者听),后由教习改正即行。总之教习与学生,遇此种'搜罗参考材料'时间,必须到堂"②。这种方式可以有几大好处,学生获得自主地位;丰富本校参考材料;图书馆缺少的参考书籍,教师有的可以与学生共同研究;在共同翻译的过程中,学生不仅在外国语方面,在专业内容上都会获益匪浅;翻译成的资料出版所得,还可以充当校费或由教师与学生分享,增加收益。

至于教材方面,二十年代前后的北京大学绝大多数课程是参考欧美大学的教材,有的甚至是直接采用他们的教科书,见表2-5。从图表中明显看出,除国文外,其他科目的教科书几乎全部是外文书,这当然与中国高等教育起步较晚,缺乏基础有很大关系,更重要的是我国传统教育偏重于道德的说教与传统文化的学习,而对于科学尤其是自然科学一直缺乏理论的研究,也没有形成系统的理论知识,因此,自然科学的教材基本是照搬欧美大学的内容。随着国内教育的发展和大批留

① 《燕树棠王世杰先生致教务民函》,《北京大学日刊》,第884号,1921年11月5日,第2版。

② 《哲学系张竞生教授致本校教员学生函》,《北京大学日刊》,第898号,1921年11月22日,第1版。

学欧美的留学生的回归,他们开始根据欧美教材的内容、结合中国教育发展的状况和实际需要来编写讲义、教材以及参考资料。

表 2 - 5　1917 年北京大学理预科教科书一览表

科目	年级	课程	教材
国文	一二三		选授模范文
英文	一	文法	Nesfield Grammar Ⅳ
		读本	伊尔文见闻录
		作文	讲义
	二	作文	Genung and Hanson Outlines of Composition and Rhetoric
		文学	Macauley，Samuel Johnson
	三	作文	Lamont，English Composition
		文学	Heley Twelve Lectures
德文	二三	文法	Atto, German Coversation Grammar
	二	读本	Moffatt, Science German Course
	三	读本	Dippold, Scientific German Reader
数学	一		英文实用数学
			Hall and Knight, Elementary algebra
			Wentworth, Plane and Solid Geometry
			Todhunter, Trigonometry for Beginners
	二	代数	Hall and Knight, Higher Algebra
		解析几何	Eine and Thompson, Coordinate Geometry
	三	微积	Osborn, Differential and Integral Calculus
物理	一		Reed and Guthe, College Physics
	二		Crew, General Physics
	三		Reed and Guthe, College Phisics
	二三	力学	Loney, Mechanics
化学	一		Mepherson and Henderson, General Chemistry
	二三		Mepherson and Henderson, Elementary Study of Chemistry
博物			英文生物学初桃
图画	二		Miller, Elementary Descriptive Geometry
	三		Mechanical Execution of Drawing

五、教学管理制度的再创新

为更好的保障实现人才培养目标和较好的教学效果,北京大学还在教学管理制度方面做出了很多的努力。首先,较为宽松的学籍管理制度。1916 年制定了《国立北京大学分科规程:北京大学分科通则》,对于学生的学期、入学、休学、选学等分别作出说明。学年自每年 8 月 1 日开始,至第二年的 7 月 31 日终止,分三个学期:8 月 1 日至 12 月 31 日为第一学期,1 月 1 日至 3 月 31 日为第二学期。4 月 1 日至 7 月 31 日为第三学期。每年开学时招收学生一次,大学预科毕业生依志愿收入各分科大学一年级,如志愿入学人数超过各科各门预定收入名额时,进行选拔试验,或由各分科按照细则规定入学次序;如果入学志愿人数不满预定收入名额时,"教育部部令认为与大学预科有同等程度之学校毕业,经大学校长允可者或试验合格认为与大学预科毕业生有同等之学力者"[1],可以入学。转学学生则必须编入所请转入学门的一年级,若转学学生超过所请转入学门的余地收入名额,也要接受选拔试验,且必须于 8 月 1 日前填志愿书交于各分科大学学长。对于因疾病或其他不得已事故预料三个月以上不能修学的各分科大学学生,经各科学长许可,可以休学。休学的学生在下一学年开始时,编入原级,或经各科学长许可,编入原班肄业。各门各班有缺额时,可以收取选科生(即后来所讲的旁听生),但规定了选科生的资格:"一、受选科生试验合格者;二、各国立专门学校及教育部认可之私立大学或专门学校毕业生,得大学校长允可者;三、经各分科大学学长之考问,认其为有修习所选功课之学力者;四、各分科大学学生自请退学者"。[2] 选科生在所选的功课没有毕业时,不能转修其他功课;所选功课试验合格者,由分科大学给予修业证书;选科生于每学年将本科生所应修功课全部肄习完毕,且试验合格,每

---

① 《国立北京大学分科规程:北京大学分科通则》,王学珍、郭建荣主编:《北京大学史料》(第二卷),北京大学出版社,2000 年,第 921 页。

② 《国立北京大学分科规程:北京大学分科通则》,王学珍、郭建荣主编:《北京大学史料》(第二卷),北京大学出版社,2000 年,第 921-923 页。

年呈请校长进行一定试验后可改为本科生。学生自愿退学的,须同保证人一起递交退学志愿书,在退学后三年内,在学年开始时,在班里有缺额的情况下可以申请再入原门原班,且不需要试验。而对于保证人死亡或丧失其资格时,三个月内又没有呈报学校的学生,经查明后责令退学。对于品行不端、学业荒废的学生,校长认为应当给以惩戒者,令各科学长批评谴责或责令其停学、退学。

其次,在教学制度上实行选科制。选科制于18世纪末创立于德国。1779年,美国第三任总统托马斯·杰斐逊首先将选科制引入威廉学院和玛丽学院,1825年作为一种教学制度在弗吉尼亚大学开始试行,随后一些老牌大学如耶鲁大学、布朗大学和哥伦比亚大学等也开始实行选科制。1869年,哈佛大学校长艾略特主张实行选修课,进一步完善了选科制度,三年后选科制作为一种教学管理制度在哈佛施行。到二十世纪初,选科制虽在美国已经得到普遍推行,但大多数学校还对学生的选修做出种种限制。五四运动前后,受西方教育思想和教育制度的影响,北京大学在教学制度上率先实行选科制。1917年10月15日,北京大学召集会议,议决着手学制改革,依照美国大学学制,采用选科制度。具体办法规定七项:"一、各科皆有系统之编制。二、学生以习满若干单位为毕业,不必拘定年限。三、预科四十单位,以四分之三为必习科,以四分之一为选科。选科皆由各预科主任因程度而指定之。四、本科八十单位,半为必习科,半为选科。五、本科学生入校时,皆须择定本科教授一人为导师。六、选科于本门专治一系外,更当兼治与专科有重要关系者,其尚愿旁治他学者亦听之。七、凡前一学年之平均分数在甲等者,本学年可择选科规定之最多单位。"[①]此为我国大学施行选科制之始。选科制的实施,可以使学生更好的发展个人的兴趣爱好和专长,调动学习的积极性,促进人才的成长,但这种选科也潜藏着学生纯粹为了凑学分,忽视对基础理论、基本能力的学习和提高的局限,因此,北京大学的选科制是有限

---

① 高平叔撰著:《蔡元培年谱长编》(中册),人民教育出版社,1996年,第60-61页。

制条件为前提的选择。

再次,严格考勤、考试制度。为保证教学质量和教学效果,蔡元培时期的北京大学实行考勤制度和严格的考试制度。学生不得无故迟到、旷课,上课钟响后十分钟内必须到堂坐好,并且安排固定座位,教师上课时都备有点名簿、平时积分册、席次表,如果十分钟后进教室者,按照旷课论处,未打下课钟而随意下堂者,也按旷课论。而且,学生在教员授课时间内,除本课程的讲义课本外,不得携带其他书籍。如需要请假,必须按照请假手续:"一、因事请假,须由本人亲写假条,逾时不能补请,通信请假无效。二、病假可以代请,必须签名,须有医生证明书(证明书须有医生图章),证明书可以补交(假满三日内)。三、重病假,须有医生全脉案,须填写特别假条,须得学长之许可。四、未到校学生请假,凡未经交费者,须请特别假,特别假须由保证人亲来教务处,说明理由,填写假条,签名盖章,须有函托证据。五、长假期限,不得逾一学期钟点之半"。[①] 可见,北京大学当时考勤和课堂管理的严格。此外,北京大学学生还必须参加考试,根据1917年陈独秀提出的《文科试验规则修正案》,预科分平时试验和学期试验两种,本科分平时试验、学科试验、外国语试验三种。平时试验的时间和方法由教员临时订立,且每次都将成绩计入平时试验分数册,于学期试验或学科试验前算出平均分,交教务处;学期试验于每学期末举行,学科试验则在每学科课时上完时举行,外国语试验在听讲课时结束时举行。平时试验的平均分数加入学期试验或学科试验总分数。且规定"预科每学年平均分数,或主要学科试验分数不及格者,均应留级,不准补考;其连续留级二次仍不及格者,令其退学","本科各学科试验不及格者,一概不准补考;外国语学期试验不及格者,应降班听讲,其一学年中有九单位以上功课不及格者,令其退学"。[②] 为进一步加强学生学术研究能力,1922年6月15日北京大学评议会通

---

① 《文科学生请假手续》,王学珍、郭建荣主编:《北京大学史料》(第二卷),北京大学出版社,2000年,第986页。

② 《文科试验规则修正案》,《北京大学日刊》,第31号,1917年12月22日。

过了教务会议修正的《北京大学考试制度》,规定预科生每科目成绩包含平时成绩和学年考试成绩,二者之平均数为本科目的学年成绩,不及格者不能升级或升学。预科学年考试,由预科委员会、考试委员会和相关各系教授会执行,主要考查学生读书、翻译、作文的能力,不问具体的教材内容。预科生的这种考查方式和训练,对他们进入本科后能够较快的进行独立的学术研究起到非常重要的作用。对本科生的考察也做了一些改革:"本科只有学科试验","学科试验,除笔试外,得兼用口试或长篇论文之方式"。[①] 显然,二十年代的北京大学在锻炼学生的学术研究方法、能力方面已经做出了许多的尝试。

最后,严格审查毕业生。1920 年 12 月,评议会通过了《变更考试制度案》,规定愿获得本科毕业证书及学位者,必须具备以下条件:"a. 必修科目考试及格;b. 及格之必修科及选修科,共计合于本校章程所规定单位之数(在四年期间内有译著者,亦得提出考试委员会,经审查合格者,得作为成绩之一部);c. 至少在本科肄业四年。"[②]满足上述规定的毕业生,发给毕业证,授予学位;不参加考试不毕业,无证书无学位;考试不全及格的,或选考若干科的,根据考试及格的科目,发给选修证书,没有学位;旁听生考试及格的,发给旁听生证书。1922 年又规定凡要得北京大学修业证书、毕业证书者,必须接受考试;考试不及格或因故不能参加考试者,于次学年开始时,补考一次,此外无补考机会,但补考的分数按九折计算。

20 年代的北京大学有三种学生:一种是正式学生,是经过入学考试的;一种是旁听生,虽然没有经过入学考试,但是办了旁听手续的;还有一种是偷听生,既没有参加入学考试,又没有办旁听手续,自由到校听课的。自愿退学的学生三年内还可以回校继续读书,这样的学籍管理在那个动荡的年代为贫困学生提供了更多的便利,使更

---

① 《北京大学考试制度》,王学珍、郭建荣主编:《北京大学史料》(第二卷),北京大学出版社,2000 年,第 1001 - 1002 页。

② 《校长布告》,王学珍、郭建荣主编:《北京大学史料》(第二卷),北京大学出版社,2000 年,第 999 页。

多错过考试机会或无力支付学费的青年人有了一个学习的机会。沈从文、毛泽东、丁玲、梁漱溟、许钦文、胡也频、曹靖华、柔石等都曾是北京大学的旁听生甚至偷听生。当年流传北京大学有"凶"、"松"、"空"三部曲:说北京大学投考时"凶",指入学考试非常严格;入校后"松",指学校在管理上比较宽松,学生入校后较为自由;毕业后"空",是和清华学生比,北京大学学生门门功课都考不过清华,但北京大学出的那种既多又怪的大人物,那种自由竞争的学术气氛,却是任何学校都赶不上的,这里的"空"是一种调侃,五四运动中北京大学出现的领军人物就是佐证。虽然在北京大学听课是自由的,选课是自由的,但考试却是非常严格的,不仅入学考试严格,毕业考试也很严格,这种"严进严出"的招生和培养模式,在一定程度上能够较好保障所培养的毕业生的质量。

第四节　蔡元培时期的教职员管理与学生管理制度

在大学里,最基本的活动主体就是教师和学生。大学之所以为大学就在于有从事教学科研的大学教师们,"所谓大学者,非谓有大楼之谓也,有大师之谓也"。[①] 因此,大学教师对于一所大学是至关重要的,大学教师的素质和能力在一定程度上决定了大学人才培养的质量和大学发展的水平。作为教学关系中的另一主体——学生,是大学区别于研究所的最大标志,是大学里的活力源泉,是人才培养过程中最为关键的主体。学生素质和能力的高低则直接影响着大学人才培养质量的高低,也是评价学校水平的最基本标准。

---

① 黄延复主编:《梅贻琦先生纪念集》,吉林文史出版社,1995 年,第 2 页。

一、教授治校

蔡元培认为大学的目标就是为国家和民族培养研究高深学问的硕学闳材,这就在客观上要求大学教师既要成为研究者,又要成为学生研究学问的指导者,从而使学生成为研究者。因此,要改变北京大学学生不重视学术的习惯,使北京大学成为一所真正的研究高深学问的学府,"只有从聘请积学而热心的教员着手"①,"广延积学与热心的教员,认真教授,以提起学生研究学问的兴会"。② 北京大学在聘任教授、讲师时都有较为严格的规定和要求。

根据《教员延聘施行细则》③,北京大学延聘教授、讲师均用聘书,聘书由校长具名,讲师调任教授,教授调任讲师,也均送聘书,教授初次聘书以第三学期终(即七月三十一日)终止,讲师聘书无预定限期。每年六月一日至十五日为教授续聘书送递时间,讲师无续聘手续。教授于六月十六日尚未接到续聘书,即作为解约;若在初聘书期限未满以前辞退的教授需要加送一个月的薪俸;辞退有续聘书教授时,在校满三年的加送两个月薪俸,满五年者加送三个月薪俸;讲师辞退时不加送薪。教授、讲师欲辞职时,须一个月前通知学长,自动辞职者不加送薪。1919 年成立专门的聘任委员会,负责审查各方推荐教职员的资格。北京大学采取这种聘任制的意图不外乎是使受聘教授、讲师能专心致意于讲授功课和研究学术,然而事与愿违的是仍存在使教授不能专心致意的诸多因素。这些因素包含:所授功课经常的变动、自身地位时有动摇等,这些足以减少教授浓厚的研究和教学兴致。因此,为保障所聘教员能够更好的从事教学科研活动,保证教学质量,1922 年 11 月 21 日,北京大学评议会讨论审议了《教员保障法案》,其内容有三:"一、凡已得续聘书之各系教授之辞退,应由该系教

---

① 高平叔编:《蔡元培全集》(第六卷),中华书局,1988 年,第 350 页。
② 蔡元培:《我在教育界的经验》,高平叔编:《蔡元培教育论著选》,人民教育出版社,1991 年,第 709 页。
③ 《评议会通告》,王学珍、郭建荣主编:《北京大学史料》(第二卷),北京大学出版社,2000 年,第 414 页。

授会开会讨论，经该系教授五分之四可决，并得校长之认可，方能办理。如该系教授不及五人，应经全体教授可决。但开会时本人不能列席。二、各教授应担任何项功课，应由该系教授会开会共同商定。一经商定后，应始终令其担任。即欲变更，亦须再行开会议决。三、各系教授会，应每月至少开会一次，凡本系科目之增减，应开教授会议决，不能由主任或教务长一人决定。"①对于第一点内容，提出者的理由是：当时教授的聘请需要经过聘任委员会通过、主任赞成、校长函聘、试教一年的过程，手续齐备、郑重，试教期满得以续聘，说明学校认为其能胜任；因此，辞退时也应当郑重其事，不能仅凭学生的意见或主任或教务长的意见，将其贸然辞退。对此，此次评议会议决：教授的聘任和辞退均须经评议会议决。至于第二点中的教授所任课程，当时是由主任一人决定，并不事先征求教授本人意见，可能是教授本人不能或不愿讲授的，而且临近上课时才由注册部通知，导致教授们搜集资料、编辑讲义都非常仓促，上课时又往往不能令听课的学生满意；每学期课程都会有变更，致使教授今年讲授这门课、明年又要换一门课，不知道哪个学科该成为自己专门研究的学科。此内容经评议会议决交由教务会议议决。至于第三点，评议会在 1919 年成立教授会对该项进行议决。

　　对于教授、讲师的职权，在二十年代的北京大学没有非常明确的章程或条例来规定，但从评议会、教授会、教务会议等学校组织机构的组成人员中可清晰可见。蔡元培主持北京大学后呈报教育部的评议会章程中规定：评议会由校长、各分科预科学长及预科主任教员、各分科及预科中专任教员中选举的议员组成，负责讨论各学科的设立与废止、讲座之种类、大学内部规则、学生风纪事项、审查学生成绩及学位申请合格与否等事项。随着其他改革的进行和评议会工作的开展及实践经验的积累，1920 年春，对评议会做出了修订：评议会由

---

① 《评议会第五次会议》，王学珍、郭建荣主编：《北京大学史料》（第二卷），北京大学出版社，2000 年，第 420 页。

校长、教授互选的评议员组成,议决左列各事项:"(甲)各学系之设立废止及变更。(乙)校内各机关之设立废止及变更。(丙)各种规则。(丁)各行政委员之委任。(戊)本校预算。(己)教育总长及校长咨询事件。(庚)凡关于高等教育事项,将建议于教育部者。(辛)关于校内其他重要事项"。①而且规定评议员都有提案权,非评议员之教职员,五人以上署名,也可以建议评议会。根据《北京大学学科教授会组织法》,"每一部教员,无论其为研究科、本科、预科教授,讲师,外国教员,皆为本部教授会之会员",教授会负责讨论议决"本部之教授法良否"与"本部教科书之采择",并有权参与讨论"本部学科之增设与废止"与"本部应用书籍及仪器之添置"。②1919年2月,评议会议决"废除学长制,由各科教授会主任合组文理两科教务处,直接校长办理事务"。③同年4月,北京大学废各科学长,成立教务会议,由各系主任组成,"操全校学术之大政"。总务长由校长从总务委员中委任,以教授为限,任期3年,总务委员也由校长委任,凡由教授兼任者,任期2年。从上述大学各组织的组成人员来看,几乎学校的所有事务的决定权都由教授们来行使,就连行政会议下设专门行政委员会委员的人选也限于教授,这符合蔡元培教授治校的大学管理理念。

在赋予大学教授、讲师们极大权力的同时,对他们的要求也是很高的。在民国元年,时任教育总长的蔡元培就给各大学下达了《凡担任校务者须开去兼差以专责成》的照会,要求有兼职的大学校长"于学校职务与官署职务之中,何去何从,择任其一",因为他认为"人才各有专长,精力不可分用,专责始克有功,兼任不免两败"。④1914年

① 《评议会规则修正案》,王学珍、郭建荣主编:《北京大学史料》(第二卷),北京大学出版社,2000年,第139-140页。

② 中国蔡元培研究会编:《蔡元培全集》(第18卷),浙江教育出版社,1998年,第230-231页。

③ 《大学改组案提前实行》,《申报》,1919年4月12日。

④ 梁晨:《民国国立大学教师兼课研究——以北京大学、清华大学为例》,《南京大学学报(哲学·人文科学·社会科学)》,2011(3)。

5 月教育部颁布《专门以上学校职员薪俸暂行规程》中，第一条就规定"凡直辖专门以上学校职员，除特别规定外，不得兼司其他职务"，1917 年的民国大学令中再次强调，除本属兼职的讲师外，其他各类教职员不得兼职。1919 年，教育部就专门以上学校聘用兼任教员应否酌加限制的提案做出议决："专门以上学校聘用教员，应注重专任教员，每学门至少须有专任教员一人，至聘用兼任教员，须以非重要且时间过少之科目，或虽为重要科目难得专任之人者为限。"[1]然而由于当时的教育经费经常被挪用，教员薪俸不能按时发放，欠薪现象普遍存在，这使得教员的生活窘迫，不得不到其他学校兼课以维持生计。在这种形势下，教育部禁止兼课的法规由于自身不正，虽令也不得行了，或许是认同教员兼课是迫于生计的说法，或者是出于对欠薪痛苦的感同身受，"教育部此期并未对大学教员的兼课行为有过任何检查或批评"。[2] 但大学教员的兼课，甚者请假轮流上课的做法，破坏了大学的学风和教学秩序，从根本上影响到教员对教学和科研的投入，因此北京大学评议会于 1922 年议决了《兼职教授改讲师案》，规定"凡教授在校外非教育机关兼职者，及在他校兼任重要职务者，须改为讲师或以教授名义支讲师薪"，而且"凡教授在他校充讲师者，须先得本校承认并限制钟点"。[3] 后来经评议会议决，在他校兼课时数，"每星期至多不得过六点钟"，而且要将"教课及每星期钟点报告于校长"。[4] 此外，北京大学还对教授授课时数、请假制度等做出规定，本科教师授课时数不少于十小时，预科教授授课在十二小时至十八小时，兼任本校其他职务的，时间可以酌情减少；教员请假期内所缺功课必须照补，如果请假超过一星期者，必须自己找人经学长许可来代

---

① 《教育部训令》，王学珍、郭建荣主编：《北京大学史料》（第二卷），北京大学出版社，2000 年，第 417 页。

② 梁晨：《民国国立大学教师兼课研究——以北京大学、清华大学为例》，《南京大学学报（哲学・人文科学・社会科学）》，2011(3)。

③ 《评议会第五次会议》，王学珍、郭建荣主编：《北京大学史料》（第二卷），北京大学出版社，2000 年，第 421 页。

④ 《本校致各教授公函》，《北京大学日刊》第 1082 号，1922 年 10 月 11 日。

课或请学长找人代课。

教职员的薪俸管理是大学教职员管理的重要内容,早在 1914 年 7 月,北京政府教育部制定的《教育部直辖专门以上学校职员薪俸暂行规程》中规定,大学职员,除特别规定外,不得兼其他职务,应支取薪俸如下:"校长 400 元;学长 300 元;预科学长 300 元;学监主任 180 元;庶务主任 150 元;一级学监 100 元;二级学监 80 元;三级学监 60 元;一等一级事务员 100 元;一等二级事务员 80 元;一等三级事务员 70 元;二等一级事务员 60 元;二等二级事务员 50 元;二等三级事务员 40 元;二等四级事务员 30 元"。教员分专任和兼任两种,其应支薪俸如下:"大学专任教员,月支 180—280 元;大学预科专任教员,月支 140—240 元;高等师范学校专任教员,月支 160—250 元;专门学校专门教员,月支 160—250 元"。兼任教员之薪俸,按授课时间实数支付,每一小时薪俸如下:"大学校兼任教员,每一小时酌支 3—5 元;高等师范学校、专门学校、大学预科之兼任教员,每一小时酌支 2—4 元"。[①] 北京大学作为一所国立大学基本按照教育部的上述规定执行,但在实际的操作过程中会有适当的调整。1920 年由沈士远、陶孟和、顾孟馀、李大钊等组成的北京大学教职员待遇章程起草委员会开会讨论修改教职员薪俸待遇问题。他们认为"教育界之薪俸太薄,既不足衣食之费,更不敷研究学术之用,与其职业比较太低"[②],于是提议增加薪俸:教授 300—400 元;预科教授 240—340 元;助教为 50—120 元,学术或行政上之助教按事务员薪俸;校长为 500—1 000 元;各部主任及校医 100—300 元;一等事务员 120—150 元;二等事务员 70—100 元;书记为 50—60 元。无论是在教育部的规定还是北京大学教职员的要求中,教授们的薪俸待遇要远远高于一般的事务员,这也反映出在当时的北京大学,教员的地位和重要性是远远高于

---

① 《教育部直辖专门以上学校职员薪俸暂行规程》,《教育杂志》,第 6 卷第 5 号,1914 年 8 月。

② 《国立北京大学职员待遇规则草案》,王学珍、郭建荣主编:《北京大学史料》(第二卷),北京大学出版社,2000 年,第 491 页。

行政事务人员的，也体现出当时大学管理中学术权力与行政权力、教学科研与行政事务的关系。

二、学生自治

谈及北京大学的学生，很多人都会把他们与"自由散漫"联系在一起，这或许与在北京大学"轶事"、对北京大学的回忆录等文章中多有对北京大学学生这种生活方式的描述有关，又或许是从另一个角度对北京大学学人追求自由、独立、个性的特点的表述。其实北京大学对学生的管理方面是自由的，但不是散漫的，是有严格制度要求的。它们之所以没有成为大家谈论的主题，可能是因为这是"正史"，是严格的规章制度，没有什么有趣的故事。因此"紧张的读书生活，严格的科学实验，还有令人胆战心惊的期末考试，都很难成为'老北大的故事'"，而根据那些故事"想象北大人都是整天泡茶馆、捧戏子、读禁书、传轶事，或北大人都是独立不羁，率性而行，那可就大错特错了"，①因为这只是北京大学生活中的"有趣"的一面，而不是北京大学学生生活的全部。

北京大学对学生的管理除了前述的教学方面的管理外，对于日常生活都有一些规章制度。针对寄宿学生，北京大学制订《寄宿舍规则》，规定大学本科设有寄宿舍，学生可以寄宿，但必须遵守舍内一切规则，如"各生初入寄宿舍时，住居某号，应由本校职员指定，嗣后如有迁移情事，亦应经职员许可方准迁移"②；每个宿舍设有舍长，代表宿舍向学校职员陈请公共事项、纠正舍内不遵守规矩的行为；舍内不得留居他人，宿舍大门按时开关，不得随意出入；宿舍内一律按时熄灯；寄宿生每人只准携带箱箧一只，危险物品、贵重物品都不得带入宿舍；宿舍内器具不能挪移改换，有损坏玻璃门窗者要赔偿；宿舍内不得私开锅火或私自雇请舍役。对学生在宿舍的行为做较为详细的

---

① 《老北大的故事》，陈平原、夏晓虹编：《北大旧事》，三联书店，1998年，第22页。
② 《寄宿舍规则》，王学珍、郭建荣主编：《北京大学史料》（第二卷），北京大学出版社，2000年，第2103页。

规定,一方面确保学生宿舍内生活秩序的稳定,另一方面也避免了学生之间纠纷的出现。但由于当时北京大学学生人数众多,宿舍不够,便有不少同学自己在外租赁房屋的现象。这就给学校管理带来很大的困难,而且存在三大弊端:"一屋小人众,有妨卫生;二高抬宿费及膳费;三纵然学生为不规则之消遣",因此,北京大学拟定《学生自赁宿舍办法》呈请教育部并由教育部知会京师警察厅。为此,教育部于1918年向北京大学下达训令,要求学校按照警察厅规定的办法执行。根据教育部训令,北京大学拟定了《本校学生自赁宿舍办法》,其内容包括五条:"(一)愿以房屋出赁于本校学生为宿舍者,须先报告于本校斋务课;(二)宿舍每室可住几人,每人出费若干,均须由斋务员认可;(三)不得强迫学生附膳;(四)舍中规则由斋务课规定,并时时监察之;(五)有不合右之条件者,本校得函告警厅干涉之"。① 从上述内容可以看出,种种规定的目的其实是由学校斋务课出面来保障学生在外租赁房屋中的权益,以减少不必要的纠纷,确保学生能够更好的从事自己的学业。

蔡元培一直非常重视学生的自主自治能力,因此鼓励同学们成立各种自治组织,其中最为重要的自治组织就是学生会。1919年11月学生会评议部公布的北京大学学生会章程中指出:"本会以本互助之精神,谋学术之发展与社会之改造为宗旨"②,由北京大学全体学生组成,设有评议部和干事部。评议部负责"审定本会章程;议决本会应行事宜;对于干事部质问及弹劾;受理同学之质问及要求;司理本会选举事项;议决本会预算及决算案;遇必要时得召集全体大会"。③干事部负责执行评议部的一切议决案及其他应行事务,下设庶事、教育、出版、实业、体育五股。经过几次修改,章程日臻完善,1925年通

① 《本校学生自赁宿舍办法》,《北京大学日刊》第88号,1918年3月11日。

② 《学生会评议部启事》,王学珍、郭建荣主编:《北京大学史料》(第二卷),北京大学出版社,2000年,第2381页。

③ 《学生会评议部启事》,王学珍、郭建荣主编:《北京大学史料》(第二卷),北京大学出版社,2000年,第2381页。

过的《北京大学学生会章程》共十三章 66 条,分别对学生会组织中的
总纲、会员、代表大会、执行委员会、审计委员会、监察委员会、对外代
表、委员大会、选举及任期、总投票等方面做出了详细的规定。学生
会既讨论本会内部的事务,也负责把学生们的意见传达给学校并协
助学校做好学生管理工作。二十年代的北京大学,学生人数一般在
两千多人,缺乏聚会娱乐的机会,有学生认为这既不能增加同学友
谊,又不能调剂生活,对于学生精神丰富、道德提高,均有所不便,于
是提议"每周开同学俱乐会一次,敦厚同学感情,改良生活",由学生
会筹备娱乐会,以西洋音乐、中国音乐、京戏、粤鄂川徽云南戏、中外
影戏、西洋舞蹈、新戏等形式,轮流在周六晚举行;针对学生宿舍存在
的问题,提议"组织斋务委员会,整办各宿舍";此外还提出了"催学校
速修浴室"、"检察马神庙附近各小饭馆"①等其他议案。

　　提高大学生的品德修养是蔡元培时期学生管理的一个重要内
容,教务科备有操行考查簿,由职教员随时审察学生心性行为,告知
教务课记入在簿,至学年结束核算分数。操行分数以百分制计算,违
反下列各条之一者扣操行分数 10 分:"违犯校规者;不勤学者;对于
教员职员无礼者;无故屡次请假或旷课者;与同学交恶者;在校内或
在斋舍滋生事端、破坏秩序者;辱骂夫役人等不顾行检者;凡有不正
当行为与校内风纪有关者"②,严重者扣 30 分。操行成绩与学业成绩
一同作为升级或毕业的依据,学业成绩未及格、但分数相差不及 1/10
者,如操行成绩在 70 分以上,可以升级或毕业;学业成绩仅能及格,
操行成绩不满 60 分,不能升级或毕业;操行成绩不及 40 分,无论学
业成绩如何都不能升级或毕业。这种将操行成绩与学业成绩共同作
为学生考核标准的做法,是要在培养学生的知识、能力的同时,还要
加强学生品德的修养。为了更好地提高学生的个人品行素养,蔡元
培还于 1918 年 1 月 19 日在《北京大学日刊》上发表《北京大学进德

---

① 《学生会开会纪事》,《北京大学日刊》第 1632 号,1925 年 2 月 26 日。
② 《国立北京大学分科规程:各种细则》,王学珍、郭建荣主编《北京大学史料》(第二卷),北京大学出版社,2000 年,第 620 页。

会旨趣书》，正式发起成立进德会。关于成立进德会的缘起，他做了以下陈述："北京自袁政府时代，收买议员，运动帝制，攫全国之公款，用之如泥沙，无所顾惜，则狂赌狂嫖，一方面驱于侥幸之心，一方面且用为钻营之术。谬种流传，迄今未已"，就连"教育、实业各界，凡崭然现头角者，几无不以嫖、赌为应酬之具，心窃伤之"，更令人不安的是"往昔昏浊之世，必有一部分之清流，与敝俗奋斗，如东汉之党人，南宋之道学，明季之东林。风雨如晦，鸡鸣不已。而今则众浊独清之士，亦且踽踽独行，不敢集同志以矫末俗，洵千古未有之现象也"。[①]蔡元培希望通过在北京大学成立进德会，砥砺德行，提高教职员的个人道德修养，以承担挽救颓俗的重任。当时的进德会会员有甲、乙、丙三种，甲种会员，不嫖、不赌、不娶妾；乙种会员，除前三戒外，加不作官吏、不作议员两戒；丙种会员，除前五戒外，又加不吸烟、不饮酒、不食肉三戒。加入哪种会员，由教职员、学生个人选择，入会要填写志愿书，入会者名单于第二天在日刊上公布。自蔡元培发表进德会旨趣书后，北京大学师生积极响应，纷纷报名入会，至 5 月 18 日，入会人数已达到 469 人，其中教员 76 人，职员 92 人，学生 301 人。当时北京大学的著名教授和重要行政人员都加入了进德会，如蔡元培、胡适、马叙伦、朱希祖、沈兼士、章士钊、马寅初、王宠惠、马裕藻、王星拱、沈尹默、梁漱溟、张松年、夏元瑮、王建祖、陈独秀、李辛白等。学生中入会的有罗家伦、朱一鹗、蒋复璁、罗常培、陈宝锷、张国焘、康白情、傅斯年等。虽然也有不入会的，会员中"亦有叉麻雀的，赞成进德会的人，亦有逛窑子的"[②]，但进德会对于北京大学师生砥砺德行，提高个人修养，摒弃不良嗜好和不正当消遣，改善校园风气都有积极的作用。

三、北京大学校园文化建设

为把北京大学办成研究高深学问的高等学府，蔡元培在改革行

---

① 高平叔编：《蔡元培全集》（第三卷），中华书局，1984 年，第 125 - 126 页。
② 转引自金林祥：《思想自由 兼容并包——北京大学校长蔡元培》，山东教育出版社，2004 年，第 332 页。

政管理体制、实行"思想自由，兼容并包"的办学方针、进行教学体制改革、延聘积学又热心的教员的同时，非常注重校园文化的建设，营造校园学术氛围，提高学生的研究兴趣，丰富学生的生活，培养他们服务社会的能力。

　　首先，扶植成立社团。蔡元培认为，旧北京大学的学生之所以到校外进行"不正当的消遣"，是因为学校内没有高尚的娱乐与自治的组织。为此，他积极提倡和扶植各种社团，鼓励学生开展丰富多彩的业余生活。据顾颉刚回忆："北大学生本来毫无组织，蔡先生来后就把每班的班长招来，劝他们每一系成立一个学会。许多班长退下来踌躇道：'这件事怎么办呢？'因为同学间实在太散漫了。但靠了蔡先生的敦促和指导，以及学校在经费上的帮助，许多会居然组织起来了。"而且大家组织社团随性而定，"谁高兴组织什么会就组织什么会，谁有什么技艺就会被拉进什么技艺的会。平时一个人表现自己能力时很有出风头的嫌疑，可是到了这个时候，虽欲不出风头而不可得了"。① 于是，北京大学社团如雨后春笋般纷纷成立起来，大大改变了北京大学原来沉闷、散漫的风气。据不完全统计，在蔡元培的提倡和鼓励下，北京大学成立的社团有新闻学研究会、学术研究会、哲学研究会、经济学会、史学会、教育研究会、文学研究会、音乐研究会、书法研究会、画法研究会、戏剧研究会、歌谣研究会、风俗调查会、速记学会、地质学会、马客士（马克思）主义研究会、社会主义研究会、马克思学说研究会、平民教育讲演团、平民夜校、校役夜班、雄辩会、体育会、静坐会、技击会、校费公社、学生银行、北大同学会、北京大学同学俭学会等近五十个社团。在这些组织中，有的是为了砥砺德行、提高修养的，有的是为了提供正当娱乐的，有的是为了培养学生互助与自治精神的，有的是为了服务社会的，还有更多的是从事学术研究的。其中一些社团在北京大学历史上乃至中国历史上都是非常有名的。

---

① 余毅：《悼念蔡元培先生》，中国蔡元培研究会编：《蔡元培纪念集》，浙江教育出版社，1998年，第125页。

如新闻学研究会自 1918 年 10 月 14 日正式成立到 1920 年基本停止活动,前后虽仅经历两年的时间,却能系统研究新闻学,是"报业教育之发端"。歌谣研究会与后来成立的风俗调查会,创立了第一个民俗学研究团体——歌谣研究会,创办了第一份专门研究民俗的刊物——《歌谣》周刊,进行了实地调查和文字搜集。歌谣研究会在组织建设、搜集整理、调查研究、理论探索、培养人才诸多方面,进行了开拓性的工作,发掘了民俗资源,开展了学术研讨,取得了可喜的成果,创建了民俗学学科,使北京大学成为中国歌谣学运动、民俗学运动和民俗文学运动的发源地。[①] 再比如平民教育讲演团、平民夜校和校役夜班三个组织的最大特点就是发扬学生的自主精神,服务平民、服务社会。学生利用业余时间将文化知识普及到普通民众中,一方面对学生而言是很好的社会实践机会,另一方面对于普通民众而言学到一点文化知识有利于更好的工作,对于提高国民的文化素质也有着重要的影响。

其次,创办刊物。在积极提倡和大力扶植社团组织的同时,蔡元培鼓励和支持创办各种报纸杂志。事实上,社团组织和刊物往往是相辅相成的,一般情况下,每个社团尤其是学术型社团都会有自己的刊物,如新闻学研究会的《新闻周刊》、音乐研究会的《音乐杂志》、歌谣研究会的《歌谣》周刊、地质学会的《国立北京大学地质研究会刊》、数理学会的《数理杂志》等。这些报纸杂志按照创刊主体,大体可分为三类:(1) 学校主办的刊物,《北京大学日刊》和《北京大学月刊》。《北京大学日刊》,创办于 1917 年 11 月 16 日,是日常事务性的报刊,主要刊登学校的规章制度、教学安排,发表各种通讯,交流各种讯息,沟通各种关系。但日刊一期一般只有四版,不适合发表学术文章,这一点在《〈北京大学月刊〉发刊词》中,蔡元培作了明确的说明:"自去年有《日刊》,而全校同人始有联络感情、交换意见之机关,且亦借以报告吾校现状于全国教育界。顾《日刊》篇幅无多,且半为本校通告

① 王文宝:《中国民俗学史》,巴蜀书社,1995 年,第 219 页。

所占,不能载长篇学说,于是有《月刊》之计划"。①《北京大学月刊》是全校性学术刊物,内容以刊登学术论文,介绍东西洋最新、最精的学术思想为主,也发表有文学价值的著作和译文。(2) 教师主办的刊物。"教师主办",意为由教师负主要责任,但不是完全排斥学生参与。著名的刊物有《新青年》、《每周评论》、《努力周报》、《读书杂志》、《国故月刊》等。《新青年》是二十世纪二十年代中国一份具有影响力的革命杂志,在五四运动期间起到重要作用。《新青年》每月一号,每6 号为一卷,自 1915 年 9 月 15 日创刊至 1922 年 7 月终刊共出 9 卷54 号。由陈独秀在上海创立,1918 年随着陈到北京大学任文科学长,其总部迁入北京,此后改为同人刊物,不接受外来稿。本刊物宣传倡导科学、民主和新文学,十月革命后,成为宣传共产主义的重要刊物。《每周评论》为陈独秀和李大钊创办,1918 年 12 月 22 日发刊,是一份短小精悍的小报,但它谈文艺、讲思想和批判政治社会问题,旗帜鲜明地宣传反帝、反封建,提倡新思想、新文化,影响很大。《努力周报》系胡适与丁文江等于 1922 年 5 月创办,至 1923 年 10 月停刊,共出版 75 期。它虽然也批评北京政府,但倾向改良,鼓吹"好人政府"。上述几种刊物都是由北京大学新派教员创办的,《国故月刊》则是由刘师培、黄侃、陈汉章、马叙伦、黄节等组织的国故月刊社的刊物,"以昌明中国固有之学术为宗旨",内容包括"通论、专著、遗著、艺文、杂俎、记事、外稿选录、著述提要、通讯"九门。虽然它也从学术的角度发表一些研究性文章,以及一些重要的国学的材料,但由于处在新文化运动后一切向新的年代,它自然被列入了新文化的对立面。(3) 学生主办的刊物。在北京大学林林总总、名目繁多的刊物中,学生主办的刊物最多,包括画法研究会的《绘学杂志》、造型美术社的《造型美术》、音乐研究会的《音乐杂志》、国民杂志社的《国民杂志》、新潮杂志社的《新潮》、歌谣研究会的《歌谣》周刊、地质学会的《国立北京大学地质研究会刊》、数理学会的《数理杂志》等等。其中在当时

---

① 高平叔编:《蔡元培全集》(第三卷),中华书局,1984 年,第 210 页。

北京大学影响最大的是《国民杂志》和《新潮》。在爱国政治斗争中成立的学生救国会为加强联系和扩大宣传,在北京大学组织了国民杂志社,1918 年 10 月 20 日成立,鲁学祺、易克嶷、张国焘、黄建中、许德珩、邓中夏、廖书仓、黄日葵、朱一鹗、段锡朋等是其中的骨干。国民杂志于 1919 年 1 月 1 日正式出刊,杂志以"增进国民人格;研究学术;灌输国民常识;提倡国货"为宗旨,登载的虽是文言文,却积极关注政治,发表了许多有重要影响的政论文章,坚决反对日本帝国主义的侵略。《新潮》由成立于 1918 年 12 月 3 日的新潮杂志社创办,主要骨干有傅斯年、罗家伦、毛子水、杨振声、康白情、徐彦之等,社员人数虽不多,但却是北京大学最有影响的学生杂志之一。《新潮》"专以介绍西洋近代思潮,批评中国现代学术上、社会上各问题为职司,不取庸言,不为无主义之文辞"。① 强调刊物不仅有课艺性质,还必须具有三大元素——批评的精神,科学的主义和革新的文词。主张"去遗传的科举精神,进于现世的科学思想;去主观的武断思想,进于客观的怀疑思想"。② 《新潮》提倡白话文,提倡个性解放和妇女解放,鼓吹文学革命和伦理革命,锋芒直指旧文化、旧道德。虽然《新潮》的政治影响很大,但杂志初办时却无此意图,只是因为"不甚满意于《新青年》一部分的文章,当时大家便说:若是我们也来办一个杂志,一定可以和《新青年》抗衡",当时大家"抱着好玩的心理,一方面有一种害怕的心理,因为害怕,所以研究的空气愈加紧张",这种重视研究的特色是《新潮》保持较大销量的一个重要原因。受当时五四新文化运动的影响,政治类的刊物在社会上的反响比较大,但从学术的角度讲,当时北京大学还有很多学术类的期刊,如《歌谣》周刊除了刊登歌谣及其他民俗方面的作品外,还发表讨论和研究歌谣的理论性文章,1923年由鲁迅设计封面、沈尹默题字的纪念创刊一周年的《歌谣增刊》更是一本民俗学研究的论文集;《研究所国学门周刊》,这个周刊由歌谣

---

① 《新潮社杂志启事》,《北京大学日刊》,第 262 号,1918 年 12 月 3 日。
② 《新潮发刊旨趣书》,《新潮》第 1 卷第 1 号,1919 年 1 月。

研究会、方言调查会、风俗调查会、考古学会、明清史料整理会所有的材料组合而成；《国立北京大学地质研究会刊》以及《数理杂志》也都发表了相当多的当时北京大学教授和学生调查研究的重要资料和研究论文，在学术研究上有重要价值。

再次，组织学校演讲。为了引起学生研究的兴趣，开阔视野，拓展知识领域，为了增加学生的正常娱乐活动，丰富他们的校园文化生活，也为了加强学校与学校、学校与其他学术机构、学校与社会之间的联系，在蔡元培的倡导和支持下，北京大学邀请专家学者和社会名流来校演讲，使校园充满了浓厚的学术氛围。北京大学组织的各种讲演活动，既有学校组织的，又有各科、各研究所、各系组织的，还有更多的是各社团组织的。学校邀请的往往是社会名人或专家，就大家所共同关注的、感兴趣的问题进行演讲。1918 年 6 月 10 日，北京大学邀请法国驻华公使柏卜来校演讲，该公使历任驻欧洲各国及巴尔干诸国外交重要职务，"非独外交名家，且性情温和，而学问亦极精博，于历史问题研究尤深"。[①] 蒋方震、顾维钧等社会名流都曾到北京大学演讲过。学术性的演讲更多，1919 年杜威博士在北京大学法科大礼堂讲"社会哲学与政治哲学"；1920 年 6 月邀请德国尉礼贤（Dr. Wihelm)演讲"中国哲学与西洋哲学之关系"；1920 年 12 月哲学研究会邀请罗素和布拉克在第三院大礼堂讲演"宗教问题"；1922 年 4 月，美国女士山格夫人（Mrs. Margaret Sanger)就人口问题做"生育制裁的什么与怎样"的演讲；1922 年 9 月美国学者哥勒（Gabner)以"从美国的历史经验上论联邦制度之得失"为题在北京大学三院大会堂讲演。此外，日本早稻田大学教授片上伸、俄罗斯哲学博士叶勒索夫、美国生物学专家柯脱、日本东京帝国大学教授市村瓒次郎等多名教授学者都在北京大学做过演讲。各种演讲活动的开展，对于活跃学校学术思想，增强校园学术气氛，提高学生的学术研究兴趣，丰富学生的校园文化生活都起到了很好的作用。对此著名史学家吕思勉这

---

① 　高平叔编：《蔡元培全集》（第三卷），中华书局，1984 年，第 179 页。

样评价道："孑民先生主持北大,所以能为中国的学术界,开一新纪元,就由其休休有容的性质,能使各方面的学者,同流并进,而给予来学者以极大的自由,使其与各种高深的学术,都有接触,以引起其好尚之心。讲学看似空虚无用,其实风气的转变,必以此为原因。"①

<h2 style="text-align:center">第五节　蔡元培时期北京大学
人才培养的成果</h2>

经过蔡元培的努力,北京大学不管在硬件建设方面,还是在师资聘任、制度建设方面,尤其是在人才培养方面都取得了很大的发展,明确了大学的培养目标,建立了系统的人才培养体系,培养出了一大批毕业生,其中不少后来成为了著名科学家、教授、作家、政治家等各行各业的领军人物。

一、人才培养的基本状况

北京大学自蔡元培任校长以来,各项改革逐步完成,学校逐渐转变为现代意义上的大学。在人才培养方面,二十世纪二十年代的北京大学达到了前所未有的鼎盛时期。自 1917 年至 1926 年十年间北京大学招生人数分别为:190 人、417 人(含本科 32 人)、582 人(含本科 4 人)、374 人、122 人、296 人、167 人、227 人(含本科 9 人)、369 人(含本科 25 人)、425 人(含本科 38 人)。② 招生人数的增加表明学校规模的扩大,据统计 1918 年北京大学在校人数为 1 454 人,1920 年即达到 2 565 人。如前文所述,北京大学当时的学生构成较为复杂,

---

①　吕思勉:《蔡孑民论》,中国蔡元培研究会编:《蔡元培纪念集》,浙江教育出版社,1998 年,第 543 页。

②　数据根据王学珍、郭建荣主编《北京大学史料》(第二卷)(北京大学出版社,2000 年,第 538－559 页)统计而得。

既包含本科生也包含预科生，既有正取生也有备取或暂取生①，还包括旁听生。由于当时的中学程度较低不能达到大学本科学生要求的程度，所以北京大学招生中主要是预科生，然后从预科生中招入本科生。自壬戌学制颁布实施以后，中学尤其是高级中学的程度有了较大的改善和提高，北京大学本科招生的人数也在逐渐增加。

经过蔡元培及全体教职员的共同努力，北京大学在二十世纪二十年代培养了一批又一批的人才。根据北京大学毕业生事务所的调查，自1920年至1929年十年间，北京大学共培养了2 472名本科毕业生，其具体分布见表2－6：

表2－6　北京大学本科毕业生统计表（1920—1929年）

系别＼年代	1920年	1921年	1922年	1923年	1924年	1925年	1926年	1927年	1928年	1929年	总计	
数学系	10	9	13	10	10	5	6	7	4	11	85	
物理系	12	4	8	13	13	11	4	7	8	6	86	439
化学系	20	14	17	34	27	11	4	11	8	3	149	
地质学系	8	19	27	0	29	18	7	4	4	3	119	
哲学系	7	14	30	42	22	27	9	16	8	9	184	
教育学系	0	0	0	0	0	2	2	9	17[a]	8[b]	38	
中国文学系	16	4	12	17	39	28	12	17	17	12	174	
英国文学系	16	3	17	16	31	29	9	8	9	11	149	718
法国文学系	12	1	3	22	2	4	2	1	2	3	52	
德国文学系	0	1	14	2	5	0	0	0	0	2	24	
俄国文学系	0	0	0	3	0	0	5	0	0	0	11	
史学系	4	5	9	17	14	13	4	4	12	4	86	

---

① 正取生指的是各科目试验均及格者；试验科目中外国语不及格须改习他种外国语才准入学者称为备取生；试验科目中有一二科目不及格须补习者为暂取生，暂取生与正取生一律听讲，只需在一学期内补足不及格的科目。

（续表）

年代 系别	1920年	1921年	1922年	1923年	1924年	1925年	1926年	1927年	1928年	1929年	总计	
经济学系	24	22	56	42	121	85	33	13	17	15	428	
政治学系	20	18	37	32	68	24	13	11	22	29	274	1 231
法律学系	57	57	132	72	91	61	21	14	7	17	529	
采冶门	14	24	15	0	0	0	0	0	0	0	53	84
土木门	16	15	0	0	0	0	0	0	0	0	31	
总计	236	210	390	322	472	327	127	122	135	131	2472	

说明:a 其中含心理系 4 人,b 其中含心理系 1 人

资料来源:王学珍、郭建荣主编《北京大学史料》(第二卷),北京大学出版社,2000 年,第 769－771。

从表中毕业生分布可以看出,十年中北京大学培养的文、理、法、工四大类毕业生人数分别是 718 人、439 人、1231 人、84 人,分别占到总人数的 29％、17.76％、49.8％、3.4％,工科毕业生主要是蔡元培学科改革前招收的学生,改革后的北京大学不再招收工科学生,在土木门学生 1922 年毕业、采冶门学生 1923 年毕业后,北京大学完全停办工科,因此,在所有毕业生中,工科毕业生人数最少。从一直招生的文、理、法三大科来看,法科毕业生人数最多,超过了文理两科之和,而文理两科相比,文科毕业生是理科的 1.64 倍。可见,二十世纪二十年代的北京大学毕业生的构成,以法科为主,占所有毕业生的一半,这与当时的学科建设和学生求学的目的有关,而作为基础学科的理科,从毕业生规模来看,占不到毕业生总人数的 1/5,这当然与理科学科的发展滞后以及经费短缺有很大关系。

但无论怎样,北京大学培养了一大批各行业的著名人士。在这些毕业生中,有大家非常熟悉的、积极参与五四运动的罗家伦、许德珩、田炯锦、邓中夏、黄日葵等,也有参与创建中国共产党的早期党员朱务善、罗章龙等;还有文学家台静农、康白情、朱自清、汪敬熙、杨振声等;史学家顾颉刚、陶希圣、郑天挺、傅斯年、江绍原等;教育家何思

源、毛子水等；经济学家刘秉麟以及哲学家张申府、冯友兰等。在北京大学学习的经历对他们都产生了重大的影响，如从南开中学考入北京大学的田炯锦是较早研究宪法学的学者，他对在北京大学的经历做出如下回忆：初入北京大学时，甚感不惯北京大学的松散与随便，"有些教员上课两三星期，尚未进入正题，有些教员编发讲义，但过数星期后，又作废另发。月考甚少，且不认真"，但经过一个学期的学习，便体会到北京大学的长处，"教员们多系学识丰富之学人，他们开始讲的很多题外话，对该课以后的深入了解，大有功用。有些教员的功课虽未能按时讲完，但确有许多心得，转授给学生。只要学生肯用功，则其所得到的益处，当远超过课本逐章逐句的讲解。所以我常想倘能以南开的谨严，与北京大学的启发，合并用于教学，当可使大多数学子都能有成"。① 地质学家杨钟健也同样深感北京大学的学习经历在其学问研究中的地位，入学时选择地质系虽是其无奈之举，但这却奠定了其学问的基础，他特别提到当时的系主任何杰讲授普通地质学，"他讲课相当清楚、明白，引起我对于地质的兴趣不小。我对地质的爱好，以后果然越来越强"。美国人葛利普在北京大学举办关于"地球及生物之进化"的长期演讲，杨先生"很感兴趣，所以每次去听他演讲，并与赵国宾记下全部笔记"。胡适、陶孟和与王星拱分别讲授哲学史大纲、社会学和科学概论，杨钟健回忆道，"我对这些课程很感兴趣"。对这些课程的学习不仅引起了他对科学研究的兴趣，更重要的是为其"以后终身研究的学科打下了初步基础"。②

二、人才培养的特点

在各项制度逐步建立和完善的同时，北京大学人才培养的模式也初步形成，从人才培养理念、人才培养目标到整套的培养体系都更

---

① 田炯锦：《北大六年琐忆》，王世儒、闻笛编：《我与北大》，北京大学出版社，1998年，第 276 - 277 页。

② 杨钟健：《六年北大学生生活的回忆》，王世儒、闻笛编：《我与北大》，北京大学出版社，1998年，第 378 页。

加明确、系统,在杰出人才的培养方面也颇有成就。

　　蔡元培是中国历史上伟大的教育家,是北京大学历史上最为杰出的校长,他的教育思想非常丰富而又系统,其人才培养理念科学、合理。他认为:"教育者,养成人格之事业也。"①培养具备"完全人格"的个人,不仅关系着个体的发展,也关乎国家的兴衰。在《大学令》中,其指出大学的宗旨是:"以教授高深学术,养成硕学闳材,应国家需要",②在这里,实际包含了对大学人才培养目标的要求——硕学闳材,在蔡元培看来:普通教育,养成共和国民健全之人格;大学目标是在完全人格培养的基础上进行高深学问的讲授,培养出"硕学闳材"。至于如何才能培养出合格的人才,蔡元培提出了军国民教育、实利主义教育、公民道德教育、世界观教育和美感教育"五育并举"的教育方针。同时他奉行"思想自由,兼容并包"的原则,崇尚发展自然与个性,通过各种制度来保证学生的个性的充分发挥,培养出"别具一格"的人才。尤其值得一提的是蔡元培率先提出美育,并且认为美育不仅能陶冶人的情感、健全心灵,而且能提起人的创造精神、促进科学发展和社会进步。在蔡元培看来,科学与美育是西方国家发展进步的主要原因,"文化进步的国家,既要实施科学教育,尤其普及美术教育",而科学的发展需要有一种创造精神,"美术所以为高尚的消遣,就是能够提起创造精神",对于专注科学的人,如果太偏于概念、分析,抱着一种机械的人生观和世界观,不但使得自己毫无生趣,对于社会毫无情感,就是对于所研究的科学,也缺乏创新精神。因此,要想在科学上有所创新,就必须把"美的精神注入到科学研究中,用美术的眼光去对待科学,使审美的情感性和直观性转化为行为主体的能动力量,在自由而超脱的审美中激起一种积极的研究态度","治科学以外,兼治美术。有了美术的兴趣,不但觉得人生很有意义,很有

　　① 蔡元培:《一九〇〇年以来教育之进步》,高平叔编:《蔡元培教育论著选》,人民教育出版社,1991年,第41页。
　　② 《大学令》,高平叔编:《蔡元培教育论著选》,人民教育出版社,1991年,第24页。

价值，就是治科学的时候，也一定添了勇敢活泼的精神。"①因此，蔡元培对在强调学术发展的同时，非常重视美育教育的实施，著有《以美育代宗教说》、《文化运动不要忘了美育》、《美育实施的方法》、《美育与人生》等文章，就美育的本质、地位、作用及实施方法等做了详细的论述。

蔡元培在《大学令》中指出："大学以教授高深学术，养成硕学闳材，应国家需要为宗旨"。② 在这里，蔡元培所说的宗旨实际包含了对人才培养目标的要求——硕学闳材，这是蔡元培在任教育总长时设定的全国大学培养目标。其在 1917 年初任北京大学校长时又对北京大学学生明确提出三点要求：抱定宗旨、砥砺德行、敬爱师友，其中特别强调"抱定宗旨"，大学生要抱着"为求学而来"的宗旨，"入法科者，非为做官；入商科者，非为致富"。③ "大学学生，当以研究学术为天职，不当以大学为升官发财之阶梯"。④ 在 1919 年进一步指出"大学的学生并不是熬资格，也不是硬记教员讲义，是在教员指导下自动的研究学问的"。⑤ 可见，蔡元培为北京大学设定的人才培养目标是培养能够进行高深学问研究的、为学术而学习的学生。这一目标的设定与蔡元培的大学观是一致的，大学是研究高深学问的机关作为中国成立最早的国立综合大学的北京大学，就要培养能够研究学问的"硕学闳材"。

一定人才培养目标的实现需要一个相适应的人才培养体系的建构，为了实现培养"硕学闳材"的目标，蔡元培就任校长后就对北京大学进行了大刀阔斧的改革，包括学校组织体制的改革和教授治校制

---

① 牛江涛：《论蔡元培的美育思想及其现代意义》，硕士论文，河北大学，2003 年 6 月。

② 《大学令》，高平叔编：《蔡元培教育论著选》，人民教育出版社，1991 年，第 24 页。

③ 蔡元培：《就任北京大学校长之演说》，高平叔编：《蔡元培教育论著选》，人民教育出版社，1991 年，第 72 页。

④ 高平叔编：《蔡元培全集》第六卷，中华书局，1988 年，第 350 页。

⑤ 蔡元培：《北大第二十二年开学式演说词》，高平叔编：《蔡元培教育论著选》，人民教育出版社，1991 年，第 235 页。

度的建立,学科体系的改革,教学管理制度的改革,校园文化建设以及师资聘任改革。其中对于北京大学高质量人才培养意义深远的改革措施有:(1)学科设置的改革。归并商科、停办工科、独立法科,将整合出的资源用于加强文理科,对于在资源短缺情况下能较高程度的发展文理科起到了重要作用,同时改革预科,理顺了预科与本科的关系,避免了资源的浪费。(2)选科制的实行,一方面减去了学生毫无必要的重复学习过程,利于学生根据自己的基础自由选择学习的年限,使学生的积极性和主动性得以提高;另一方面,学生可以在必修科的基础上,根据自己的兴趣和爱好自由选择课程,为学生以后的研究寻找兴趣点,既有利于他们基础知识的夯实,也有利于他们对学问研究的深入和持久,更有利于学生个性的发展。(3)改革陈旧课程,添设新课程,并实行科学合理的层次性课程设置,逐渐开设了很多高水平课程。在提高理论课程设置比例的同时,还加强了实验课程以及社会实践,使学生将理论与实践相结合,在实践中进一步推进对理论的研究。(4)聘任热心积学的知名教授,并从管理制度和待遇等方面确保教授在大学中的地位,为有学识、能指导学生进行研究的教授们提供各种便利;对于兼课的讲师有严格的规定,而对于那些不认真上课、不能引起学生研究兴趣的教员坚决辞退。(5)加强图书馆建设,逐步取消讲义制度,在教材和教学方法上进行相应的改革,使学生从考前背讲义的学习方式中走出来,利用图书馆资源进行积极主动的学习,大大提高学生的学习积极性和兴趣,也提高了学习效率。

二十世纪二十年代前后的北京,各派系军阀纷争不断,导致政权更迭频繁,政治上的混乱必然也会影响到教育的发展,教育经费的短缺以及政府对大学的破坏和控制,导致教育独立运动的兴起和发展,为教育界赢得了相当的自由空间。这无疑为教育界尤其是大学的发展提供了相对独立的发展空间,尤其是经过五四运动洗礼后的北京大学,对自由和民主的呼声更高,绝对不容许政府对北京大学的肆意破坏,北京大学师生纷纷为保护北京大学而努力,使北京大学在复杂的政治变化中能够保全，为北京大学的延续和人才培养提供了相对安定的环境。同时，经过蔡元培改革后的北京大学，无论是管理制度还是人才培养体系都基本确立，并且能以健全的制度来确保各项事业的顺利进行，尤其是校内浓厚学术氛围的形成，为北京大学人才培养提供良好的校内环境。

从人才培养的结果来看，此时培养的人才从数量上有了极大的增加，质量上也有了大幅度的提高。此时期培养的毕业生人才中法科、文科学生数量明显多于理科，这一方面与中国的"上学为做官"的传统思想和制度沿袭有很大关系，也与当时整个社会教育思潮有关，更为重要的也是最为基本的就是开办文科与法科所需经费相对较少，在经费严重缺乏的时代，扩大文法科学生的招生和培养也是无奈之举。在二十年代的北京大学学生中，有一个非常明显的学科间的差异就是文法科的学生对于学生运动和各种社会活动的参与程度和活跃程度总体上明显高于理科学生，他们中很多人在中国革命组织的建设、发展以及革命宣传活动等方面做出了巨大贡献，当然在和平稳定时期尤其是建国后，他们在各自的学术研究领域内也颇有成就。相比较而言，理科的学生在校时并不"出名"，他们很多人从北京大学本科毕业后，都有过出国留学经历，在国外的学习和研究使他们在各自的研究领域有了更加深入的发展，也做出了更大的贡献。

总而言之，与民国初年北京大学人才培养相比，蔡元培时期北京大学的人才培养无论从理论探讨还是从实践活动以及人才数量、质量来讲都有了很大的发展，一种全新的人才培养模式初步建立起来。

第三章
北京大学人才培养模式的确立和发展

1924 年 9 月,张作霖发动第二次直奉战争,打败直系军阀,控制北洋政府。后与吴佩孚修好,并联合阎锡山、张宗昌对抗冯玉祥,逼迫冯下野赴苏联考察,张作霖重新占领北京。面对国民革命军的北伐,奉系军阀张作霖于 1927 年 6 月 16 日在北京被孙传芳、张宗昌、吴俊升、张作相等拥立为"中华民国军政府"陆海空大元帅,两日后张作霖就任,行使大总统职权,对抗国民革命军。以潘复为国务总理,成立了潘复内阁,任命刘哲为教育总长。对于具有民主传统的北京大学,军阀政府教育部于 7 月 30 日提出改组计划,认为"京师为大学区域之一,而国立者多至九校各不相谋,实虑名实未符,虚糜国帑。且迩来学风不善,士习寝媮,除慎选教材,改良校规各节宜另订办法即时厉行外,对于名称一端,尤应妥为更定,树之风声俾新观听"。[①]决定取消北京大学,将北京的国立九所高等学校合并成立"京师大学校",下设文、理、法、医、农、工六科,师范部、女子一部、女子二部、商业专门部和美术专门部。原北京大学文理学院改为京师大学校的文、理两科,法学院合并至北京政法大学,称为法科第二院。除了学校系统的变化,军阀政府还制定了一套极端腐朽的教学制度,强迫学

---

① 《教育总长刘哲呈大元帅为拟具京师国立九校改组计划请鉴核示遵文》,王学珍、郭建荣主编:《北京大学史料》(第二卷),北京大学出版社,2000 年,第 13 页。

生读经义，学八股文，甚至下令男女生分座听训。原北京大学教授只剩少数，新来教员大多为军阀的昏庸官僚兼任，或是由一些通过裙带关系的不学无术的人充当。当时法科的教员请书记员代编讲义，文科某教员把法国唯心主义哲学家孔德说成是孔子的四十八代孙，对这样的劣迹昭著、误人子弟的教员，学生们非常不满，"或修函拒绝，或当面讽刺，或要求学校更换，或全体缺席"。[①] 而对于学生的合理要求，教育当局却实行白色恐怖的专制统治，解散了原来为数众多的社团组织，学生若有反抗即遭逮捕。1928 年 4 月，蒋、冯、阎、桂四派新军阀联合起来，进行北伐，试图统一全国。支持奉系军阀的日本帝国主义为阻止新军阀的北上，在济南制造了惨案，对此爱国学生组织"济案后援会"，积极向国内外宣传事件的真相，反对日本的武装侵略和屠杀，这令奉系军阀十分恐慌，教育总长刘哲下发训令威胁学生，"查近因济案发生，各科部学生纷纷请求开会，并拟发表宣言等情，当经召集各学长会议，议决外交问题，自有政府负责，学生在校求学，仍不能干预政治，以免旷废学业，别生枝节。为此训告各科部学生，以后如有不遵校令，轻举妄动者，即开除学籍"。[②] 即使如此，北京大学学生还是不顾当局的高压手段，继续进行反帝活动，并组织公开演讲会，编印"济案特刊"邮寄各地，并停课为济南惨案中遇难的同胞静默致哀，以抒发对帝国主义侵略和军阀卖国行径的无比愤怒。

1928 年 6 月初，北伐军攻占了北京外围各地，张作霖放弃北京，逃往关外，刘哲及其关系紧密的一批草包教授也纷纷作鸟兽散。北京大学师生开始了复校运动，并发表《北大复校宣言》："我们北京大学受军阀恶势力的摧残已经整整一年了。……但是我们时时刻刻忘不了恢复我们的北京大学。北大固有的精神仍然卓然存在"。[③] 本以为刘哲等被赶走后，北京大学就可以恢复原来的各种组织体系、制度

---

① KY. 生：《京大新写生》，《大公报》，1928 年 4 月 20 日。
② 《教育部训令》，《晨报》，1928 年 5 月 11 日。
③ 萧超然等编著：《北京大学校史（1898—1949）》（增订本），北京大学出版社，1988 年，第 240 页。

等,其实不然,新成立的南京国民政府加强对北京大学的统治和控制。时任大学院院长的蔡元培认为,"近来官僚化之教育部实有改革之必要,欲改官僚化为学术化,莫若改教育部为大学院",①主张在全国实行大学区制。由于当时国民政府已定都南京,北京大学再用京师大学的名称就不合适,所以蔡元培主张"拟请明令京师大学为北京大学,并恳任命校长,以重责成。其内部组织统由新校长拟具办法,呈由职院核定,借谋整顿,而促进行"。② 然而,南京政府委员会议通过了易培基的提议,将北京大学改名为中华大学,由蔡元培任校长。蔡元培拒绝担任中华大学校长一职,6 月 19 日,南京政府批准蔡元培的辞职,任命李石曾为中华大学校长,李书华为副校长。随后李石曾派人到北平接收国立九校,合组为国立中华大学,北京大学师生认为这无异于刘哲的京师大学校,因此坚决反对李石曾的接管。8 月 16日,南京政府决定设立北平大学区,将中华大学改为北平大学,隶属北平大学区。根据《北平大学区组织大纲》,北京大学一院(文科)与河北大学文科合并,称作北平大学文学院;二院(理科)单独称为北平大学理学院;三院(法科)与北京法政大学、河北大学法科、天津法政专门学校合并,称为北平大学法学院。这实际上把北京大学分散为隶属于北平大学的三个管理系统,取消了北京大学,这种改组措施仍遭到北京大学师生的强烈反对。学生组织复校委员会带领广大学生阻止国民政府接收学校的企图,坚决要求恢复原有校名和组织,并成立"复校团"、"救校敢死队"、"武力护校团"等组织,宣称"现我校同学,皆义愤填膺,准备为拥护北京大学作一切之牺牲,绝对否认北平大学关于北京大学之一切命令,倘有人不顾一切,悍然前来,则枝节横生,负责有人"。③ 11 月 21 日,北京大学学生会正式成立后,因多

① 萧超然等编著:《北京大学校史(1898—1949)》(增订本),北京大学出版社,1988年,第 243 页。

② 《时事新报》,1928 年 6 月 10 日。

③ 萧超然等编著:《北京大学校史(1898—1949)》(增订本),北京大学出版社,1988年,第 245 页。

次派代表交涉要求政府拨给学校经费都无结果，决定 29 日集合游行。游行当天，学生来到北平大学校长办事处，要求负责人出见遭拒绝后，捣毁办事处，砸碎了"北平大学办事处"和"北平大学委员会"的牌子。北平政治分会对于学生的示威行动，竟饬令迅速查拿北京大学学生暴动为首之人，并下令限期以武力接管北京大学。在政治压迫的同时，国民政府还采用了经济扼杀的手段，自 1928 年 6 月至 12 月，停拨大学经费，停供煤火，停发工资，北京大学教职工陷于饥寒交迫的困境，尤其是当时的工友生活更是困苦，于是在 12 月成立了"北大校役索薪团"，展开索薪运动。

经过广大教育员工和学生的反抗和积极努力，南京政府最终表示让步，双方于 1929 年初达成协议：北京大学的名称为国立北平大学北京大学学院，包括第一院（文学院）、第二院（理学院）、第三院（社会科学院），对外仍用国立北京大学。组织不变，设院长一人，由陈大齐担任，院主任三人，分别负责文理法三院的院务，保留研究所国学门。经费以北京大学时期最高预算为标准。北京大学经过九个多月的停课后，1929 年 3 月 11 日，重新开学，随后逐步恢复校评议会，并成立组织、图书、财政、聘任、仪器、校舍六个委员会。1929 年 6 月，南京国民政府决定停止大学区制，但北京大学校名仍没有恢复。北京大学学生仍继续争取北京大学的完全独立，并于 6 月 22 日召开全校代表会议，宣布本校自行恢复北京大学校名并电告教育部。直至 8 月 6 日，南京国民政府行政院会议议决北京大学学院改为国立北京大学。复校后，学校评议会和全校师生表示欢迎蔡元培回校主持校务，蔡表示同意，但须九个月后才能到校，未到校时由陈大齐代理校长职务。1930 年 9 月，蔡元培辞去北京大学校长职务，但仍担任北京大学研究院院长一职。3 个月后，蔡元培就任南京政府的中央研究院院长，不再担任北京大学职务，完全离开北京大学。12 月，蒋梦麟出任北京大学校长，开始了他执掌北京大学十五年的历程。

第一节 蒋梦麟就任校长

蒋梦麟被正式任命为北京大学校长是在 1930 年 12 月,但他在五四运动后就曾代蔡元培执行校长权力。1923 年蔡元培为抗议北京政府非法拘捕罗文干而辞职赴欧洲学习,也由他代理校长,即使是蔡元培在国内期间,屡次辞职后职权也均由蒋梦麟来代理。因此,蒋梦麟与北京大学的渊源很深,他对于北京大学诸多制度的建设都做出了重大贡献,此处所讨论的主要是 1930 年至抗日战争时期北京大学的基本状况。虽然在此之前,刘哲、李煜瀛、陈大齐也担任过北京大学校长,但因为每人任期很短而且当时的局势非常混乱,他们在职期间基本上没有大的改革和建树,学校也处于动荡中,教学秩序混乱甚至停课,因此对北京大学再次发展真正起到重要作用的校长是蒋梦麟。

出任北京大学校长后,自 1931 年开始,蒋梦麟依据南京国民政府 1929 年公布的《大学组织法》,根据他"教授治学、学生求学、职员治事、校长治校"的方针,

图 3 - 1　蒋梦麟
图片来源:马勇著《蒋梦麟图传》,湖北人民出版社,2007 年。

对北京大学的行政制度进行了改革。1932 年 6 月,北京大学公布《国立北京大学组织大纲》,大纲规定:本大学根据中华民国教育宗旨及其施行方针,以(一)研究高深学术,(二)养成专门人才,(三)陶融健全品格为职志。[①]

首先,根据大纲北京大学对学校组织系统进行了改革:第一,取

---

① 《国立北京大学组织大纲》,王学珍、郭建荣主编:《北京大学史料》(第二卷),北京大学出版社,2000 年,第 91 页。

消了评议会,设校务会议。校务会议由校长、秘书长、课业长、图书馆长、各院院长、各系主任以及全校教授、副教授所选出的代表若干人组成,以校长为主席。教授代表每年由文、理、法三学院教授、副教授分别推选,规定每五个教授选举一位代表。校务会议的职权与原评议会基本相同:(一) 决定学校预算;(二) 决定学院、学系之设立及废止;(三) 决定大学内部各项规程;(四) 校务改进事项;(五) 校长交议事项。[1] 第二,设行政会议,由校长、各院院长、秘书长、课业长组成,校长为主席。职权为:(一) 编造全校预算案;(二) 拟定学院、学系之设立及废止案;(三) 计划全校事务及教务改进督促事项;(四)拟具其他建议于校务会议之方案。[2] 第三,设教务会议,由校长、各院院长、各系主任、课业长组成,校长为主席,计划学校的教务事宜。其职权为:(一) 审定全校课程;(二) 计划教务改良事项;(三) 决议学生试验事项;(四) 决议学生训育事项;(五) 审定毕业生成绩;(六) 决议校长交议之事项;(七) 建议提出校务会议之事项。[3] 第四,设事务会议,由秘书长及所辖各组主任组织,秘书长为主席,职权有:(一) 关于事务之进行及改良事项;(二) 关于秘书处与本校其他各机关联络事项;(三) 关于秘书处各组间联络事项;(四) 建议提出校务会议之事项。[4] 第五,设各委员会,包括考试委员会、图书委员会、仪器委员会、财务委员会、出版委员会、学生事业委员会。在蒋梦麟的主持下,北京大学形成了系统的行政管理体系。

此外,蒋梦麟还在学科设置和教学方面对北京大学实行了改革:第一,实行学院制,废除学系制。北京大学此时设文、理、法三个学院,文学院院长先由蒋梦麟兼任,后由胡适担任,下设哲学系、史学系、中国文学系、外国文学系、教育学系等;理学院院长刘树杞,下设数学系、物理学系、化学系、地质学系、生物学系、心理学系等;法学院

---

① 王学珍、郭建荣主编:《北京大学史料》(第二卷),北京大学出版社,2000 年,第 92 页。
② 王学珍、郭建荣主编:《北京大学史料》(第二卷),北京大学出版社,2000 年,第 92 页。
③ 王学珍、郭建荣主编:《北京大学史料》(第二卷),北京大学出版社,2000 年,第 93 页。
④ 王学珍、郭建荣主编:《北京大学史料》(第二卷),北京大学出版社,2000 年,第 93 页。

院长周炳琳,下设法律学系、政治学系、经济学系等。各院院长负责厘定课程、聘请教授、计划出版和指导学生选课,但不担任事务方面的工作。原属各院的事务和教务,统归事务处和教务处负责,改变了过去教授兼管事务的制度。

第二,实行教授专任制度。1930 年前的几年时间里,军阀连年混战,教育经费积欠严重,在北京大学争取复校时,国民党对北京大学采取经济压迫的手段,教职员生活长期不能得到应有的保障。一个教授在一个学校任职的收入不能维持家庭的基本生活,因此兼职、兼课的现象非常普遍,教学质量受到严重影响。为改变这种状况,提高教学和科研的质量,北京大学于 1931 年实行教授专任制度,规定教授聘请以专任为原则,提高专任教授的薪金,在他校兼课者,则薪金低于专任教授,兼课较多者,则改为讲师;同时改变过去教授第二年续聘后即无任期限制的办法,规定新教授初聘订约一年,续聘订约两年,在聘约有效期内不得中途离去。

第三,实行学分制。1932 年 12 月,北京大学公布了《国立北京大学学则》,规定"凡需课外自习之课目,以每周上课一小时满一学期者为一学分,实习及无需课外自习之课目,以二小时为一学分",[①]实行学分制,同时取消了自 1919 年以来实行的单位制。学生必须修满一百三十二个学分才可以毕业,并且规定第一二学年每学期选习学分至多不超过二十学分,第三四学年每学期至多不超过十八学分。

第四,课程设置。北京大学自蔡元培长校以后就强调学生必须具备较全面的知识,蒋梦麟上任后也非常重视学生知识的全面性,因此在课程设置上确立了"一二年级之课目注重基本知识;三四年级之课目注重高深研究"的基本原则。各院系除了制订共同的必修科目与基本课程外,还开设了一些专门化课程,尤其是一些专门化程度很高且与最新研究成果相联系的课程,如物理系的几何光学,生物系的

---

① 《国立北京大学学则》,王学珍、郭建荣主编:《北京大学史料》(第二卷),北京大学出版社,2000 年,第 930 页。

发生学、遗传学、细胞学,中文系的音韵学、方言调查实习,史学系的春秋史、蒙古史研究。这些课程的设置对于学生的专业学习和学校专业人才的培养都起到重要的作用。

第二节　蒋梦麟的人才培养观

蒋梦麟是中国近现代著名的教育家,是二十世纪二三十年代中国新教育运动的倡导者和执行者,创办《新教育》杂志,宣传欧美教育新思想。蒋梦麟留学美国九年,深受美国个性主义教育思想的影响,强调尊重学生个体,发展个性教育;通过中西对比,指出解决中国教育问题的关键是发展学术,由此形成了其以个性主义教育为基础和核心、以发展学术为目标、加强职业教育发展的整个教育思想体系。五四运动后受蔡元培之托,蒋梦麟代其处理北京大学校务,自此一直到 1945 年,除 1926 年 4 月到 1930 年 12 月任职于其他职位外,他都服务于北京大学,为北京大学成为国内外著名的高等学府做出了极大的贡献。

一、大学的唯一使命——学术[1]

蒋梦麟非常重视学术的发展,认为学术的发达与否关乎社会的进步与国家兴亡。他指出:"学术衰,则精神怠;精神怠,则文明进步失主动力矣。故学术者,社会进化之基础也。"[2]就学术对教育发展的影响,他认为:"吾国自有史以来,学问之堕,于今为甚。今不先讲学术,而望有教育家出,是终不可能的。无大教育家出,而欲解决中国教育之根本问题,是亦终不可能也"。[3] 他认为,有真学术后才能有真

---

① 朱宗顺:《蒋梦麟的高等教育思想与实践》,《高等教育研究》,1996 年第 4 期,第 88 页。

② 曲士培编:《蒋梦麟教育论著选》,人民教育出版社,1995 年,第 72 页。

③ 曲士培编:《蒋梦麟教育论著选》,人民教育出版社,1995 年,第 22 页。

教育,有真学问家而后才有真教育家,可见他把学术视为教育的基础与核心。

在 1918 年初,蒋梦麟就提出"大学者,为研究高等学术而设"也。1919 年 7 月 23 日,蒋梦麟在初到北京大学时的学生欢迎会上强调学生"当以学问为莫大的任务",他希望学生能从政治运动转入到学术研究中,"故救国之要道,在从事增进文化的基础工作,而以自己的学问工夫为立脚点,此岂摇旗呐喊之运动所可几?"[①]1922 年,在致北京大学学生干事会的信中,蒋梦麟明确指出学术事业是学校的唯一生命。[②] 1923 年,在《杭州大学意旨书》中,他指出:"近年以来,国人知非有高级学术机关,以科学的方法,整理及研究思想界及自然界之事物,不足以发扬本国固有之学术,与夫吸收世界之文化。政治不良,非改革社会不为功;社会不良,非奖金学术,传播知识不为功"。[③] 蒋梦麟分别于 1929 年和 1932 年任教育部长和北京大学校长时,将"研究高深学术"写入《大学组织法》和《国立北京大学组织大纲》,体现出他把学术作为大学唯一使命的思想。

蒋梦麟指出,社会的进化有两种:一种是物质上的,如居住条件、道路环境以及矿产、森林、制造等实业;另一种则是精神上的,即学术的发展。"学术者,社会进化之基础也",[④]中国社会落后在于中国学术不发达,他分析其原因在于三个方面:一是"无系统",致使知识不够精密,学术不发达;二是"太重应用",使学问的研究浅显而止,不能深入研究更高深的真理;三是"太重古文字",使能理解读懂者很少,知识就不能为多数人掌握,阻碍学术发展和社会进步。对此,他提出相应的改正方法:第一,讲求论理学与科学方法,为学术系统化奠定基础;第二,提倡精神上的兴趣,以求得新理论、新知识为目的,而不以眼前的应用为限,新理论、新知识越多,社会越进步,获得的应用也

---

① 蒋梦麟:《过渡时代之思想与教育》,商务印书馆,1933 年,第 394 页。
② 张爱梅:《蒋梦麟教育思想研究》,硕士论文,河北大学,2006 年 5 月。
③ 曲士培编:《蒋梦麟教育论著选》,人民教育出版社,1995 年,第 230 页。
④ 蒋梦麟:《过渡时代之思想与教育》,商务印书馆,1933 年,第 121 页。

就会越多;第三,革新文学,养成对知识的忠实,改革语言文字,使教育得以普及。

如何才能发展学术呢? 虽然蒋梦麟在理论上提出了方法,但具体操作起来必然有诸多的困难和障碍,蒋梦麟在其教育实践过程中,通过种种努力来发展学术,具体的措施概括如下:

第一,维护学术自由。蒋梦麟崇尚学术自由,他明确指出:"学术自由之权,所以求思想与学术自由之发展,不受外力之挠也","研究学术而有所顾忌,则真理不明"。[①] 蒋梦麟认为"文明之进步赖自动的领导,赖高等教育之思想及言论自由以养成之"。[②] 他以德国为例来说明学术的重要性,"世界大学,最自由者,莫若德国。其成绩优美,亦远出各国"。本着学术救国的思想,他提出:"吾国高等教育近方萌芽,欲求将来学问发达,亦非保其学问自由不可"。[③] 蒋梦麟晚年回忆道:"著者大半光阴,在北京大学度过,在职之年,但知谨守蔡校长余绪,把学术自由的风气,维持不堕。"[④]这是他的自谦之词,他坚持学术自由的原则,并非只是谨遵蔡校长余绪,更是他作为教育家对教育发展的理性选择。早在 1918 年 4 月他就提出大学为研究高深学术而设,故"当以自由为标准"[⑤]。

第二,注重师资的聘任。早在《杭州大学意旨书》中,蒋梦麟指出:"吾国办学,向来重视校长,而不重视教员。但一校之学术,出自教员而不出自校长。故同人等主张以学校行政学术之权,畀诸全体教授"。[⑥] 可见,蒋梦麟把教授看作是学校学术发展的关键力量。对于师资与大学学术的关系,他还作出如下更为直接的陈述:"国中学术界之人才,为数不多",因此求得学术大师实属不易,如若"师资不

---

① 蒋梦麟:《杭州大学意旨书》,《北京大学日刊》,1189 号,1923 年 3 月 27 日。
② 蒋梦麟:《过渡时代之思想与教育》,商务印书馆,1933 年,446 页。
③ 蒋梦麟:《建设新国家之观念》,《教育与职业》,1918 年第 5 期。
④ 蒋梦麟:《西潮·新潮》,岳麓书社,2000 年,第 274 页。
⑤ 蒋梦麟:《建设新国家之教育观念》,《教育与职业》,1918 年第 5 期。
⑥ 曲士培编:《蒋梦麟教育论著选》,人民教育出版社,1995 年,第 234 页。

尊,不足以言重学术",而"崇视教授之座位,而厚其俸给"。① 为此,就任北京大学校长后,蒋梦麟千方百计为北京大学争取经费,在经费有保证的情况下使得教授专任制度得以建立,聘请了一大批研究教授,理科有李四光、曾昭抡、江泽涵、张景钺、丁文江、刘树杞、王守竞、饶毓泰、萨本栋等;文科有罗常培、汤用彤、陈受颐、张颐、徐志摩、周作人等;法科有赵迺抟、吴定良、张忠绂、刘志敭等。在选聘师资的过程中,蒋梦麟表现出很大的魄力,他先请胡适、周炳琳、刘树杞分别担任文学院、法学院、理学院的院长,再赋予他们选聘教师的权利,据胡适后来回忆,蒋梦麟对他们三个院长说,"辞退旧人,我去做;选聘新人,你们去做"。在他优厚招贤纳士的待遇下,一大批知名教授聚集到北京大学,形成了一个坚实的教授群体。

第三,设立研究院,研究高深学问。1929 年北京大学复校后,蔡元培曾被任命为北京大学校长,他虽未到任,却为北京大学校务提出了一些建议"为北大发展计,与其求诸量,无宁求诸质,与其普及,无宁提高"②。蔡元培主张停办预科,将经费移用于研究所。蒋梦麟上任后首先恢复了原国学门研究生招生工作,1932 年正式设立了研究院,院长由校长兼任,分文史部、自然科学部和社会科学部三部。1934 年 6 月,又修改研究院规程,将三部改为文科、理科、法科三个研究所,文、理、法三院院长分别兼任三所研究所主任。各研究所设所务会议,负责所内学术上的计划及管理责任。这样,北京大学的研究院与学术研究工作走上了正轨。

第四,支持组织学术团体。蒋梦麟同蔡元培一样都非常重视学术社团的建立,早在 1920 年五四运动周年之际,他与胡适发表了《我们对于学生的希望》一文,其中指出学生要"注重课堂里、操场上、课余时间的学生活动"③,包括学问的生活、团体的生活、社会服务的生活,其中团体的生活中有学术的团体生活,即学术研究会或讲演会之

---

① 蒋梦麟:《杭州大学意旨书》,《北京大学日刊》,第 1189 号,1923 年 3 月 27 日。
② 《北京大学日刊》,第 2382 号,1930 年 4 月 12 日。
③ 蒋梦麟:《过渡时代之思想与教育》,商务印书馆,1933 年,第 161 页。

类的活动,希望学生能够注重自主的调查、报告、试验和讲演。其在代理北京大学校长期间,于 1925 年 12 月支持成立了"北京大学学术研究会",学术研究会以研究学术为宗旨,凡本校教职员、学生均可入会,本会主要进行"学术讲演、分组研究、宣读论文、读书报告、刊行杂志、创办学校、学余俱乐"[①]等活动。1929 年复校后,学生社团中的各种学术性团体也纷纷恢复和建立起来。

第五,加强学术交流。学术交流是发展学术的重要方式,深受西方文明熏陶的蒋梦麟十分重视学术交流,主张把学术交流作为学习借鉴西方文化、思想、教育以提高国内学术水平的重要手段。此时期校内著名的演讲有刘复的《明沈龙绥在语音学上的贡献》、陈垣的《缩短时间的读书法》、傅斯年的《西欧大学中的文学教育》、陈翰笙的《演讲中国农业经济的重要》、梁漱溟的《怎样解决中国问题》、郑振铎的《新文坛的昨日、今日与明日》、何基鸿的《苏俄之法原则》、张忠绂的《国际政治与中国》等。[②] 此外还邀请一些外国学者来校讲演,进行国际间的学术交流,如斯密斯、马古烈、肖威尔、三浦周行、郎之万等都曾在北京大学做过演讲。

第六,重视图书馆建设。蒋梦麟认为"提高学术,第一要工具,第二要人材"。[③] 这里的人材就是指专门学术上的导师,而工具就是学校的设备——包括图书、仪器、试验器材等。学校"要把经费节省下来,把理化的仪器室,特别的推广;好请一般的同学们和教职员诸君切实的去研究磋磨,使有最新式最完全的试验室来实现,且不特我们去研究西洋已发明的科学,且要来发明新原理"。[④] 然而,由于经费的短缺,建设新图书馆的这一计划在二十世纪二十年代的北京大学未能实现,但蒋梦麟却一直为此而努力,直到三十年代,他把从中华教

---

① 《北大学术研究会旨趣书》,王学珍、郭建荣主编:《北京大学史料》(第二卷),北京大学出版社,2000 年,第 91 页。

② 参见萧超然等编著:《北京大学校史(1898—1949)》(增订本)北京大学出版社,1988 年,第 314-315 页。

③ 蒋梦麟:《过渡时代之思想与教育》,商务印书馆,1933 年,第 189 页。

④ 蒋梦麟:《过渡时代之思想与教育》,商务印书馆,1933 年,第 416 页。

育基金会获得的部分经费用于改善北京大学的图书、仪器,1935 年北京大学新图书馆建成,所藏"中文书籍 17 万册,日文书 1.2 万册,西文书 6 万多册,中外文杂志、报纸各 400 余种;全校共有实验仪器 6716 件,标本 15788 种,药品及实验仪器用具 3100 多件"①,在当时居全国之首。

二、个性主义教育

蒋梦麟幼年时期读私塾,熟知中国传统文化,同时他又留学美国九年,对美国文化也是颇有感受和理解,在对两种文化的比较研究中,他得到了一种认识:"对于欧美的东西,我总喜欢用中国的尺度来衡量。这就是从已知到未知的办法。根据过去的经验,利用过去的经验获得新经验也就是获得新知识的正途。……对本国文化的了解愈深,对西方文化的了解愈易。根据这种推理,我觉得自己在国内求学时,常常为读经史子集而深夜不眠,这种苦功总算没有白费,我现在之所以能够吸收、消化西洋思想,完全是这些苦功的结果。我想,我今后的工作就是找出中国究竟缺少些什么,然后向西方吸收所需要的东西。"②在美国尤其是在哥伦比亚大学学习的过程中,蒋梦麟逐渐认识到中国教育的问题所在,在其博士毕业论文《中国教育原理之研究》一文中,他首先描述了中国教育的思想背景,阐述中国传统教育的基本精神,然后从人性论、学习、教学和道德教育四个方面对中国教育原理进行分析,并与西方教育作比较,最后提出他关于中国教育的新主张——积极的个人主义。因此,他一再强调个人教育的价值,他认为,"欲解决中国社会之基本问题,非尊重个人之价值不为功。吾国文化,较诸先进之国,相形见绌。吾人其欲追而及之乎,则必养成适当之特才。欲养成适当之特才,非发展个性不为功"。③ 中

---

① 朱宗顺:《蒋梦麟的高等教育思想与实践》,《高等教育研究》,1996 年第 4 期,第 93 页。

② 蒋梦麟:《西潮·新潮》,岳麓出版社,2000 年,第 80 - 81 页。

③ 蒋梦麟:《蒋梦麟教育论著选》,人民教育出版社,1995 年,第 76 页。

国要富强、要摆脱受人欺辱的境地而屹立于世界民族之林，则必定要改革忽视个体和个体价值的传统教育，要实施"个性主义"教育。这是中国新教育的发展目标，它以个人主义为精神，通过发展科学文化、发展个体与社会而实现其使命。

对于个人主义与个性主义的关系，蒋梦麟在《个性主义与个人主义》一文中对二者进行了比较："何谓个人主义（Individualism）？曰：使个人享自由平等之机会，而不为政府社会家庭所抑制是也。"他所讲的个人主义有别于我国老庄的"仁义"学说和无政府主义，因为老庄的仁义，是"社会所公认之道德标准"，个人为道德标准所束缚，则"枒其性"；而无政府主义者认为政府是万恶之源，反而扼杀了个人的天性，追求个人的极度发达。这二者被称为"极端的个人主义（Radical individualism）"，在当时社会不可行，"行之，则社会之秩序乱"。① 蒋梦麟认为德国与日本的国家学说把国家作为了无上尊严的主体，个人应当牺牲一己为国家服务，把国家和个人对立起来，"国家有存在，个人无存在"，是极端的反个人主义，也不可行。介于二者之间的是平和的个人主义，也就是英美的平民主义。平民主义的基本原则是"个人有个人之价值，不可戕贼之。国家与社会者，所以保障个人之平等自由者也"。② 个人与国家社会之间相互关联，相辅相成，个人对国家社会有维持的责任；而国家社会对于个人有保障的义务。个人行为若危害国家社会，则要受到法律的制裁；国家社会若戕贼个人，个人则会推翻政府重新组织。这种以平民主义为标准的个人主义，是蒋梦麟所谓的平和的个人主义。

"何谓个性主义（Individuality）？曰：以个人固有之特性而发展之"，是近代教育学家所公认的教育根本方法之一。平民主义是共和国的要素，而平民主义的要素在于尊重个人的价值，"个人之价值，当以教育之方法而增进之，此即所谓发展个性是也"。③ 可见，只有坚持

---

① 蒋梦麟：《过渡时代之思想与教育》，商务印书馆，1933年，第47-48页。
② 蒋梦麟：《过渡时代之思想与教育》，商务印书馆，1933年，第48页。
③ 蒋梦麟：《过渡时代之思想与教育》，商务印书馆，1933年，第49页。

个人主义，保障个体的自由平等，才能发展个性，实现个性主义教育。个人主义是针对国家社会而言的，个性主义是针对文化教育而言的，"发展个性，养成特才，则文化得以发达"。蒋梦麟认为东西文明的根本差异就在于"个性主义"，找到了中国与西方的不同也就找到了努力的方向，他以个性主义教育为核心，构建了整个教育思想体系。

一，"健全个人"是个性主义教育的目标。1919 年 2 月，蒋梦麟在《新教育》创刊号中明确提出"以教育为方法，养成健全之个人，使国人能思、能言、能行，能担重大之责任"。[①] 他首次把培养健全的个体作为个性教育的目标。在蒋梦麟看来，健全个人应当具备以下素质：独立的精神、明晰的思考力、健全的人格、改良生活的能力和生产的能力，这也是他个性主义教育目标的具体内容。

1. 养成独立不移的精神。蒋梦麟认为"吾国青年最大之恶德有二：一萎靡不振，一依赖成性"。[②] 萎靡不振就会遇事畏难，欲望减缩，事情无论大小必不会成功；依赖成性，则事事随别人后面，人云亦云，不可能有新事业的创造。因此要开展新教育，必须要培养具有高尚的精神、凡事须进一步想的、勇往直前的具有独立不移之精神的青年，这种青年越多，社会进化速度就越快。

2. 养成精确明晰的思考力。蒋梦麟认为中国人最缺乏思考力，在《和平与教育》一文中，蒋梦麟感叹中国人的不思考："甚矣，吾国人之不思也！凡遇一事，或出于武断，或奴于成见，或出于感情。故全国扰攘，是非莫衷。其断事也，不曰大约如此，则曰差不多如此"[③]，人人以"差不多"为知足，缺少精确的知识。这样的知识和态度在解决复杂的社会文明问题必然会失败，为此蒋梦麟提出"以教育方法解决中国之问题，当养成精确明晰之思考力"，而要达到这个目的，"事事当以'何以如此'为前提。学校之中，当注重论理学科学两者，以为思

---

①　张爱梅：《蒋梦麟教育思想研究》，硕士论文，河北大学，2006 年 5 月，第 25 页。
②　蒋梦麟：《过渡时代之思想与教育》，商务印书馆，1933 年，第 112 页。
③　蒋梦麟：《过渡时代之思想与教育》，商务印书馆，1933 年，第 114 页。

考之基础。"①也就是说,一方面要养成学生的思考习惯,事事都要问"为什么? 做什么? 这个是什么? 究竟做什么?"②培养学生对事物的怀疑精神,对知识要求精确的态度。另一方面,对学生进行逻辑学(即论理学)方法的训练,便于形成系统学术,同时注重对学生进行科学知识的熏陶,因为科学就是求事实而获取真理,在蒋梦麟看来"欲养成头脑清楚之国民,科学其圣药也"③。

3. 养成健全的人格。蒋梦麟认为,健全的人格即包括身体的健全,也包括精神的健全,要保持二者的平衡。对于"身体虽弱,不可过于爱惜,精神愈用而愈出"的观点,他认为当有界限,要适度。"逸居饱食,以养精神,则精神必僵;若但用精神,不强体力,则终亦必踣"④,更何况是在近代社会非常复杂的情况下,枵朽的身体是绝不能担当的。结合自己的经历和中国的传统状况,蒋梦麟非常重视学生要进行各种"活泼运动",改变过去把儿童都变成"枯落的秋草"的旧式教育,使学生真正成为体力、脑力、感情等方面自我发展的活泼泼的人。因此,蒋梦麟主张在重视科学教育的同时,还要重视体育和美育,以发展学生的体力和感情。

4. 具有改良社会的能力。蒋梦麟从个人与社会的关系角度指出,个人生活在世上是逃离不了社会的,因此社会的状况与个人的幸福有很大关系,"若我但把个人发展,忘却了社会,个人的幸福也不能存在"⑤,因此,学生应当具备改良社会的能力,学校则要承担起"养成学生改良社会的能力"的责任。一般父母送孩子读书有两种希望,一是光宗耀祖,一是拯世救民。蒋梦麟虽不完全反对这种认识,但他认为这不应当是学校的注重点,学校的宗旨是"养成社会良好的分子,为社会求进化"⑥。

---

① 蒋梦麟:《过渡时代之思想与教育》,商务印书馆,1933 年,第 115 页。
② 蒋梦麟:《过渡时代之思想与教育》,商务印书馆,1933 年,第 115 页。
③ 蒋梦麟:《过渡时代之思想与教育》,商务印书馆,1933 年,第 305 页。
④ 蒋梦麟:《过渡时代之思想与教育》,商务印书馆,1933 年,第 113 页。
⑤ 曲士培编:《蒋梦麟教育论著选》,人民教育出版社,1995 年,第 152 页。
⑥ 蒋梦麟:《过渡时代之思想与教育》,商务印书馆,1933 年,第 133 页。

5. 具有生产的能力。中国以前的教育培养的不过是迷信愚民政策的人才或者是奴役国民、鱼肉百姓的"主人翁"，今后的新教育要培养的是"要讲生产，要讲服务，要知道劳工神圣"的人才。社会的生产是每个人劳动的结果，如果每个人都能劳动，则社会的生产自然就丰富了；如果大多数人都四体不勤、五谷不分，社会将无法继续。而且只有使国民有独立生产的能力，才能不畏强权，才能不需要当权者施仁政。

二，"尊重个人"是个性主义教育的前提。蒋梦麟认为个人的价值存在于每个人的天赋秉性当中，新教育就是要尊重个人的价值。他说，我是一个特殊的个人，你是一个特殊的个人，他也是一个特殊的个人，因尊重个人的价值，我尊重你，你尊重我，你我尊重他，他反过来尊重你我，你、我、他相互尊重又各自尊重自己，各自以其所能，发展"至大至刚"的天性。个人天性愈发展，其价值愈高；个人价值愈高，则文明之进步就愈快。因此，"吾人若视教育为增进文明之方法，则当自尊重个人始。"[①]而所谓的"自由"、"平等"、"民权"、"共和"、"言论自由"、"选举权"、"代议机关"等都是尊重个人价值的表现和结果。

三，"自动自治"是个性主义教育的方法。蒋梦麟非常强调学生的自动自治，个性主义教育要通过自动自治来实现，"我愿办学校的人奖励学生自治"。对于自动的人才，他是这样来解释的"具有远大的眼光，进取的精神。事事改良，著著求进步。人未能敢行者，我独行之，人未能及知者，吾独察先机而知之。此所谓自动的人才也"[②]。他说"好的生活是自动的，他人带动的不是好的生活，学生自治是自动的一个方法"。[③] 也就是说，蒋梦麟希望通过学生自治来实现把学生培养成健全个人的目标。至于具体如何去培养，蒋梦麟在《学生自治》一文中作出了详细的说明：

首先，要培养学生自治的精神。他认为，自治精神是全体一致的

---

① 蒋梦麟：《过渡时代之思想与教育》，商务印书馆，1933年，第103页。
② 曲士培编：《蒋梦麟教育论著选》，人民教育出版社，1995年，第56页。
③ 曲士培编：《蒋梦麟教育论著选》，人民教育出版社，1995年，第56页。

一种公共意志,这种意志是一个团体形成的基础,也是自治的基础。学生自治并不是一种时髦的运动,也不是反对教员的运动,也不是一种机械性的组织,而是在自治精神基础上形成的组织,"是爱国的运动,是'移风易俗'的运动,是养成活泼泼地一个精神的运动"①。这种自治精神在学校里可以称其为学风。

其次,培养学生自治的责任。学生自治是要大家去干自治的事业,这样大家就负有了重大的责任,这些责任包括四种:(1)提高学术水平的责任。对于学术的提高,学生应当从自身做起,学生问问自己是否尽到了自己的责任,而不是把责任推到教师身上,做到了这一点才是真正的自觉。学生对于学术要有兴致,要想得透彻,要懂得彻底,不能得过且过,模模糊糊就过去。(2)公共服务的责任。自治是自愿地、自动地对于团体的服务,对团体做公益的事情。这种服务其实包括两个方面,一个是积极的互助,是做对团体有益的事,是增进公共利益的办法;另一个是消极的自制,是不做对团体有害的事,是消除乱源的办法。这两个方面在培养学生的自治能力中,都是不可或缺的。(3)产生文化的责任。学生自治团体不是只要确保学校里"不出乱子"就行了,而是要多生产文化,也就是要多设各种学术研究团体,如演说竞争会、学生讲演会、戏剧会、音乐会等,互相研究,倡导各种文化生产事业。(4)改良社会的责任。学生自治团体不仅要在校内负有责任,还需要与社会接触,学生要用自己所学的知识来改良社会,使社会文明程度慢慢提高。

最后,注意学生自治中的问题。学生自治团体是学校团体的一部分,对于学生团体所做的事情,全校要负责任,自治团体与学校其他团体之间存在密切的联系,所以自治团体要处理好几种关系。第一,学生个人和教职员个人或团体的关系,学生个人行为不当,学生团体应当干涉,教职员也应当帮助,共同维护学校的名誉;第二,学生团体与教职员个人的关系,学生团体应该欢迎教职员的忠告;第三,

---

① 蒋梦麟:《过渡时代之思想与教育》,商务印书馆,1933年,第151页。

学生自治团体和教职员团体的关系,如果双方出现冲突,两方要平心静气,推诚布公,大家来共同讨论解决问题。注意到了这几方面的问题,学生自治活动就能够顺利进行。

四,增进个人价值、促进社会文明是个性主义教育的作用。蒋梦麟认为,个性主义教育就是要发展个体的特性,以教育的方法增进个人的价值,同时教育涉及种种问题,而其中最核心的问题是"做人之道",即增进人类之价值,促进社会文明的发展。"欲言人类之价值,当先言个人之价值……人类云者,不过合个人而抽象以言之耳"[1],他从人与动物的区别来说明个人的价值问题。他认为动物群中各个个体没有什么大的差别,这头牛与那头牛、这只羊与那只羊之间差别无几;而人之所以比动物高贵,在于人除了具有人类的共性之外,还具有其特殊的个性,这个人与那个人相差甚远,"有上智,有下愚;有大勇,有小勇,有无勇;有善舞,有善弈,有善射,有善御:皆以秉性与环境之不同,而各成其材也"[2]。将你、我、他每个人所禀赋的特性发展"至大至刚",也就养成了有价值的个人,增进了个人的价值;而今日文明先进国家的社会,都是由个人结合而成的,因此个人价值越高,社会价值、人类价值就越高,"个人之价值愈高,则文明之进步愈速"[3]。

三、教育管理思想

对于如何改造北京大学,蒋梦麟有着自己的看法。在代理北京大学校长时他提出:"北京大学为新思潮发生地,既有新精神,不可不有新组织,犹有新酒,不可不造一新壶"[4]。因此,本着教授治校的原则,他为北京大学确立了一套比较完整的行政管理体系。这套行政组织包括四大部分:(一)评议会,司立法;(二)行政会议,司行政;

---

① 蒋梦麟:《过渡时代之思想与教育》,商务印书馆,1933年,第100页。
② 蒋梦麟:《过渡时代之思想与教育》,商务印书馆,1933年,第99-100页。
③ 蒋梦麟:《过渡时代之思想与教育》,商务印书馆,1933年,第103页。
④ 曲士培编:《蒋梦麟教育论著选》,人民教育出版社,1995年,第173页。

（三）教务会议，司学术；（四）总务处，司事务。"教务会议仿欧洲大学制。总务处仿美国市政制。评议会、行政会议两者，为北京大学所首倡。评议会与教务会议会员，由教授互选，取德谟克拉西之义也。行政会议及各委员会之会员，为校长所推举，经评议会通过，半采德谟克拉西主义，半采效能主义。总务长及总务委员为校长所委任，纯采效能主义，盖学术重德谟克拉西，事务则重效能也。"①其核心是坚持教授治校的原则，同时辅以健全的组织，兼具民主与效率。

　　至二十世纪三十年代，历经动荡波折的北京大学迫切需要安定下来，北京大学师生对于蒋梦麟的到来也寄予厚望，他们认为北京大学在过去的两年"最根本的缺陷，要算是没有一个能用全副精力以从事于发展本校的正式校长了，现在我们有了蒋先生来填补这个缺陷，这当然是令我们全体欢欣鼓舞的一件事"②。蒋梦麟不负众望，将蔡元培教授治校的管理模式进一步发展，根据《大学组织法》，结合自己的教育理念提出了"教授治学、学生求学、职员治事、校长治校"的学校管理模式。他指出"教授须延聘大师、学者充之。校长当改善学校环境，使教授、同学打成一片，潜心努力学术"，"努力提高教授待遇，绝对禁止兼课兼事"③。非常具体的明确了教授、学生、职员和校长各自的职责和权限，分工明确，既确保了教授们对于学术的权力，又提高了行政事务的效率，这种管理模式对于当时北京大学的状况是切中要害的，保障了北京大学"中兴"的实现。

　　一，校长治校。根据国民政府颁布的《大学组织法》、《大学规程》，蒋梦麟亲自主持起草《国立北京大学组织大纲》，明确规定北京大学"以研究高深学术、养成专门人才、陶融健全品格为职志"④，并对学校的组织体系，各行政机构、教学机构的职责进行了明确的规定，

---

① 曲士培编：《蒋梦麟教育论著选》，人民教育出版社，1995年，第173页。
② 孙善根：《走出象牙塔——蒋梦麟传》，杭州出版社，2004年，第152页。
③ 孙善根：《走出象牙塔——蒋梦麟传》，杭州出版社，2004年，第153页。
④ 《国立北京大学组织大纲》，王学珍、郭建荣主编：《北京大学史料》（第二卷），北京大学出版社，2000年，第91页。

对北京大学进行了颇有成效的改革。尤其是通过对行政管理机构的改革，集中了校长在行政管理上的权力，也大大提高了行政事务的办事效率。

第一，取消了评议会，设校务会议。校务会议由校长、秘书长、课业长、图书馆馆长、各院院长、各系主任以及全校教授、副教授所选出的代表若干人组成，以校长为主席。教授代表每年由文、理、法三学院教授、副教授分别推选，规定每五个教授选举一位代表。校务会议的职权与原评议会基本相同：决定学校预算；决定学院、学系之设立及废止；决定大学内部各项规程、校务改进事项、校长交议事项。

第二，设行政会议。由校长、各院院长、秘书长、课业长组成，校长为主席。职权为：编造全校预算案；拟定学院、学系之设立及废止案；计划全校事务及教务改进督促事项；拟具其他建议于校务会议之方案。

第三，设教务会议。由校长、各院院长、各系主任、课业长组成，校长为主席，计划学校的教务事宜。其职权为：审定全校课程；计划教务改良事项；决议学生试验事项；决议学生训育事项；审定毕业生成绩；决议校长交议之事项；建议提出校务会议之事项。

第四，设事务会议。由秘书长及所辖各组主任组织，秘书长为主席，职权有：关于事务之进行及改良事项；关于秘书处与本校其他各机关联络事项；关于秘书处各组间联络事项；建议提出校务会议之事项。

第五，设各委员会。包括考试委员会、图书委员会、仪器委员会、财务委员会、出版委员会、学生事业委员会。各委员会的主席及委员由校长就教授中指定，提交校务会议决定。

从各组织机构的构成人员来看，校务会议、行政会议、教务会议都可以参加的组成人员包括校长、院长、课业长，秘书长不参加教务会议，系主任不参加行政会议。虽然各院院长、各系主任、课业长、图书馆馆长甚至秘书长同时也都是教授，但普通教授可以参加的只有校务会议，而且代表人数是教授人数的1/5。显然，这种结构体系中普通教授的职权范围较小,对于行政事务基本不涉及,而校长的权限却明显增强。这与蔡元培"教授治校"的管理模式有一些差异和变化,这与三十年代政治环境的变化有很大关系。当时的中国基本实现了统一,国民政府相对稳固,中央权力也逐步加强,对大学的管理和要求也在加强。1929 年 7 月,国民政府颁布《大学组织法》,不再实行教授治校和董事会制,而是采用了校长负责制,"大学设校长一人,综理校务,国立大学校长由国民政府任命之"①。当然这与蒋梦麟自己的教育经历、教育思想也有很大关系,他的这一管理模式显然是学习美国大学的做法,特别强调学校事权层层分工,各司其职,提高办事效率。蒋梦麟将自己平生做事的原则和态度总结为"三子",即"以孔子做人,以老子处世,以鬼子办事"。所谓"鬼子"者,"洋鬼子"也,指以科学务实的精神办事②。对于蒋梦麟在北京大学时的贡献,胡适称赞他是"一个理想的校长,有魄力,有担当"③。其实,蒋梦麟在二十

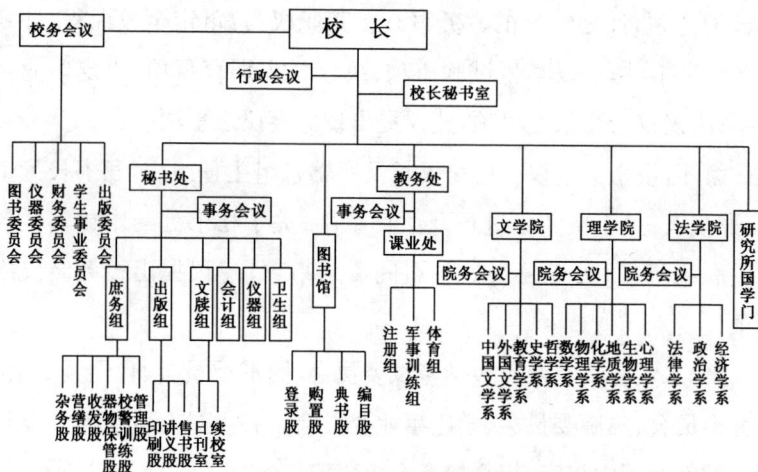

图 3-2　1932 年北京大学组织结构图

根据王学珍、郭建荣主编《北京大学史料》,第 91—93 页《国立北京大学组织大纲》编制

---

① 中国第二历史档案馆编:《中华民国史档案资料汇编》第五辑第一编,教育分册,江苏古籍出版社,1994 年,第 172 页。
② 盛巽昌、朱守芬编:《学林散叶》,上海人民出版,1997 年,第 364 页。
③ 胡适:《胡适全集》第 29 卷,安徽教育出版社,2003 年,第 271 页。

世纪二十年代代理北京大学校长期间，北京大学讲堂上活跃着李大钊等马克思主义者，开设了《马克思的经济》、《唯物史观》等课程；在三十年代中国国家集权日益强化的政治背景下，他依然是在强权政治与自由教育理想间寻求平衡，虽然在国民党的党化教育时代，马克思学说研究、劳工运动及社会主义史等课程依然活跃在北京大学讲堂。

　　二，教授治学。北京大学曾经以师资队伍阵容的强大而享誉全国，然而经过二十世纪二十年代后期的一系列变故，北京大学人才流失极为严重，留任的教员中兼职现象普遍，教学秩序异常混乱。时兼教育部长的蒋介石视察大学后也颇有感触："各校教职员人数多，出人意外，教员在外兼课，随便请假缺课，学生上课散漫，设备贫乏，斋务混乱"[①]。为振兴北京大学、整顿校风，提高学校的教学与科研水平，蒋梦麟的北京大学改革最重要的内容就是整饬和建设教师队伍。

　　蒋梦麟首先多方物色院长，聘请了胡适、刘树杞、周炳琳分别担任文、理、法三院院长，三人都是知名教授和学者。蒋把聘请各院教授的职权赋予三院长，他说"辞退旧人，我去做；选聘新人，你们去做"[②]。但他对聘请教授的原则确有明确地表示："对聘请教授亦取人才主义，不论私交，亦不顾与学校历史久暂，绝以其个人能否及肯否负责教授为转移……故今年对老教授之解聘者，亦所难免。余对北京大学教授，向责成各院长负责聘请，余不过问"[③]。为了延揽人才，蒋梦麟唯才是举，不拘一格，破格录取新人。如当时在燕京大学当讲师的钱穆虽然没有什么高学历，也没有出国留学，但其国学很有水平，经顾颉刚的推荐，北京大学将其聘任为教授。又比如千家驹是以研究《资本论》著称，因为他学有所长，被聘为北京大学经济系兼任讲师，放手让其用马克思主义观点讲授中国经济问题。被北京大学聘为政治学教授的张忠绂认为"蒋梦麟以教育部部长出任北京大学校长，旧地重游，对学校力图整顿。他延聘了许多与他个人或北京大学

---

①　《教育公报》，第 3 卷第 6 期，1931 年 3 月。
②　关国煊：《蒋梦麟先生年表》(上)，《传记文学》，第 40 卷第 6 期。
③　《蒋梦麟将赴欧参观教育》，《申报》，1934 年 7 月 13 日。

毫无关系的知名学人，分别担任教授或系主任"①。

蒋梦麟执掌北京大学时虽然对学校组织体系进行了大幅度的改革，取消了评议会，发展蔡元培先生创立的"教授治校"制度为"校长治校"体制，但教授在学校中的地位尤其是其学术地位还是非常高的。根据1932年6月公布的《国立北京大学组织大纲》，学校设校务会议作为全校最高议事机构，负责整个学校的预算、院系设置等事务，由当然会员和教授代表组成，校长、秘书长、课业长、图书馆馆长、各院院长、各系主任为当然会员，教授代表从全校教授、副教授中选举若干人组成。据1932年11月第一次校务会议成员看，当然会员有19名，包括校长蒋梦麟、文学院院长兼教育系主任胡适、理学院院长刘树杞、法学院院长周炳琳、秘书长王烈、图书馆馆长毛准、课业长兼心理学系主任樊际昌及12位系主任，教授代表有16名②。负责全校教学工作的教务会议主要负责审定课程、计划教务改良事项、决议学生试验、审定毕业生成绩等事项，具体的教学工作主要由各院系的院务会议、系务会议审议。这种将教学科研与行政事务划分开来的做法确实降低了普通教授参与学校行政管理的权限，行政人员的编制和职责明显扩张，似乎有点"校长独裁"的味道，当时的舆论界对此也有所疑虑："北大今日在蒋氏治理之下，确较年前稍有声色，但'教授治校'变为'校长独裁'，今后校长恐随政治而转变，是为可虑耳"③。但实际上校长决定的主要是行政事务，而教务方面完全由各院系负责，校长从来不予干涉。蒋梦麟只是更倾向于美国大学管理体制，特别强调学校事权层层分工，各司其职，而且将原来各系的事务、教务、杂务现统归秘书处和课业处负责，改变了过去教授兼任行政事务的现象，从时间和精力上保证了教授能够专心治学。

为保障教授治学，实行教授专任制和研究教授制度。蒋梦麟认

---

① 张忠绂：《迷惘集》，香港田丰印刷厂，1968年，第97页。
② 参见王学珍、郭建荣主编：《北京大学史料》（第二卷），北京大学出版社，2000年，第202-204页。
③ 《大公报》，1931年10月15日。

为整顿北京大学最关键的有两点,其中之一就是"教授薪金全数不得超过百分之五十,现在敝校教授薪额有百分之七十,教授钟点过多,且在他校兼课,今后拟减少钟点,提高教授待遇,绝对限制在外兼课,使教授有充分时间,研究学问,富藏高深学问之储蓄"①。蒋梦麟是如此计划的,也是如此实施的。蒋梦麟撤销了教授保障案,自1931年开始实行教授专任制度。规定聘请教授以专任为原则,提高专任教授的待遇;在他校兼课者,薪金低于专任者;在他校兼课较多者,则改为讲师;改变过去教授第二年续聘后即无任期限制的办法,规定新教授初聘订约为一年,续聘订约为两年,在聘约有效期内不得中途他去;减少教授授课时数,规定每个教授每周授课为12学时。除聘请专任的教授、副教授外,还聘请了一些校外学者为本校名誉教授,其中大多是曾在北京大学任教过的,如秉志、胡先骕、李麟玉、翁文灏、沈尹默、沈兼士、徐炳昶、钱玄同、钢和泰、陈垣、林可胜、马衡、汪敬熙、孟森、朱希祖、陶孟和等。

在蒋梦麟就任北京大学校长前,傅斯年、胡适就与中华教育基金会(简称中基会)董事顾临(Roger S. Greene)商讨如何帮助北京大学摆脱困境,重新展现北京大学辉煌,最终三人拟定了一个方案,北京大学与中基会为提升学术研究起见,每年双方各出国币二十万元作为合作研究特款,设立北京大学研究教授、扩大图书仪器以及设立北京大学助学金和奖学金,为期五年,自此北京大学开始实行研究教授制度。具体做法是"研究教授人选,以对于所治学术有所贡献,见于著述者为标准;经顾问委员会(北京大学与中基会共同组织的'合作研究特款顾问委员会'的简称)审定,由北京大学校长聘任,研究教授之年俸,自四千八百元至七千二百元不等。……此外每一教授,每年应由一千五百元以内之设备费,如有研究上需用之重要设备,由各教授提出详细预算,请北京大学校长提出顾问委员会议决购备。研究

① 《蒋梦麟谈话》,王学珍、郭建荣主编:《北京大学史料》(第二卷),北京大学出版社,2000年,第71页。

教授,每周至少授课六小时,并担任学术研究,及指导学生之研究工作。研究教授,不得兼任校外教务或事务"①。同时,研究教授由于学术研究的需要,北京大学给予一年的假期到国外研究,可以支原薪,并且实支旅费,还可获得适量津贴费用。可见,无论是从薪俸还是从教学时数以及其他待遇方面,研究教授都高于普通专任教授。当时先后被聘为研究教授的,理科有曾昭抡、冯祖荀、李四光、刘树杞、江泽涵、萨本栋、谢家荣、张景钺、饶毓泰、朱物华、汪敬熙、葛利普、斯伯讷、丁文江等人;文科有刘复、徐志摩、汤用彤、陈受颐、周作人、梁实秋、张颐等人;法科有赵迺抟、吴定良、张忠绂、刘志敫等人。这些教授不仅是当时中国学术界的一流的专家,而且放眼今天也是大师级的顶级学者,显然研究教授制度的实行就是要确保这些教授专注于学术研究以及指导学生进行研究,为其创造良好的学术研究的氛围,以提高北京大学的学术研究水平。

三,学生求学。蒋梦麟认为,大学学生当以求学为职志。他1919年初到北京大学时在学生欢迎会上就要求学生"当以学问为莫大的任务",劝导学生"救国之要道,在从事增进文化之基础工作,而以自己的学问功夫为立脚点,此岂摇旗呐喊之运动所可几?"②而后再次重申"学生应该专心求学,做学生的,先要从自己身上着想,自己问自己,自己的责任是不是已经尽了,若还没有尽,不要责人家,先问自己罢了。……学生对于学术方面,要有兴会,要想得透,要懂得彻底"③。1920年在五四运动周年纪念日,蒋梦麟与胡适共同发表《我们对于学生的希望》一文,劝勉学生正确对待学生运动,将学生运动的方向从社会政治运动转变到"学校内外有益有用的学生活动"中去。他们首先肯定了五四学生运动的重要贡献:引起学生的自主精神;引起学生对于社会国家的兴趣;引出学生的作文演说的能力、组织的能力、

---

① 《北大与中基会设立合作研究特款》,王学珍、郭建荣主编:《北京大学史料》(第二卷),北京大学出版社,2000年,第1363页。

② 蒋梦麟:《过渡时代之思想与教育》,商务印书馆,1933年,第394页。

③ 曲士培编:《蒋梦麟教育论著选》,人民教育出版社1995年,第136页。

办事的能力；使学生增加团体生活的经验；引起许多学生求知识的欲望。但他们也指出这种运动是非常态的事情，这是变态社会里不得已的事情，对学生来说又是"很不经济的不幸事，故这种运动是暂时不得已的救急的办法，却不可长期存在的"①。而且罢课活动还会使学生养成倚赖群众的恶心理、逃学的恶习惯和无意识的行为的恶习惯，因此他们希望学生"从今以后要注重课堂里、操场上、课余时间里的学生活动"，即学问的生活、团体的生活及社会服务的生活。指出学生应注重"学问的生活"是非常有必要的，因为"社会国家的大问题绝不是没有学问的人能解决的"，而且这种学问不再限于背书抄讲义的生活，而是真正的研究学问，包括以下几个方面：（1）注重外国文。因为中文的出版物不能够满足大家求知识的欲望，求新知识的门径在于外国文，因此学生至少须能用一种外国语看书。（2）注重观察事实与调查事实。观察与调查是科学训练的第一步学校里要用实验来教授科学，学生自己动手去采集标本，去观察调查当地的人口、风俗、出产、植物、鸦片烟馆等内容并分工合作形成有系统的报告，这是打破传统不重事实的习惯的唯一方法，也是进行科学研究所必需的方法。（3）建设性地促进学校的改良。希望学生对于那些不能满足其求学欲望的课程和教员，不是进行破坏性的攻击，而是用建设的精神促进其改良。"与其提倡考试的废止，不如提倡考试的改良；与其攻击校长不多买博物标本，不如提倡学生自己采集标本"②。（4）注重自修。他们认为强制灌进去的知识学问是没有多大用处的，真正可靠的学问都是从自修得来，自修的能力是求学问的最重要条件，没有这种能力绝不能求得真学问。

　　为确保学生专心向学，蒋梦麟于1932年12月主持制定了《国立北京大学学则》，对教学工作进行严格管理。学则不仅规定了学分要求、入学转学、注册选课等事项，还严格规定了修业年限和学时数，尤

①　蒋梦麟：《过渡时代之思想与教育》，商务印书馆，1933年，第159页。
②　蒋梦麟：《过渡时代之思想与教育》，商务印书馆，1933年，第164页。

其是对于成绩考核的规定更是详细、严格。成绩的考核分平时成绩及学期成绩，平时成绩考查的方法由各系教授会确定，或临时试验，或论文、听讲录、读书札记，或练习实验，论文、听讲录。读书札记必须按教员要求时间内交送，过期后概不评阅。对于学期成绩不及格者允许参加补考，但同样有严格的要求，且"必修科目补考不及格者须重修，本系必修科目有两门以上不及格者应留级"①。此外，学则还对转系、休学、复学、退学、开除学籍等学籍变动事项作出了详细的规定。

四，职员治事。根据1932年制定的《国立北京大学组织组织大纲》，蒋梦麟将教学科研与行政事务工作分开，由职员来负责行政和事务工作。根据需要，北京大学当时设立了课业处、秘书处和图书馆作为行政机构，而同级教学单位为文、理、法三院。课业处会同校长、各院长综理学生课业事宜，下设注册组、军事训练组和体育组；秘书处则主要负责全校事务及行政事宜，下设庶务、出版、文牍、会计、仪器、卫生六组；图书馆则主要负责图书的购置、编目等事宜，下设登录股、购置股、典书股和编目股。这种设置的目的就是要把行政和事务性工作从院系教学工作中剥离出来，一方面可以减轻院系教授在事务方面的负担，另一方面也可以提高办事的效率。这也正符合蒋梦麟聘任职员的标准，他说"名师当以知识、人格二者为标准。干才当以温、和、能事及有普通知识者为标准……不温，不足以使人爱之；不和，不足以使人亲之；无普通知识，则办法往往吹毛求疵，先其近者、小者，而遗其远着、大者"②。当然，行政机构的独立设置无疑增加了行政职员的数量，职员的薪俸支出也随之增加，逐渐成为北京大学的负担。1936年，蒋梦麟不得不实施紧缩行政机构的办法，取消秘书处，将事务、文牍、调查介绍、卫生、会计、出版等组分别撤销、归并，或由校长办公室处理，或由各委员会指挥监督。

---

① 《国立北京大学学则》，王学珍、郭建荣主编：《北京大学史料》（第二卷），北京大学出版社，2000年，第931页。

② 蔡磊砢：《蔡元培时代的北大"教授治校"制度：困境与变迁》，《高等教育研究》，2007年第2期，第95页。

第三节　健全个性人才培养体系

经过了京师大学校和北平大学区制的混乱,北京大学的教学工作和科学研究都遭到了极大的破坏。在京师大学校时期,学校图书严重散失,旧有学术团体荡然无存,心理学、生物学等系遭到取消,正常教学秩序被打乱,教学质量更无从谈起;而仅有的研究所国学门被改为国学专修馆后,也完全陷于瘫痪状态。继而,由于学校建制问题,学校被迫停课达九个多月之久。经过北京大学师生及关心北京大学的各界人士的共同努力,北京大学于1929年8月得以恢复校名,但在风波中的几年里,北京大学错过了蓬勃发展的机会,在中国教育体系、中国高等学校布局中被严重边缘化。北京也不再像二十年代初期那样是全国文化的中心,各类人才或纷纷南下或出国考察,只有少数人由于各种原因尚未离开。与此同时,北京大学的经济状况也是极其糟糕,教授的最高俸给还是每月三百元,比不上政府各部的一个科长,经济上的窘迫使得教授们不得不在一个甚至几个学校兼课,有的教授每星期兼课达四十小时,严重影响了学校的教学质量。面对这种状况,蒋梦麟不愿北上就任校长,他的顾虑是北京大学已经不复当年的地位、人才和气势,人心涣散,教学质量下降,经费短缺,要办好这所颇负盛名的大学,重现其辉煌绝非易事。但在傅斯年、胡适等人的帮助下,北京大学与中华教育基金会合作,获得中基会每年二十万的资助来聘请研究教授、购置仪器设备,对此蒋梦麟觉得没有什么理由再拒绝北上,于是在1931年1月就任北京大学校长,开始了重整北京大学的一系列改革。

历任北京大学教务长、代理校长的经历使蒋梦麟对于北京大学的组织体制、管理体系与人才培养体系都非常熟悉,在重振北京大学的过程中,他继承了蔡元培时期的一些基本理念,同时又结合当时的教育思潮与他自己的办学理念,对北京大学的教学科研与行政管理体系都进行了改革和发展。在人才培养方面,除了继续强调学术与健全人格的养成外,蒋梦麟还特别强调专业化人才的培养与大学生改造社会能力的提高,注重加强理科各系的建设,奠定了三十年代北京大学中兴的基础,进一步巩固和发展了北京大学的人才培养体系,也更加完善了北京大学的人才培养模式。

一、综合性发展的院系设置与课程设置

在学校组织系统上,蒋梦麟实行学院制。将北京大学原文、理、法三科改为文、理、法三学院,后来将英文、法文、德文、东方文四系改为四组,共同组成外国语文学系,全校共设哲学系、史学系、中国文学系、外国文学系、教育学系(以上属文学院)、数学系、物理学系、化学系、地质学系、生物学系、心理学系(以上属理学院)、法律学系、政治学系、经济学系(以上属法学院)十四个系。院长由校长聘任,系主任原由本系教授选举产生后改为由校长从本系教授中聘任。各院设院务会议,由院长和系主任组成,负责本院教学事项,审议本院一切教务事宜。各学系设系务会议,以系主任、教授、副教授组成,计划本系教学事项。学院制的实施,使得大学与各基层教学单位之间的关系更加系统化,学院的设置既减轻了学校和教学处在教学事务上的负担,同时又通过学院制加强了他们之间的联系,在管理上更为有效。从人才培养的角度来讲,学院制能够更好地进行多学科的联合培养,拓宽学生知识面,利于复合型、应用型人才的培养。

1932年北京大学成立"国立北京大学研究院",设自然科学部、文史部、社会科学部,招考研究生。1934年6月修订《国立北京大学研究院暂行规程》,将北京大学研究院原有的三部改为三研究所:文科研究所、理科研究所及法科研究所,与文理法三院对应。研究院院长由校长兼任,研究所所长分别由三院院长兼任。研究院设院务会议,由院长、各所主任、大学本科课业长及秘书长组织;各所设所务会议,由所主任及各系主任组织。各研究所根据各系师资与设备情况,设立研究科目,招收研究生,研究生工作的指导与管理均由各系主任

及教授负责。可见,各学院不仅负责本院的本科教学工作,也直接负责研究生的培养和科学研究工作,学院其实成为一个集合教学和科研的实体组织,这种体制大大提高了整个学校的效率。

　　为了更好地培养健全个人,在课程设置方面,蒋梦麟除了重视培养学生基本知识的基础课程外,还特别重视专业化课程的设置。这一点可以从二十世纪二十年代和三十年代地质系课程设置的差异中得以发现。在表3-1中二十年代地质系的课程,学生所修的课程还有共同必修课程如外国语等,还包含在其他各系的必修、选修课程,如地质系学生还须必修化学系的无机化学、定性分析化学、定量分析(矿石分析)、物理化学,物理系的物理学;选修物理系的热力学、光学、电学,数学系的微积分、初等力学、天文学等相关课程。

表 3-1　北京大学地质系课程表(1924—1925 年)

学年	科目	讲演时数	实习时数	教员	必修或选修
第一学年	地质学概论	3		朱家骅	必修
	矿物学	3	3	王烈	必修
	平面测量	3	3	卫梓松	必修
	动植物学	1	3	卫梓松	必修
	投形几何及图画		3	卫梓松	必修
小计		**10**	**12**		
第二学年	地史学	2	2	葛利普	必修
	岩石学	2	2	李四光	必修
	地文学	2	2	袁复礼	必修
	经济地质学(非金属)	2		何杰	必修
	地质测量及构造地质学	2	3	李四光	必修
	动物学(无脊骨动物)	2			必修
	动植物学实验		3		必修
小计		**12**	**12**		

（续表）

学年	科目	讲演时数	实习时数	教员	必修或选修
第三学年	古生物学及标准化石	2	3	葛利普	第三、第四学年的课程由于科目繁多,因此分矿物岩石学门、经济地质学门和古生物学门三门,学生可以选择其中之一门
	高等岩石学及实习	1	3	王烈	
	经济地质学(金属)	2		何杰	
	构造地质学	3(讲演与实习共计)		李四光	
	采矿学大意	4		王绍瀛	
	高等地层学	2	3	葛利普	
	冶金学大意	3		温宗禹	
	矿山测量及实习	3	3	卫梓松	
	选矿学	3		黄福祥	
	应用力学及机械学	3		卫梓松	
	进化论	1		葛利普	
小计		**24**	**12**		
第四学年	高等地层学	2	3	葛利普	
	高等岩石实验		6	李四光	
	高等矿物实验		3	王烈	
	中国矿产专论	1	3	何杰	
	采矿工程学	3		王绍瀛	
	钢铁专论	1		黄福祥	
	试金术及实习	1	3	王绍瀛	
	各门论文		8		
小计		**8**	**26**		

资料来源:王学珍、郭建荣主编《北京大学史料》(第二卷),北京大学出版社,2000年,第1118-1121页。

　　除了课堂的讲授和实验室的实验外,地质系学生还需进行野外实习,第一、第二学年每两星期一次,每次一天,第三、第四学年实习两星期。从上表中的课程安排来看,第一、第二学年的课程主要是专业方面的基础课程,第三、第四学年的课程主要涉及的是不同门类的专业课程,从这些专业课程的名称来看,更侧重的是地质矿石的寻找发现与采集方面。

蒋梦麟在课程设置上采取"精纯主义"原则,"北大以前课程失之广泛,不但应有尽有,而且不应有亦尽有。其不需要之课程,徒耗国家财力,并废学生有用光阴,于其研究之专科,并无裨益,故近来对此种课程,毅然裁去"[①]。因此,20世纪三十年代北京大学的课程经过整合后,更突出了其专业性,如地质系的课程与20世纪二十年代相比在数量上稍有增加,在专业化方面也有了很大的加强。这种变化可以从表3-2中看出,三十年代的地质系课程,无论是讲演时数还是实习时数,比起二十年代来都有了增加,而且除了表中所示的必修课与选修课外,学生还需必修党义、国文、英文、第二外语、科学概论或哲学概论,可见学生研习课程的任务比较繁重。显然表中所列的专业相关课程中,选修的课程明显比二十年代要少,而且主要在第四学年开设,这体现了蒋梦麟加强专业人才培养的目标。

表 3-2 1935 年北京大学地质系课程表

学年	课程名称	上学期			下学期			必修或选修
		讲演时数	实习时数	学分数	讲演时数	实习时数	学分数	
第一学年	普通地质学	3	3	4	3	3	4	必修
	普通矿物学	3	3	4	3	3	4	必修
	普通化学	2	3	3.5	2	3	3.5	必修
	普通物理学	4	3	5.5	4	3	3.5	必修
	初等微积分	4	1	5	4	1	5	必修
		16	**13**	**22**	**16**	**13**	**22**	
第二学年	地史学	2	3	3	2	3	3	必修
	构造地质	1	2	2	1	2	2	必修
	光性矿物学	2	3	3				必修
	岩石学(一)				2	3	3	必修

① 《蒋梦麟将赴欧参观教育》,《申报》,1934 年 7 月 13 日。

(续表)

学年	课程名称	上学期			下学期			必修或选修
		讲演时数	实习时数	学分数	讲演时数	实习时数	学分数	
第二学年	普通物理学	4	3	5.5	4	3	5.5	必修
	普通动物学	3	6	5				必修
	普通植物学				3	6	5	必修
	定性分析	1	3	2.5	1	3	2.5	必修
	地形测量	1	3	2	1	3	2	必修
		14	**23**	**23**	**14**	**23**	**23**	
第三学年	地层学(一)	2	2	3	2	2	3	必修
	古生物学	2	3	3	2	3	3	必修
	古植物学	2	2	3	2	2	3	必修
	岩石学(二)	1	3	2	1	3	2	必修
	矿床学(一)	3	2	4	3	2	4	必修
	定量分析	2	3	3.5	2	3	3.5	必修
		12	**15**	**18.5**	**12**	**15**	**18.5**	
第四学年	地层学(一)	2	2	3	2	2	3	必修
	标准化石	1	3	2	1	3	2	必修
	新生代地质	2	2	3				必修
	脊椎动物化石				2	2	3	必修
	矿床学(一)	3	2	4	3	2	4	必修
	地壳构造	1		1	1		1	必修
	岩石发生史	1		1	1		1	必修
	岩石分析		6	3				选修
	高等微积分	4	1	5	4	1	5	选修
	理论力学	3		3	3		3	选修
	理论化学	4	3	5.5	4	3	5.5	选修
	比较解剖	2	6	5	2	6	5	选修
	植物分类	2	6	5	2	6	5	选修
		25	**31**	**40.5**	**25**	**25**	**37.5**	

资料来源:王学珍、郭建荣主编《北京大学史料》(第二卷),北京大学出版社,2000年,第1155-1157页。

二、务实的人才培养方式

中国近代教育经过几十年的发展，尤其是在壬戌学制颁布以后，中学教育有了很大程度的提高，北京大学可以直接招收本科一年级学生。三十年代的北京大学对于招生考试依然非常严格，对投考资格到证书审核、体检等各方面都作了详细的规定。根据 1931 年 5 月修订的《国立北京大学入学考试简章》，投考北京大学的学生需要具备下列资格之一："A. 公立或已立案之私立高级中学毕业者（三三制、四二制或二四制中学之高级）；B. 高等专门学校毕业者；C. 公立大学预科毕业者；D. 国民政府大学院或教育部立案之私立大学预科毕业生"[①]。报考时上述四项都须呈验毕业证书，所有申请先准报名随后补缴证书的，概不通融；当年应毕业尚未领到证书者，由学生现所在学校开具有该校印章的正式证明函件；去年毕业生，持该校去年所给毕业证明函件及今年补给之毕业证明函件，均为无效；一切私人函件证明资格请准报名，均无效；录取后如发现证明是伪造的，即取消其资格。此外，北京大学还规定投考者于考试前接受体格检查，特别注意肺脏、心脏等重要脏器的检查，不合格者不得参加入学考试。由此可见，北京大学在招收新生时既重视其学习的状况，也非常重视其身体健康状况。

与二十世纪二十年代的分组安排考试科目相类似，三十年代北京大学招考的科目分两类（除党义外各科合计共一千分）：文法学院需要党义必须及格、国文 300 分、外国文 400 分（英、德、法、日文四种任择其一；但考日文者兼考英、德、法文之一）、数学 200 分（代数、几何、平面三角）、史地（100 分）；理学院需要党义必须及格、国文 200 分、外国文 300 分（英、德、法、日文四种任择其一；但考日文者兼考英、德、法文之一）、数学 300 分（代数、几何、平面三角、解析几何）、理化 200 分。[②] 从考试科目分值所占的比例来看，无论是文、法学院还是理学院都非常重视语言基础，尤其是外国语，其比例达到了 30%——

---

① 《国立北京大学入学考试规则》，王学珍、郭建荣主编：《北京大学史料》（第二卷），北京大学出版社，2000 年，第 834 页。

② 《国立北京大学入学考试简章》，《北京大学日刊》，第 2841 号，1932 年 5 月 25 日。

40％。从 1931 年报考与招生的人数来看,北京大学新生录取比例是非常低的,当年报考人数共 1052 人,报考文学院者 526 人、理学院者 217 人、法学院者 309;录取 109 人,其中文学院 45 人、理学院 40 人、法学院 24 人;[①]其投录总比例为 10.36％,文理法学院录取比例分别为 8.56％、18.43％、7.77％。随着近代大学教育的发展,中国大学的数量明显增加,公立大学从 1922 年的 7 所增加到 1930 年的 59 所,学校数量的增加为报考学生提供了更多的选择;国民政府定都南京,南方大学的发展尤其是中央大学的成立和发展,吸引了更多的江南考生,相对减少了北京大学的生源;北京大学经历了二十年代末的混乱,自身的竞争力明显减弱,这一切都使北京大学在整个中国高等教育体系中的地位下降。即使如此,重整后的北京大学并没有降低新生的录取标准,依然奉行"宁缺毋滥"的原则。

蒋梦麟非常重视自然科学的教学与研究,除了加强理科师资阵容、增加理科学生的招生名额外,他还特别注重扩充实验设备,加强实验教学。物理系、化学系、地质系、生物系、心理学系等建立了实验室,大大改善了学生进行实验学习的条件。物理系原来的实验条件十分简陋,精确实验无法进行,蒋梦麟长校后,先后增加了普通和专门物理实验室 5 所、光学实验室 3 所,还建立了电振动、应用电子学和放射 X 光线实验室各一所,以及研究室、机器房、仪器储藏室和物理特备教室等。有了这些设备和条件,学生的实验课就比较容易开展。按规定初级物理实验 62 个,在预科进行,每周一次;普通物理实验 69 个,在本科一二年级进行,每周一次,目的是使学生能使用各种高级仪器,以养成将来独立研究的能力;专门物理实验在三四年级进行,每周两次,学生并可在教授指导下自做实验,进行专题性研究。化学系有普通化学实验室 2 所、定量分析室、定性分析室、物理化学实验室、有机分析有机制备实验室、有机化学实验室 2 所,高等无机

---

① 《国立北京大学二十年度招考新生统计》,王学珍、郭建荣主编:《北京大学史料》(第二卷),北京大学出版社,2000 年,第 599 页。

化学实验室、染料炸药实验室、酿造实验室、制革实验室、燃烧室、天平室 3 所，化学研究室 2 所，仪器储藏室 3 所及化学系特备教室等。[①]化学系学生实验课程也明显增加：普通化学实验每周 3 小时，定性分析实验每周 6 小时，定量分析实验每周 9 小时，无机化学实验每周 3 小时，有机化学实验每周 6 小时，有机分析实验每周 6 小时。地质系早在蔡元培时期就有了很大发展，1931 年李四光被聘为地质系主任后，教学设备和实验设备更是有了很大的改进，建立了矿物学实验室、古生物学实验室、矿物岩石光学实验室、岩石分析室、薄皮制造室、绘图室、测量仪器储藏室，修建地质学馆，开辟了地质陈列室和研究室，还设立了地质学教室、古生物学教室和选矿实习室。[②]生物系有普通植物实验室、生理学实验室、无脊椎动物比较解剖学实验室、动物标本室、植物标本室、高温室、低温室等。心理学系有普通心理实验室、高级心理实验室、生理心理实验室、手术室、心理仪器储藏室、动物饲养室、磨电室和暗室等。

　　除了实验设备，蒋梦麟还加强了图书管理，并筹建了新图书馆。他将原来的图书部改为图书馆，馆长可以参加校务会议，并专设图书委员会，研究决定有关图书馆的一些重大问题。首先购得原嵩公府的一所大宅院，稍加修葺后将图书馆由马神庙原址迁入，将主房后院作为书库，前院则分别作为报刊、中文书籍、外文书籍等阅览室，但由于图书分散各处，给学生带来诸多不便。其实蒋梦麟早就有意建设新图书馆，只是由于经费短缺，直到 1932 年，在中基会的支持下和北京大学师生捐款相助下，北京大学图书馆开始筹建。1934 年 4 月 15 日正式破土动工，历经一年多，于 1935 年 8 月竣工启用。新图书馆呈"立体式凸形"，后面是书库，可藏书 30 余万册，前面有可容纳 500 个座位的中文、西文、期刊和指定参考书四个大的阅览室和供教授使

---

　　① 萧超然等编著：《北京大学校史（1898—1949）》（修订本），北京大学出版社，1988年，第 302 页。

　　② 萧超然等编著：《北京大学校史（1898—1949）》（修订本），北京大学出版社，1988年，第 301 - 302 页。

用的 24 间研究室。新馆建设的同时,北京大学还购置了各类图书期刊,出版中文书目,编纂丛书和善本书正式书目,发行图书部月刊,还每周出版《国立北京大学周刊图书馆副刊》。其建筑的质量,图书的收藏和服务的质量在当时的北京各大院校中堪称一绝,大大改善了北京大学师生的学习和研究工作条件。当时在北京大学求学的学子们对此颇有感触,邓广铭曾言,"对一个像我这样初入学术研究领域的人来说,只需在此阅览室巡视一次,至少也可增加许多图书目录方面知识。这又是北京大学新馆为北平图书馆所不及之处"①。

蒋梦麟要培养具有健全个性的人才,不仅要有研究学术的兴趣和能力,同时要有改造社会的能力,这就要求对学生进行专业化培养。以史学系为例,其具体的做法是将四年的课程分两部分进行,前两年主要教授史学之基本科学及通史,后两年学生则可以选一种专史进行专门研究,由原来的通史学习而进入到专门史的研究中。当时这种专门史的研究包括中国分代史研究、中国百年史研究和西洋百年史研究,其中以中国分代史研究为重点。学生可以在三年级跟随教师研究断代史,专攻两年;如果是在四年级只能就某一断代史作部分的研究,如宋史中可选择辽史、金史、西夏史;元史可选西辽史、察哈台汗国史、钦察汗国史、伊儿汗国史、后元史。研究的具体要求是:(1) 将某代史句读一遍,以表示读完此史;(2) 将某代史撰述源流及后人重修或考订之历史,编成报告;(3) 将某代史有关系之参考书及中外杂志上对于某代史之著述编成一目录;(4) 将某代史之历史地理,并其时代之政治、经济、学术、风俗及其他一切文化分类研究,各择其一类撰成有系统的论文;(5) 各时代史如有特殊情形,其研究方法由任教教员自由指导。② 而中国近百年史则分成民国前和民国后两部,西洋近百年史分为欧战前和欧战后两部,对此不专重教授,

---

① 邓广铭:《我与北大图书馆的关系》,陈平原、夏晓虹编:《北大旧事》,三联书店,1998年,第 456 页。

② 萧超然等编著:《北京大学校史(1898—1949)》(增订本),北京大学出版社,1988年,第 294-295 页。

而重在指导学生搜集史料及新发生的史实,进行组织记载练习。这种在基本知识和方法教授基础上的分类培养的方法,在没有进行专业设置的情况下,对于专业人才的培养是一种很好的尝试。

　　要服务社会,必须一方面要了解社会,另一方面要将知识运用于社会,因此蒋梦麟时期的北京大学继续了蔡元培时期的做法,组织学生进行社会实践,包括参观、考察、旅行等多种方式。1932年经济系参观团43人在唐山、大沽、天津等处参观新兴产业、生产企业、劳工状况及各地历史变迁,各项考查都有详细的笔记。同年,北京大学教育系四年级学生教育参观团二十多人,由教授杨亮功领导,赴华北各地参观,先至天津,后至济南、开封、太原等地,该团体分文书、交际、事务、摄影四组,分别负责资料记录整理、与当地教育机关及学校联系交流等各项事务。此外其他各系,如地质、政治、法律、化学、史学、物理等系的学生都会有一些参观考察的经历。由于专业的特殊性,地质系学生野外考察、实习的次数会更多,如1935年2月,地质系公布的教授会讨论决定的本学期学生野外实习的安排,见表3-3。同时要求学生在考察前做好各项准备工作并预先参考一定书籍,考察回校后必须有详细报告,于考试前交本系教授会评阅,并将成绩以较高的百分率纳入毕业成绩内,可见当时北京大学对于学生实习的要求非常严格。

表3-3　北京大学地质系学生野外实习安排表(1935年)

年级	地点	日期	指导人	时期
第一年级	西山红山口玉泉山一带	3月17日	谢季骅 高振西	当日往返
	张家口、汉诺坝宣化烟筒山下花园及南口一带	4月8—14日		春假一星期
	西山三家店灰峪一带	5月5日		当日往返
	西山鹫峰温泉黑龙潭一带	5月26日		同上

(续表)

年级	地点	日期	指导人	时期
第二年级	西山玲阁庄及旦里附近	3月17日	孙铁仙 斯行健 赵金科	一日或二日
	山东济南炒米店张夏安及大汶口一带	4月8日开始		一周至十天
	西山门头沟九龙山一带	5月5日		当日往返
	西山八大处、香山、卧佛寺一带	5月26日		同
第三年级	西山羊房镇附近	3月17日	王霖之 何雨民 金棠如	一日至三日
	河南武安六河沟、河北省磁县一带	4月8日开始		一周至十日
	西山坨里一带	5月5日		约两日
第四年级	河北获鹿临城、山西太原介休一带	已提前举行	孙铁仙 赵子铭	三周
	西山西南部个人独立工作	4月8日开始		十日至十五日

资料来源:《北京大学周刊》,第138号,1935年2月23日。

　　此外,北京大学还注重学生的自主学习和自主研究能力的培养。在教学方法上除了纯演讲式外,还采取让学生自主学习研究,定期做读书报告的方式。有些教授为培养学生的研究与写作能力,所授课程需要学生撰写论文,比如1931年胡适布置的《中国哲学史》的论文题目有:(1)试述《抱朴子》的思想;(2)试论陶弘景在道教史上的地位;(3)试从道宣的《广弘明集》及《续高僧传》的"护法"一部中钩出北周至唐初佛道两教斗争的历史;(4)试述王安石的重要思想;(5)试述颜元的重要思想。① 从这些题目来看,任何一个问题都不是几句话就能阐述清楚的,也不是从那本参考书上能够找到现成答案的,这就要求学生对教授所提出的要求阅读的材料有一个很好的理解和把握,在此基础上进行概括和总结才能得出比较完整、系统的答案。这对于学生阅读能力、写作能力以及逻辑能力的培养都是很有帮助的。

---

① 《北京大学日刊》,第2842号,1932年5月26日。

三、严格的教学管理制度

二十世纪三十年代的北京大学在教学管理制度上要求严格,制订的规章制度包括 1932 年的《国立北京大学学则》,1933 年的《国立北京大学转学规程》《国立北京大学旁听生规则》,不仅在教学制度、学籍管理制度上作出了明确规定,还对学生的成绩考核方式也作出了详细的说明。第一,学分管理。学则规定本科学生的修业年限除工学院为五年外,其余为四学年,且每学年上课至少须在二十八周以上,不满次数者,无论出于什么原因都须补足。改原来的单位制为学分制,规定"凡需课外自习之课目,以每周上课一小时满一学期者为一学分,实习及无需课外自习的课目,以二小时为一学分"①。学生至少须修满 132 学分方可毕业,第一二两年每学期所修学分总数至多不得超过 20 学分(法律学系得修满 22 学分),第三四两年每学期至多不得超过十八学分。

第二,学籍管理。入学及转学的新生先到注册组报到填写保证书及志愿书,领取缴费单至会计组缴纳费用后,凭缴费收据到注册组注册、领取选课单。选课单填写好后须由系主任签字盖章,选定后如欲修改,也须经系主任签字,并须于选课截止后一星期内进行,过期不准改选。入学后,新生不得在理学院与文、法学院之间请求转学;二年级以上学生可以转院,文、法学院转理学院者需考数学及理化,理学院转文、法学院者,应考国文外国文及史地,考试及格后转入各院系一年级。文、法学院二年级以上学生请求互转及同院的各系二年级以上学生请求转系者,由注册组将各生成绩送与转入各系主任审查,核准后方能转系。学生向注册组主任陈明理由经核准后可请休学,而逾期未注册者、患病短期不能愈痊者、第一学期不及格或扣考之学分达 1/2 以上或本系必修科目两门以上不及格或扣考者,由教务处令其休学。休学者未超过两学年者可以申请复学,逾期的学生如欲再入学,须按照转学规程

---

① 《国立北京大学学则》,王学珍、郭建荣主编:《北京大学史料》(第二)卷,北京大学出版社,2000 年,第 930 页。

办理。入学后查出冒名顶替或所缴证书不实者、休学期满尚未到校者、成绩不合格达到一定程度者,即令其退学。

第三,转学生、旁听生规定。学校各系有缺额时,可以收纳转学生和旁听生。"凡国内外公立或私立大学(教育部立案者为限)本科肄业生或毕业生得请求转入本校肄业"①,需要同时缴验中学毕业证书、大学本科修业或毕业证书以及大学本科修业成绩表,并参加转学试验科目的考试,考取后在本校肄业期间至少须满两年。而旁听生根据之前所学及平时研究的兴趣,填写志愿书与保证书,经本校审查或考试后认为确有听讲学历者可入学,选听愿意学习的课程,但每周至多不得超过二十小时,且根据所听学科按每学分每学期缴学费一元,对内、对外应称"北京大学旁听生",不得称为北京大学学生,也不得转为正科生。

第四,加强课堂管理,实行点名制。为避免学生上课缺席,北京大学实行了点名制度。具体做法是:由注册组制订"国立北京大学学生上课临时点名片"发给学生,每学科每月一张,学生将姓名、系别、年级、学科名称以及每周时数填写好,在第一次上课时交给任课教师,后由教师保存以备一月内上课时点名之用,用完后由注册组统计缺课学生名单及缺课时数并于大考(学年考试)前公布。并且将学生的成绩与出勤相联系,"学生平时上课缺席五分之一以上者扣其该科成绩百分之五,至四分之一以上者扣百分之十,至三分之一以上者不得参与学期考试"②,即为"扣考"。据北京大学注册组统计,1933—1934学年下学期应"扣考"学生共有45人,其中理学院16人,文学院24人,法学院5人。

第五,成绩考核。学科成绩由平时成绩及学期成绩构成,平时成绩的考查方法由各系教授会讨论决定,学期成绩考查必须在教室举

---

① 《国立北京大学转学规程》,王学珍、郭建荣主编:《北京大学史料》(第二卷),北京大学出版社,2000年,第933页。

② 《国立北京大学学则》,王学珍、郭建荣主编:《北京大学史料》(第二卷),北京大学出版社,2000年,第931页。

行。每学期成绩不及格者,可补考一次,必修科目补考不及格者须重修,本系必修科目有两门以上不及格者留级。两学期连续的课程有一学期及格、一学期不及格或"扣考"者,如平均成绩不及格则按全年成绩不及格论,如平均成绩在 50 分以上者,可补考全年课程一次;但如果第二学期及格而第一学期补考成绩不及格者,则不得参加第二学期的补考。所有补考的分数由注册组按照教员所定分数九折计算。在考试过程中严格考试纪律,为杜绝冒名替考现象,要求教员一律在课堂举行考试,并核查照片,对于冒名顶替者或令其记大过或退学。

第六,毕业考核。北京大学学生学分达到 132 个、通过毕业考试、应作毕业论文者论文合格才可以毕业。这也是根据国民政府公布的《大学规程》的规定而要求的,大学规程规定"毕业试验即为最后一学期之学期试验,但试验科目须在四种以上,至少有两种包含全年之课程",[①]且由校内教授、副教授以及校外专门学者组织的委员会负责。1934 年北京大学毕业试验的考试委员会除校长、院长、各系教授外,每系还聘请了校外委员,如中国文学系朱佩弦、外国文学系叶崇智、哲学系金龙荪、历史学系蒋廷黻、物理系萨本栋、化学系张子高、算学系杨式之、地质系袁希渊、生物系陈希山、心理系孙国华、法律系燕树棠、教育系李建勋等。[②] 毕业论文须在最后一学年的上学期开始时,由学生就主要课目选定研究题目,受该课教授指导撰写,并于毕业试验前提交。上述三个方面的条件必须同时满足才可以毕业,1932 年北京大学共毕业学生 116 人,有 56 人因华北形势不安未能参与毕业考试,或已考而学分不足,或学分已足而又未交论文,均不准毕业。

蒋梦麟时期的北京大学无论是平时的课堂教学,还是教务管理,甚至学年考试以及毕业考试,对学生的要求都还是比较严格的,这能更好地保证培养的学生的质量。同时,在课程设置、教学管理上体现出了统

---

① 《教育部公布大学规程》,中国第二历史档案馆编:《中华民国史档案资料汇编》(第五辑第一编),江苏古籍出版社,1994 年,第 177 页。

② 《国立四大学毕业试验》,王学珍、郭建荣主编:《北京大学史料》(第二卷),北京大学出版社,2000 年,第 1016 页。

一化的倾向。当然，这种严格的管理制度与当时国民政府控制力增强，加大对全国教育的管理有关，其中颁布的《大学规程》、《大学组织法》、《施行学分制划一办法》等一系列的规章制度都与大学的教学管理有着密切的关系，它们规范和影响着北京大学诸多制度的建立。

第四节　蒋梦麟时期的教职员管理与学生管理

　　1927 年南京国民政府成立后，针对高等教育颁布了一系列的法规、法令，其中对于教员聘任方面颁布了《大学教员资格条例》，内容包括名称、资格、审查和附则四个部分、二十条。将大学教员分为一、二、三、四等，一等为教授，二等为副教授，三等为讲师，四等为助教。并对各等教员资格进行了详细的说明："国内外大学毕业，得有学士学位，而有相当成绩者"或"于国学上有研究者"为助教；"国内外大学毕业，得有硕士学位，而有相当成绩者"或"助教定满一年以上之教务，而有特别成绩者"或"于国学上有贡献者"为讲师；"外国大学研究院研究若干年，得有博士学位，而有相当成绩者"或"讲师满一年以上之教务，而有特别成绩者"或"于国学上有特殊之贡献者"为副教授；"副教授完满两年以上之教务，而有特别成绩者"为教授。大学教员都必须接受审查，呈验履历、毕业文凭、著作品及服务证书于各大学评议会。可见此时国民政府教育部对教员资格的认定既要看其毕业文凭还要看其著作与教学服务成绩，但对于有研究成绩而无学位者，"经大学之评议会议决，可充大学助教或讲师[①]"。并规定大学教员以专任为原则，如有特殊情况不能专任时，其薪俸按钟点计算。1929年国民政府颁布《大学组织法》，其中第十三条规定"大学各学院教员分教授、副教授、讲师、助教四种，由院长商情校长聘任之"，第十四条

---

　　① 《大学教员资格条例》，中国第二历史档案馆编：《中华民国史档案资料汇编》（第五辑第一编），江苏古籍出版社，1994 年，第 168－169 页。

规定"地史学得聘兼任教员,但其总数不得超过全体教员三分之一"①。这两个法令基本上包含了大学教员聘任制度的基本内容,以此为基础,北京大学确立了自己的教员聘任和管理制度。

一、教授治学与设立"研究教授"

北京大学自成立了聘任委员会后,教授聘任制度已经日渐健全,至 1927 年其聘任过程是:先由各系主任提议聘请教授,经该系教授会审议通过后,提交教务会议,教务会议通过后由校长提交聘任委员会,经聘任委员会审查认可,才可以聘为教授,可见手续之繁琐、要求之严格。1930 年蒋梦麟就任校长后,对教员聘任也作了一些改革。

二十世纪二十年代后期,由于教育经费积欠严重,教员基本生活受到影响,于是教员兼课现象极为普遍,教学质量受到影响,因此教育部训令各大学,"为令饬事,查大学教授应以专任为原则,现时各校教授每因兼课太多,请假缺课,甚至以一人兼两校或同校两院以上之教授,平时授课已虞不及,何有研究之可言,且影响教授效能,妨碍学校进步,盖无有甚于此者,极应严加整顿,以绝弊端。即自十八年度上学期起,凡国立大学教授,不得兼任他校或同校其他学院功课,倘有特别情形不能不兼任时,每周至多以六小时为限;其在各机关服务人员担任学校功课,每周以四小时为限,并不得聘为教授"②。鉴于此,北京大学自 1931 年开始实行教授专任制度,规定聘请教授以专任为原则。"在他校兼课者,则薪金较专任者少,在他校兼课较多者,则改为讲师;专任教授的待遇略有提高,同时改变过去教授第二年续聘后即无任期限制的办法。规定新教授初聘订约一年,续聘订约二年,在聘约有效期内不得中途他去。"③并且规定每个教授每周授课为

---

①　《国民政府颁布大学组织法》,中国第二历史档案馆编:《中华民国史档案资料汇编》(第五辑第一编),江苏古籍出版社,1994 年,第 172 页。

②　《大学教授限制兼课》,王学珍、郭建荣主编:《北京大学史料》(第二卷),北京大学出版社,2000 年,第 431 页。

③　萧超然等编著:《北京大学校史(1898—1949)》(增订本),北京大学出版社,1988年,第 283 页。

十二学时。北京大学在当时聘任的教员中以教授与讲师为主,1932—1934 年北京大学教员聘任情况见表 3-4。

表 3-4 北京大学聘任教员情况表(1932—1934 年)

年度	教授	比例	副教授	比例	讲师	比例	助教	比例	总计
1932	72	36.7%	9	4.6%	102	52%	13	6.6%	196
1933	64	41.8%	14	9.2%	42	27.5%	33	21.5%	153
1934	65	36.1%	11	6.1%	77	42.8%	27	15%	180

资料来源:王学珍,郭建荣主编:《北京大学史料》(第二卷),第 452-456 页。

自表中可以看出 1933 年教员总人数有所减少,1932 年与 1934 年相差不大,而从教员的构成来看,1932、1934 两年的教员中教授占总数的比例基本相同,与 1933 年教授占教员总数的比例相差也不大。而讲师数量变化较大,1932、1934 年讲师所占比例超过了教授,成为主要的教员力量,而 1933 年其比例也占到了近 30%。可见这段时期内,北京大学在教员的聘任方面是以教授与讲师为主体的。

北京大学利用与中基会合作的机会,设立研究教授制度,大大提高研究教授的薪俸待遇与科研条件。自 1931 年至 1936 年,北京大学与中基会的合款支出预算中,研究教授的薪俸超过了三分之一,其具体支出情况见表 3-5。

表 3-5 北京大学与中基会合款支出预算表(1931—1936 年)

年度\项目经费	研究教授薪俸(元)	设备仪器图书印刷(元)	奖助学金(元)	建筑费(元)	耗修及普通设备费(元)	其他(元)	预备费(元)	总额(元)
1931	88 300	161 700	/	/	/	/	/	250 000
1932	132 000	165 000	9 900	8 000	7 200	5 900	/	400 000
1933	126 000	168 500	9 900	7 500	7 200	1 000	12 400	400 000
1934	120 600	102 000	9 900	50 000	5 760	/	11 740	300 000
1935	123 600	102 000	13 900	50 000	5 760	/	4 740	300 000
1936	120 000	106 650	13 900	/	5 760	50 000	3 690	300 000
合计(元)	710 500	805 850	57 500	255 000	31 680	56 900	32 570	1 950 000

资料来源:杨翠华:《中基会对科学的赞助》,(台北)"中央"研究院近代史研究所,1991 年,第 143 页。

研究教授待遇较高,每月薪俸即有 400—600 元,加上每年 1500 元的设备费,还可以带薪出国考察研究,这一些的待遇都令国内其他大学望尘莫及。就实际薪俸支出来看,1934 年北京大学研究教授共19 人,其中奥斯古德月俸 700 元,其余均为 500 元。这种待遇吸引了大批优秀人才加入北京大学,为"北大中兴"做出了很大贡献。从北京大学教员实际领取薪俸数额来看,教授、副教授与讲师、助教的薪俸差距很大,具体差距对比情况见表 3 - 6。从表中可以看出,1931年—1934 年四年间北京大学教授平均月俸皆在 400 元以上,副教授平均月俸在 280—300 元之间,而专任讲师平均月俸在 160—250 之间,讲师①平均月俸在 70—80 元之间,助教平均月俸在 80—90 元左右。教授平均月俸大约是讲师、助教的 5 倍之多,可见其差距非常大,这种差距远远超过了南京国民政府规定的大学教员薪俸最高与最低差距。1927 年,南京国民政府教育行政委员会公布《大学教员薪俸表》(表 3 - 7),规定大学教员薪俸分四等十二级,这是战前十年各大学制订教师薪俸的指导性文件。

表 3 - 6　北京大学教员月俸收入对比表(1931—1934 年)

月俸\年度	教授			副教授			专任讲师			讲师			助教		
	最高	最低	平均	最高	最低	平均	最高	最低	平均	最高	最低	平均	最高	最低	平均
1931	—	—	446.7	300	280	285	280	200	250	180	40	78.65	130	40	85
1932	500	360	425.2	360	280	302	280	200	240	250	40	79.5	130	40	78.4
1933	500	360	421.1	360	240	290	—	—	—	296	40	76.14	192	80	92
1934	700	250	429.8	320	280	300	200	100	160	168	40	71.13	160	40	87

资料来源:李向群:《1931 年至 1934 年北大教员工资收入与当时物价情况简介》,《北京档案史料》,1998(1)。

---

①　此处讲师指兼任讲师,在北大实行教授专任制度后,兼课教授取讲师薪,且按照实际授课时数来计算薪酬。

表 3－7　1927 年南京国民政府大学教员薪俸表(单位:元)

	教授	副教授	讲师	助教
一级	500	340	260	180
二级	450	320	240	160
三级	400	300	220	140

资料来源:《大学教员薪俸表》,《大学院公报》,1928 年 1 月第 1 卷第 1 期。

除了高薪外,北京大学教授还享有带薪休假研究的待遇。1934年 12 月,北京大学校务会议通过了《国立北京大学教授休假研究规程》,规定"本大学教授连续服务满五年者,得请求休假一年,如不兼事支半薪。其请求休假半年者,如不兼事支全薪。[①]"如休假教授在休假期间进行研究工作,先提出研究的具体计划,经系务会议通过审定提校务会议核准后可以享受其他的待遇,根据休假期间所赴地点不同,该规程做出了不同的规定:休假期内赴欧美研究的教授,支给全薪,并给予来往川资各美金 350 元;休假期内赴日本研究者,支给全薪;休假期内赴国内各地研究者,除支取全薪(休假半年不兼事)或半薪(请假一年不兼事)外,就其旅行及研究费用,由研究者提出详细预算,经校务会议核定,但总数不得超过 1 500 元。赴欧美或日本研究的教授,在国外研究期间须在十个月以上。休假期满,各教授必须返校继续服务于本校,每年每系休假人数不得超过一人。这种规定既保证了教授在国内外能有充足的时间和经费进行科学研究,又能确保校内教学和科研工作的正常进行。

对于无故休假的助教,北京大学也本着培养新人的原则为他们提供留学的机会。1934 年 6 月校务会议通过《资助助教留学规则》,规定具备"在校服务满五年以上勤于职务者;兼作演讲工作,确有相当成绩者(研究成绩以登载本校刊物或国内外著名刊物者为有效)"[②]两项资格,经系教授会审查合格,提交院务会议及校务会议通过者,

---

① 《国立北京大学教授休假研究规程》,王学珍、郭建荣主编:《北京大学史料》(第二卷),北京大学出版社,2000 年,第 437 页。

② 《北大校务会议昨通过资助助教留学规则》,《北平晨报》,1934 年 6 月 29 日。

可以由学校资助留学。留学期间，第一年薪金照支，第二年如成绩优良，可以向学校请求继续一年，只是必须要经系教授会、院务会议、校务会议通过；留学期间，助教的职务由本系助教或本院中他系助教分担，学校不另加聘他人。留学回国后，如学校有聘请其回校服务，助教有尽量先回校服务的义务。这项制度对于培养新人，加强教师队伍建设是大有帮助的，有利于形成梯队式教师队伍格局，避免了断层和由于个别知名教授的去留而影响到整个学科的发展。

此时期的北京大学教授除了拥有高薪和较好的科研条件外，还受到很高的礼遇。时任北京大学教授的钱穆曾回忆说："在北大任教，有与燕京一特异之点。各学系有一休息室，系主任即在此办公。一助教常驻室中。系中各教师，上堂前后，得在此休息。初到，即有一校役捧上热毛巾擦脸，又泡热茶一杯。上堂时，有人持粉笔盒送上讲堂。退课后，热毛巾热茶依旧，使人有中国传统导师之感。"①

二、学生自动自治

蒋梦麟非常强调学生的自动自治，个性主义教育要通过自动自治来实现，"我愿办学校的人奖励学生自治"。对于自动的人才，他是这样来解释的："具有远大的眼光，进取的精神。事事改良，著著求进步。人未能敢行者，我独行之，人未能及知者，吾独察先机而知之。此所谓自动的人才也"。他说，"好的生活是自动的，他人带动的不是好的生活，学生自治是自动的一个方法"②，也就是说，蒋梦麟希望通过学生自治来实现把学生培养成健全个人的目标。通过提高学术程度、开展公共服务、进行文化活动、改良社会等活动来提高学生的自治能力，培养学生的自治精神。

为发挥学生的自治精神，北京大学自蔡元培时期就设立有学生自治委员会（简称学生会），这是学生组织中最基本也是最具普遍性

---

① 孙善根：《走出象牙塔——蒋梦麟传》，杭州出版社，2004年，第161页。
② 曲士培编：《蒋梦麟教育论著选》，人民教育出版社，1995年，第56页。

的自治组织。学生会章程经过不断的修改,至 1930 年已非常健全,包括总纲、会员、代表大会、执行委员会、审计委员会、监察委员会、会员大会、选举及任期、总投票、会计、经费、附则共十二章 62 条。学生会以"维护三民主义,努力国民革命,发扬文化,改进社会,协助学校,谋利会员"为宗旨,既负责学生内部各种事务,还代表学生与学校及校外进行沟通与交流。1931 年学生会曾向校长递送建议书,其内容包括:(1) 收买嵩公府;(2) 图书经费应按照预算支出;(3) 扩充并改良浴室;(4) 切实注意学校卫生及同学健康,设立校医院;(5) 接收景山;(6) 免费问题;(7) 建筑图书馆、体育馆及大礼堂;(8) 提高教授待遇;(9) 增加宿舍;(10) 筹办实验学校;(11) 切实整顿图书部;(12) 从速设立研究院;(13) 开辟西斋西口往南路东之空地为网球场。从上述建议内容来看,学生会的建议涉及的范围很广,既包含与学生日常生活相关的宿舍、卫生等问题,还包括图书的购买、整理与图书馆等的建设,甚至包括教授待遇问题及研究院与实验学校等学校发展的重大问题,可见当时学生自治组织对学校事务的关注及自治组织在学校中的地位。当然,学生会提出的所有要求和建议不可能被学校全部接受和采纳,但确实也为学校发展提出了一些改良的内容和方向。除学生会外,当时的北京大学还有研究生会、女同学会、摄影研究会、音乐学会、戏剧研究会等社团组织,还创办了《北大学生会周刊》、《北京大学非常学生会专刊》、《北京大学示威运动专刊》、《北大旬刊》、《青年大众》、《政治学论丛》、《国难周刊》等关注社会的时事评论性刊物。

在学生宿舍管理上,北京大学也有严格的规定,宿舍由校工专供看守门户,"同学有急事须差人出外时,可向管理处接洽","出入时,如室内无人,必须叫校工开门","银钱及贵重物品,概交存管理处或银行","大件行李交存储藏室"①。对于私自将床位让与校外人员居

①　《秘书处事务组布告》,王学珍、郭建荣主编:《北京大学史料》(第二卷),北京大学出版社,2000 年,第 2114 页。

住者,秘书处事务组除将校外窃居者即刻驱逐外,还将床位原住之人的住宿资格一并取消。由于 1933 年学生宿舍内发生命案,学校又进一步加强了对学生宿舍的整顿和管理,严禁女生进入男生宿舍,同时男生也禁止进入作为女生宿舍的五斋。学生会对此提出不同看法,他们认为"在事实上门禁而后同学多感不便,接待室又复简陋不堪,且葛李案之发生,乃新旧思潮之争,并非由于门禁之严与不严"①,因此请求开放门禁。对于学生会的请求,蒋梦麟并没有允许,他认为"禁止女宾进男生宿舍,并非开倒车。各校均系如此,女宾访友,可在客厅接谈,何必拘拘于寝室"②。

在加强宿舍管理的同时,蒋梦麟在改善学生生活和学习条件方面做出了很多的努力。早在代理北京大学校长时,他在 1920 年 9 月开学典礼上就指出:"同学最感痛苦的,就是寄宿舍不够。住在公寓里吃寓东的苦。这事我们早想到。但请拨公地请不到,购地一时无款,造房更没钱,所以迁延过去。现在我们还要极力想法"③。就任北京大学校长后,蒋梦麟依然为此而努力,直到购买了嵩公府,并于 1934 年在嵩公府东院北面兴建了一幢学生宿舍,每室 8 平方米,附壁室 2 平方米,每室住一人,住房条件相当优越,大大改善了北京大学学生的住宿条件。当时在北京大学就读的朱文长对此作了如下回忆:"这楼完成之后,北大宿舍乃压倒了燕大清华。这是四层楼立体式的钢骨水泥建筑,在一院空场的最北头,远远看来像一座兵营,里面的格局也很特别,里面每层七八间形式各别、妙处不同的房,十分适合北大爱好个别发展的胃口。更妙的是一人一屋,偿了几十年来北大同学求隔离的宿愿。每间屋附着一间放箱子挂衣服的暗室。热水汀、弹簧锁,配合而调和的特制家具,摩登舒适,使你完全忘了这是老北大。"④此外,北

---

① 《北大学生会致蒋校长函》,王学珍、郭建荣主编:《北京大学史料》(第二卷),北京大学出版社,2000 年,第 2115 页。

② 《北大不许女宾进男宿舍》,《京报》,1933 年 11 月 3 日。

③ 蒋梦麟:《过渡时代之思想与教育》,商务印书馆,1933 年,第 405 页。

④ 陈平原、夏晓虹编:《北大旧事》,三联书店,1998 年,第 374 页。

京大学在三十年代还兴建了图书馆、地质馆,改建二院南楼,将走廊加宽,增加教室两间,为数学系教室及研究室;修缮二院北楼,增建较大可放映幻灯的讲室一间,专为生物系所用,前院之课室专为化学系用,后院则专为物理系,以便研究及上课皆可集中。

为鼓励和保障家境贫困的学生能够完成学业、进行研究,北京大学设立了助学奖金。根据《国立北京大学学生助学金规则》,凡本校肄业一年以上之学生,具备下列条件者,由各系教授会议提出,教务会议审查择优给予此项助学金:"(甲)平日求学勤敏绝少旷课者;(乙)每学年成绩其均衡的平均分数在八十分以上者,例如一科目学分数为六,所得分数为一百;另一科目学分数为二,所得分数为八十,均衡平均数,即以$(6×100+2×80)÷(6+2)=95$);(丙)经相当证明其家境确系贫寒者"[①]。助学金定额为全校 25 名,每名银币 180 元,助学金每次以一年为限,每年开学后由第一次教务会议审定。1934年进一步修正,将助学金名额扩大到全校六十名,每年给予国币 160元二十五名,每年给予一百元者三十五名。除学校设置的助学金外,还有私人设立的奖学金、助学金,如佛法奖学金、杨莲府先生纪念助学金、梁士诒助学金、赵母纪念助学金[②]、范静生先生纪念奖学金。这类奖学金、助学金都明确注明是对于某学科或某方面研究的资助,比如佛法奖学金是由教员周叔迦先生为弘扬佛法而设立,每年一名,奖金 200 元,"本大学本科学生研究佛法著有论文者,均得于每年第一学期终了时提出论文,送请审核委员会审核"[③],论文审核合格后,应在本校刊物发表同一论文,且不得同时领受两种以上的奖金;而梁士诒助学金则专为理学院地质系学生而设,每年二名,每名每年 225元,至毕业为止;赵母纪念助学金则为经济系学生而设立,经济系二年级以上学生,学业成绩在八十分以上者、由家长证明家境贫寒者可

---

① 《国立北京大学学生助学金规则》,王学珍、郭建荣主编:《北京大学史料》(第二卷),第 633 页。

② 由赵廉澄先生纪念其先母朱太夫人而设。

③ 《佛法奖金暂行办法》,《北平晨报》,1935 年 5 月 5 日。

申请此助学金;而范静生先生纪念奖学金则是由范静生家属捐予国立北京大学算学与物理两系研究生而设。助学金与各项奖学金的设立确保了品学兼优的学生能够顺利完成学业。

三、北京大学校园文化活动

北京大学复校后,各种学生社团及学术研究会开始恢复和建立起来。除了前面提及的学生会、研究生会、女同学会、摄影研究会、音乐学会、戏剧研究会等社团外,各院系还设有化学会、经济学会、国文学会、教育学会、生物学会、地质学会、英文学会、政治学会、演说辩论会、体育促进会等学术团体。各种学会的主要活动是邀请专家学者讲演、出版刊物、编纂丛书、组织读书、进行特种研究以及襄助本系事业的发展。如哲学系同学会设立了读书会,分为康德哲学组(导师张真如)、认识论组(导师陈大齐)、伦理学组(导师傅佩青)、中国哲学组(导师徐炳昶)等。尤其值得提及的是二十年代就很活跃的地质学会,它不仅吸收本系同学为当然会员外,还吸收已毕业同学及本系旁听生为特别会员;曾在教员的指导下发动学生共同布置地质陈列馆,整顿本系实验室,发行学会会刊,并发动学生为本系的发展发表意见;学会还设编辑委员会,负责出版北京大学地质丛书,并约请地质系教授编著相关著作:王烈编著的《岩石学及矿物学》,葛利普编著《中国地层学》、《中国标准化石》,何育杰编著《经济地质学》、《煤油地质》,王绍瀛编著《采矿学》,孙云铸编著《普通古生物学》,黄福祥编著《钢铁专论》、《选矿学》,卫梓松编著《平面测量学》、《矿山测量学》,翁文灏编著《地文学》、《中国矿产概论》,温宗禹编著《冶金学》、《定量分析》,李四光编著《构造地质学》、《亚洲地壳变动》等。[①]

各学系和各种学会还组织了一些高质量的学术演讲,如刘半农的《明沈龙绥在语音学上的贡献》,陈垣的《缩短时间的读书法》,傅斯

---

① 萧超然等编著:《北京大学校史(1898—1949)》(增订本),北京大学出版社,1988年版,第314页。

年的《西欧大学中的文学教育》，邱椿的《社会主义的教育》，陈翰笙的《研究中国农业经济的重要》，鲍明钤的《太平洋国交讨论会中之中国外交问题》，钱玄同的《"六经注我"与"托古改制"》，章太炎的《广论语骈枝》，俞平伯的《诗体之变迁》，陈衡哲的《太平洋国交讨论会的本身》，林损的《救亡格论》，陈启修的《日本暴行与中华民族之命运》，王之相的《革命后的俄国》，梁漱溟的《怎样解决中国问题》，郑振铎的《新文坛的昨日、今日与明日》，陈达的《国际劳工局与我国劳工》，张忠绂的《国际政治与中国》，何基鸿的《苏俄之法原则》等人文、社会科学方面的演讲。自然科学方面的演讲有翁文灏的《北京猿人在学术上的意义》，李书华的《光学理论之变迁》，胡经甫的《昆虫学的研究》，冯祖荀的《Pdx×Qdy＝0 之积分因数》，严济慈的《近代物理学家之发表》，孙光远的《三十年来射影微分几何之新发展》，周同庆的《三原子的分子光谱特性》等。[①] 此外，学校还邀请国外学者来校演讲，进行国际间的学术交流，如哈佛大学国际法教授威尔逊的《条约与国际法之关系》，伦敦大学人类学教授斯密斯的《脊椎动物之头脑及人类头脑之特征》，巴黎大学文学博士马古烈的《中西文字之比较》，哥伦比亚大学历史学教授肖威尔的《美国外交政策》，日本京都帝国大学教授三浦周行的《日本明治维新成果之要素》，巴黎大学教授郎之万的《相对论及量子论之力学及其在磁性论之应用》，美国哈佛大学政治学教授何尔康的《美国在太平洋上的政策》《民主政治的危机与美国的新政》，丹麦民众教育专家贝尔斯来夫的《目前高等民众教育问题及其工作》等。

1931 年日本发动"九一八"事变，鉴于此，北京大学学生发起了抗日民主运动，北京大学学生会通电国民政府、各省市党部、各报馆、各学校学生自治会，指出"日本帝国主义者，屡向我国挑衅……占领我沈阳、长春、抚顺、吉林等处，又在营口袭击我国军队，……更占我葫芦岛，直逼平津，华北一带，危在旦夕，事机迫切，国亡无日，是而可

---

① 萧超然等编著：《北京大学校史（1898—1949）》（增订本），北京大学出版社，1988 年，第 314 - 315 页。

忍,孰不可忍,为今之计,唯有速息内战,一致抗日,并望我国民众实行武装,誓作政府后盾"①。同时组织成立了"抗日运动委员会",在校内、校外进行抗日演讲。12 月初还组织了南下示威团赴南京,除向政府当局请愿外,还赴各地宣传,联络同学界,扩大抗日救国工作。受抗日运动的影响,北京大学学生停课数日。对此部分学生发起复课的号召,认为中日之纠纷非短时期能解决,"吾人能真正救国,必以吾北京大学为去昂民众运动之大本营,作继续不断之努力,方能达吾等庄严神圣之目的。但欲达此目的,必先巩固此大本营之壁垒而后可。现在学校停课,教授与同学均日见星散,最近期间如无开课之望,不但本学期归于停顿,恐下学期亦将受其影响。事如至此,吾等学业固受莫大之牺牲,吾北京大学前途,固将黯然无光,吾人之救国大业,究亦何从着手耶? 吾等有见及此,乃发起上课运动,思集中全体同学力量,继续作更悲烈而有效之救国壮举"②。可见,此时学生爱国运动的开展更加的理智,能够从更长远的角度来认识和看待问题。

　　1935 年,日本侵略者密谋策划,在天津、河北等地制造事端,并以武力相威胁迫使南京国民政府签订"何梅协定"和"秦土协定",将包括平津在内的河北、察哈尔两省大部分主权奉送给日本。之后,日本在华北实行"防共自治运动",对华北进行政治、经济、军事、文化侵略,致使"华北之大,已经安放不得一张平静的书桌了"③。日本的这种暴行,引起了北平各界的极大愤慨。北平学界在中国共产党的领导下进行了抗日游行的"一二·九"运动。此后,北京大学校园内涌现一批与抗日救国运动相联系的社团,如黎明歌咏团、世界语协会、新文艺研究会、国防化学研究会、国际问题研究会、科学常识普及会以及壁报社、读书会、歌咏团、话剧社等等。随着社团的成立,各种刊物也创办起来,如《北大周刊》、《我们的队伍》、《解放之路》、《我们的

---

　　① 《北平晨报》,1931 年 9 月 21 日。
　　② 《北京大学日刊》,第 2760 号,1931 年 12 月 16 日。
　　③ 《清华大学救国会告全国民众书》,中国高等教育学会、清华大学编:《蒋南翔文集》(上卷),清华大学出版社,1998 年,第 75 页。

生活》、《浪花》、《北大学生》、《救国快报》、《炮火壁报》等。其中的《北大周刊》是学生会学术股编辑出版的刊物,由刘玉柱、杨隆誉、王经川、李欣等负责编辑,周刊的任务是"在风雨飘摇、祖国危急的局势中,反帝与救亡;在未来世界文明的进展里,跋涉和开拓",周刊将版面的百分之八九十用来发表关于民族兴亡的科学论著,与富有新颖意义的文学创作,进行抗日宣传活动。

北京大学学生会还曾根据学生的愿望和要求,发起"建设新北大运动",其具体纲领是:"一、克服个人主义;二、发扬团结精神;三、肃清不良习惯;四、启发青年朝气;五、改良物质生活;六、力求整洁严肃;七、锻炼健强身体;八、学习时代知识;九、促成师生合作;十、光大五四精神"①。并在实现校内民主管理、改善学习和生活条件、开展各种学术和文体活动等方面展开活动。如开展的"劳动服务周"活动,同学们利用一周的课余时间,清除了一院操场的垃圾物,平整了地面;修补了宿舍区的甬道,并进行了植树。可见,这个时期的学生运动更注重实际,从最基本的做起,不是喊口号,而是实实在在的去从小事做起,这种务实的精神和态度是经过不断的实践过程而形成的。

第五节　蒋梦麟时期北京大学
人才培养的成果

一、人才培养的基本状况

受到各种条件的限制,蒋梦麟时期的北京大学在规模上没有获得应有的发展。仅从经费来讲,北京大学每月"原定的七万五千系民国十八年(即 1929 年)所定,九年未增,每月经费甚为窘迫。教学方面,因受经费限制,不能多请教授加开班次;设备方面,急需的如实验仪器及图书等,时有捉襟见肘"②,为此,北京大学于 1937 年曾要求南

---

① 萧超然等编著:《北京大学校史(1898—1949)》(增订本),北京大学出版社,1988年,第 320 页。

② 萧超然等编著:《北京大学校史(1898—1949)》(增订本),北京大学出版社,1988年,第 316 页。

京政府教育部每月增拨经费五千至一万元,可见当时北京大学的经费状况。因此,这个时期北京大学的毕业生和在校生人数都很少,具体情况见表3-8中。从表中可以看出,在1930年—1937年的八年间,北京大学中文、理、法三院毕业生共1 566人,其中文学院686人,占总数的43.8%,理学院392人,占25%,法学院488人,占31.2%。这个时期北京大学的在校学生人数也不是很多,以1934年为例,据学校注册组统计,一年级195人,二年级245人,三年级225人,四年级261人,暂未入系者2人,共计928人。[①]

表3-8　北京大学本科毕业生人数统计表(1930—1937年)

		1930	1931	1932	1933	1934	1935	1936	1937	合计	
理	数学	11	10	12	4	11	15	11	24	98	392
	物理	6	5	16	4	7	25	24	27	114	
	化学	3	4	9	4	5	20	27	26	98	
	地质	3	4	9	3	6	8	10	17	60	
	生物	0	3	3	2	1	2	3	2	16	
	心理	1	0	1	1	3	0	0	0	6	
文	中文	12	25	18	20	27	38	12	18	170	686
	外文	14	29	21	14	15	22	19	27	161	
	史学	4	17	15	7	29	33	38	26	169	
	哲学	9	15	5	6	5	10	6	4	60	
	教育	7	19	18	14	18	25	15	10	126	
法	法律	17	20	12	16	6	14	14	7	106	488
	政治	29	37	26	16	15	28	12	11	174	
	经济	15	19	58	19	24	36	15	22	208	
合计		131	207	223	130	172	276	206	221	1 566	

资料来源:王学珍、郭建荣主编:《北京大学史料》(第二卷),北京大学出版社,2000年,第754-767页。

---

① 这个数据中不包括研究生和旁听生。

其中,理学院数学系 73 人,物理系 120 人,化学系 79 人,地质系 54 人,生物系 8 人,暂不入系者 2 人,共 336 人;文学院哲学系 31 人,史学系 122 人,中国文学系 81 人,外国文学系 93 人,教育系 79 人,共 406 人;法学院法律系 39 人,政治系 54 人,经济系 93 人,共 186 人。由于预科的取消以及全国其他大学的建立和发展,此时北京大学的发展规模并没有扩大。即使这样,此时期的北京大学依然培养了一批人才,许多在各行业作出巨大贡献,如哲学家熊伟、牟宗三、韩镜清,历史学家吴相湘、邓广铭、韩儒林,经济学家千家驹,物理学家马大猷、赵广增、钟盛标等等。

二、人才培养的特点

经过了二十世纪二十年代后期的混乱与变故,南京国民政府成立后,颁布了《大学教员资格条例》、《大学组织法》、《大学规程》等系列法令法规,加强对大学的管理,逐步恢复和调整大学体系。在北京大学师生的努力下,北京大学得以恢复,各项工作也慢慢转入正轨。尤其是在蒋梦麟就任校长后北京大学很快得以重整,学校体制逐步健全,各种规章制度也逐步完善,教学和科研工作也取得了很大成就。就人才培养方面而言,人才培养目标的设定更加注重应用,人才培养体系也进一步健全,培养的人才中文、理、法各科人才也日趋平衡,这种既注重学术又强调应用的人才培养模式更加完善。

这时期的培养目标更加符合社会发展的需要,不仅强调学术研究,还特别强调对应用学科尤其是理科学生的培养,这与整个国家的教育方针有很大关系。近代中国大学自建立后的三十年内,虽然有了很大的发展,但存在一个非常严重的问题——学科建设极其不平衡。据 1918 年统计,全国专科以上学校共 77 所,其中法政专门学校则多达 35 所,在校生 17 950 人中,修习法政专业的高达 9 222 人,占当时在校生总数的一半以上,其中尚未包括 1 206 名大学预科生的专业选择。① 这种状况直到 1924 年也没有得到有效的纠正,当时全国

---

① 金以林:《近代中国大学研究(1895—1949)》,中央文献出版社,2000 年,第 197 页。

在校学生 34 880 人,仅法政专门学校的学生即达 10 864 人,占总人数的 31%,但这还不包括 35 所综合性大学法政专业的学生人数。对于这种现象,政府在裁并高校的同时,着重发展实用科学教育。1929年 4 月,国民党第三次代表大会制定并公布了《中华民国教育宗旨及其实施方针》,对于大学教育提出:"注重实用科学,充实科学内容,养成专门知识技能"①的要求。同年公布的《大学组织法》与《大学规程》进一步明确了对应用学科的重视,"大学依大学组织法第五条第一项之规定,至少须具备三学院,并遵照中华民国教育宗旨及其实施方针,大学教育重实用科之原则,必须包含理学院或农、工、商、医各学院之一"②。1932 年北京大学公布的《国立北京大学组织大纲》,就是以国民政府颁布的《大学组织法》中对大学的教育宗旨——"以研究高深学术,养成专门人材"为依据,确定了以"研究高深学术、养成专门人才、陶融健全品质"为大学的职志,这也就确定了北京大学要培养研究专门高深学问的具有健全品质的人才目标。1932 年 12 月,国民政府又颁布了《改革大学文法等科设置办法》,更加明确规定:"全国各大学及专门学院之文法等科,可由教育部派员视察,如有办理不善者,限令停止招生或取消立案,分年结束。嗣后遇有请设文法等科者,除边远省份为养成法官及教师,准设文法等科外,一律饬令暂不设置。又在大学中,有停止文法等科学生者,其节余之费,应移作扩充或改设理、农、工、医药等科之用"③。二十世纪三十年代的北京大学在设置文、理、法三学院后,在院系设置上没有什么大的变化,但在招生规模上明显有所调整,1933 年北京大学在北京(时称北平)招收的 215 名新生中,理学院 113 人、文学院 85 人、法学院 17 人;1934 年录取的 226 名新生中,理学院 93 人、文学院 103 人、法学院 30 人;

　　①　《国民政府公报》,第 151 号,1929 年 4 月 27 日,第 2 页。

　　②　《教育部公布大学规程》,中国第二历史档案馆编:《中华民国史档案资料汇编》,第五辑第一编,江苏古籍出版社,1994 年,第 174 页。

　　③　《改进大学文法等科设置办法》,教育部参事处编:《教育法令汇编》(第一册),商务印书馆,1936 年,第 142 页。

1935 年录取的 265 名新生中,理学院 144 人、文学院 81 人、法学院 40 人;1936 年录取的 244 名新生中,理学院 71 人、文学院 105 人、法学院 68 人。[①] 从上述数据可以看出,蒋梦麟时期的北京大学招生中三院人数比重虽然并不固定,但法学院的新生数明显均少于文学院与理学院,这与当时整个国家高等教育中学科发展状况(见表 3 - 9)基本一致,这显然是对国民政府重视发展理科及其他应用学科政策的贯彻和执行。这也与当时社会经济发展的需要密切相关,特别是自 1932 年以后,社会经济发展较快,对各类专业技术人才需求量激增,对此,时任中央大学校长的罗家伦在一次演讲中指出:“这一二年来,有一个可注意的现象,就是大学农、工、商三科的毕业生,出路较好,而政治、经济、法律等系的毕业生,则特别感到就业的困难。因此这几年来,青年升学的趋向也有改变,投考理、工、农三科的人比较考文、法的人来得多。北方的大学有此现象,南方的大学也有此现象”[②]。

表 3 - 9　高等学校(含专科)各科在校生比例表(1928—1937 年)

年度\科别	文	法	商	教	理	工	农	医	其他
1928	21.7	37.6	6.7	6.6	7.6	11	4.1	3.9	0.6
1929	21.2	39.3	5.7	7.1	7.5	10.8	4.4	3.9	0
1930	20.5	42.3	5.4	6.8	7.6	9.9	3.8	3.6	0
1931	22.8	37.3	4.9	9.6	8.0	9.2	3.2	4.1	0.9
1932	21.9	34.0	6.7	7.9	9.7	10.4	3.6	4.3	1.5
1933	20.3	30.1	7.4	9.3	11.0	12.3	3.9	5.7	0
1934	19.0	26.4	7.3	9.7	12.7	14.1	4.4	6.3	0.1
1935	23.3	21.4	7.2	6.7	15.2	13.4	5.3	7.4	0.1
1936	20.0	19.7	7.7	7.9	13.1	16.7	6.2	8.1	0.7
1937	13.3	22.8	5.9	7.9	14.3	18.5	5.8	10.8	0.7

资料来源:金以林:《近代中国大学研究(1895—1949)》,中央文献出版社,2000 年,第 202 页。

---

① 数据根据王学珍、郭建荣主编:《北京大学史料》(第二卷),北京大学出版社,2000 年,第 576 - 587 页录取名单计算所得。
② 金以林:《近代中国大学研究(1895—1949)》,中央文献出版社,2000 年,第 203 页。

在蒋梦麟与北京大学师生的共同努力下,北京大学的经费基本能够保障,各种实验室、实验器材等设备以及图书资料日益丰富,使得多样化的人才培养方式能够实现,学生既可以在教室听教授讲课、在实验室动手实验,还可以利用图书馆资料自主学习,也可以参加学校组织的各种参观和考察。以共同必修科为基础,专业课程为主体,他系、他院选修课为补充的完整课程体系也建立起来,整个人才培养的体系日臻完善。首先,实行教授专任制度,提高专任教授的薪金,减少授课时数,保障教授进行科研的时间和精力,也能更好的保障教学的质量。还与中基会合作设立研究教授,规定研究教授每周至少授课六小时,并担任学术研究,及指导学生之研究工作,且不得兼任校外教务或事务。并为研究教授提供设备费,设立奖学金、助学金,这进一步加强了北京大学师生学术研究的氛围,也大大改善了学术研究的条件,提高了学生学术研究的兴趣和能力。其次,实行合理的课程设置。北京大学自蔡元培长校以后就强调学生必须具备较全面的知识,蒋梦麟上任后也非常重视学生知识的全面性,但更加强调专门学问的研究,因此在课程设置上确立了“一、二年级之课目注重基本知识;三四年级之课目注重高深研究”的基本原则。各院系除了制订共同的必修科目与基本课程外,还开设了一些专门化课程,尤其是开设了一些专门化程度很高且与最新研究成果相联系的课程,如物理系的几何光学,生物系的发生学、遗传学、细胞学,中文系的音韵学、方言调查实习,史学系的春秋史、蒙古史研究。这些课程的设置对于学生的专业学习和学校专业人才的培养都起到重要的作用。再次,实行学分制,加强教学管理。学生必须修满一百三十二个学分才可以毕业,并且规定第一二学年每学期选习学分至多不超过二十学分,第三四学年每学期至多不超过十八学分。从报到注册,到课堂出勤,及成绩考核与毕业测试,北京大学都有严格的规定。这种严格的管理制度与当时国民政府控制力增强,加大对全国教育的管理有一定关系,更与蒋梦麟培养高质量人才的要求紧密相关。最后,加强实验室、图书室等硬件设施的建设。蒋梦麟非常重视自然科学的教学与研究,而自然科学的研究尤其是物理、化学等学科的研究,必须要有配套的实验室与相关的仪器设备,才能够进行对新问题、前沿课题的实验研究,因此,除了加强理科师资阵营、增加理科学生的招生名额外,他还特别注重扩充实验设备,加强实验室建设。无论是物理系还是化学系都有几个实验室,还有专门存放仪器的设备室,地质系、生物系、心理系等理学院各系也都建立了实验室、陈列室等。此外,蒋梦麟还加强了图书管理,并筹建了新图书馆,为全校师生的教学活动和学术研究工作提供了良好的条件。

蒋梦麟时期北京大学培养的毕业生与二十年代相比在数量上有所减少,1920 年—1929 年十年间北京大学培养的本科毕业生为2 472 人,平均每年毕业人数 247 人;1930—1937 年八年间共培养毕业生 1566 人,年均不足 200 人。虽然毕业生人数减少了,质量却并没有下降,通过前述对三十年代毕业生个案的考察,毕业生中不乏各行业的精英人才。而且,受国民政府注重应用科学、自然科学发展的教育宗旨和施政方针的指导,以及社会经济发展的需要,北京大学此时期培养的毕业生中理科生比重有所上升,法科生比重明显下降。在二十年代,理科毕业生占总毕业生人数的 17.8％,而三十年代八年间理科毕业生 392 人,占总毕业生人数的 25％,有所增加;二十年代法科毕业生占总毕业生数的 49.8％,超过了文理两科之和①,而三十年代法科毕业生 488 人,占总人数的 31.2％,明显下降。三十年代这种人才结构和比例更加合理,符合各行各业对不同人才的需求。根据 1934 年北京大学课业长樊际昌的说法,当年毕业生的就业状况是这样的:"法学院者本校则荐往大陆,金城各银行,法院,及各机关服务,文理学院者,则荐至地质调查所,及大规模工厂服务"②。当时北京大学毕业生的就业基本不成问题,这一方面与北京大学的培养方

---

① 因为此时期的毕业生中还有工科毕业生 84 人,因此文科毕业生人数 718 人,占总数 29％。

② 《北大职业介绍所设立问题樊际昌昨发表谈话》,王学珍、郭建荣编:《北京大学史料》第二卷,北京大学出版社,2000 年,第 776 页。

式和人才质量有很大关系,"本校之施教原则,对一二年级学生,务使其对于学术得一巩固基础,三四年级学生,最低限度使其得到一种专门技能"①,解决学生的职业问题的办法,除了充实学生的学术本领外没有其他选择。另一方面,二十世纪三十年代的中国是经济、社会各项事业发展的一个重要时期,对人才的需求也是非常大的,因此很多单位在学生毕业前就请学校推荐、保送人才。

此时期的北京大学,不仅在人才培养的目标上更加明确与实际,在整个学校组织体系和培养体系上也更加健全与合理,学生的出路也较好,人才质量也较高。整个的人才培养在基本的要求、结构和方式上,坚持蔡元培时期的模式,并以此为基础有了进一步的发展,通过改革将这种模式更加的实用化,更加符合现代人才的培养要求。

---

① 《北大职业介绍所设立问题樊际昌昨发表谈话》,王学珍,郭建荣编:《北京大学史料》第二卷,北京大学出版社,2000年,第776页。

第四章
北京大学人才培养模式及其启示

　　一种人才培养模式的形成不仅需要理论上的完善构建,而且需要在长期的实践过程中不断调整、适应、发展、完善。在这个过程中,社会背景、政治环境,掌校者的教育与人才培养理念以及学校经费、师资等多方面的因素都会影响到教育活动的开展,也正是这些因素最终影响甚至决定着人才培养模式的形成。在民国时期北京大学的人才培养模式的形成过程中,上述这些因素之中,当属当时的政治环境、两位校长的教育理念影响最大。新中国建立前,北京大学是中国人才培养模式中较为成功的典范,它的人才培养理念的核心至今仍存在,即北京大学的传统或北大精神。在中国高等教育迅速发展的今天,人才培养模式有了很多的创新与发展,但也存在着很多的问题,民国时期的北京大学为我们当下人才培养模式改革和创新型人才的培养提供了重要的借鉴意义。

第一节　北京大学人才培养模式

　　从北京大学人才培养模式的形成过程可以看出,蔡元培与蒋梦麟两位校长的教育理念尤其是人才培养理念完整而系统,不仅指出了人才培养的目标,还详细论述了人才培养过程的具体措施,包括学科与课程的设置、教学管理制度的规定、教育教学方式的运用以及教学实践活动的开展,使北京大学的人才培养展现出突出的特点,形成了一种注重个性的创新学术人才培养模式。

一、校长对人才培养目标的设定

辛亥革命后,由于各种西方近代思想的涌入,加上日趋严重的民族危机以及国内形势的不断恶化,国人尤其是先进的知识分子们开始深刻反思社会改造问题。他们中的多数人相信解决中国社会、民主政治问题的关键是开启民智,而开启民智就必须要发展教育,教育救国逐渐演变成一股强大的社会潮流。蔡元培也是教育救国运动的倡导者,受德国大学"学术至上"思想的影响,他更加重视学术的发展,并将学术发展与民族繁荣、国家富强联系起来:"一个民族或国家要在世界立得住脚——而且要光荣的立住——是要以学术为基础的。尤其是在这竞争激烈的二十世纪更要依靠学术。所以学术昌明的国家,没有不强盛的。反之,学术幼稚和智识蒙昧的民族,没有不贫弱的"[①]。也就是说,学术的发展关乎民族与国家的强盛,因此他主张将"学"与"术"分离,"治学"者是大学,要以研究高深学问为己任。蒋梦麟也认为:"学术衰,则精神怠;精神怠,则文明进步失主动力矣。故学术者,社会进化之基础也。"[②]同时他还认为学术的发展关系到教育的发展与国家的复兴,他认为:"吾国自有史以来,学问之堕,于今为甚。今不先讲学术,而望有教育家出,是终不可能的。无大教育家出,而欲解决中国教育之根本问题,是亦终不可能也"[③]。要实现教育救国就不得不发展学术事业,为此,北京大学在确立人才培养目标时,特别强调培养学生的学术能力。

蔡元培时期北京大学的培养目标为培养"硕学闳材",学生应具备的品质之一就是研究高深学问的能力和兴趣,"诸君须抱定宗旨,

---

① 高平叔编:《蔡元培教育论著选》,人民教育出版社,1991年,第663页。
② 曲士培编:《蒋梦麟教育论著选》,人民教育出版社,1995年,第72页。
③ 曲士培编:《蒋梦麟教育论著选》,人民教育出版社,1995年,第22页。

为求学而来。入法科者,非为做官;入商科者,非为致富"①,而应当以研究学术为自己的天职。蒋梦麟时期的北京大学组织大纲中明确规定北京大学"以研究高深学术、养成专门人才、陶融健全品格为职志",同样要求注重对学生学术兴趣的培养和研究能力的提高。早在代理校长时,蒋梦麟就要求学生"当以学问为莫大的任务",劝导学生"救国之要道,在从事增进文化之基础工作,而以自己的学问功夫为立脚点,此岂摇旗呐喊之运动所可几?"②而后再次重申"学生应该专心求学,做学生的,先要从自己身上着想,自己问自己,自己的责任是不是已经尽了,若还没有尽,不要责人家,先问自己罢了……学生对于学术方面,要有兴会,要想得透,要懂得彻底"③。可见,学术方面的优秀素质是北京大学人才培养的基础目标。

大学要培养从事高深学术的研究人才,但同样重视学生的健全个性。无论是蔡元培的完全人格培养理念还是蒋梦麟的个性主义人才培养理念,都要求培养的人才是德智体美等各方面健全发展的个人。蔡元培认为大学生首先要注重身体素质的提高,因为"健全的精神,必宿在健全的身体"④,他要求新时代各个大学均注重体育锻炼,每个学生都要参加体育运动。同时,一个民族的文化,一方面在于知识之发展,另一方面则有赖于品性优良,大学生作为国家、民族未来复兴的支柱,更应该以身作则,砥砺德行,养成自由、平等、博爱的高尚道德品质,由己及人,实现国人良好品德的形成和中华民族的复兴。蔡元培还特别重视美感教育,"美感是普遍性,可以破人我彼此的偏见;美感是超越性,可以破生死利害的顾忌"⑤。其主张大学生在

---

①　蔡元培:《就任北京大学校长之演说》,高平叔编:《蔡元培教育论著选》,人民教育出版社,1991年,第72页。

②　蒋梦麟:《过渡时代之思想与教育》,商务印书馆,1933年,第394页。

③　曲士培编:《蒋梦麟教育论著选》,人民教育出版社1995年,第136页。

④　蔡元培:《普通教育和职业教育》,高平叔编:《蔡元培教育文选》,人民教育出版社,1980年,第116页。

⑤　蔡元培:《我在教育界的经验》,高平叔编:《蔡元培教育论著选》,人民教育出版社,1991年,第707页。

学习各科知识的同时,通过组织音乐会、画法研究会、书法研究会等学会和参观展览会等活动,来陶冶情操,激发艺术兴趣,培养自己的美感和对美好事物的鉴赏能力。蒋梦麟则认为,健全的人格既包括身体的健全,也包括精神的健全,要保持二者的平衡。对于"身体虽弱,不可过于爱惜,精神愈用而愈出"的观点,他认为当有界限,要适度。"逸居饱食,以养精神,则精神必僵;若但用精神,不强体力,则终亦必蹻"①,更何况是在近代社会非常复杂的情况下,枵朽的身体是绝无法担当的。结合自己的经历和中国的传统状况,蒋梦麟倡导学生要进行各种"活泼运动",改变过去把儿童都变成"枯落的秋草"的旧式教育,使学生真正成为体力、脑力、感情等方面自我发展的活泼泼的人。因此,蒋梦麟主张在重视科学教育的同时,还要重视体育和美育,以发展和培养学生的体力和感情。

在主张培养德智体各方面全面发展的同时,蔡元培和蒋梦麟又都强调学生独特个性的养成。蔡元培认为每个人各有其个性和优缺点,大学生应当发展自己的特性,不能为他人同化,"分工之理,在以己之所长,补人之所短,而人之所长,亦还以补我之所短。故人类分子,决不当尽归于同化,而贵在各能发达其特性"②。蒋梦麟认为以发展个性为核心的"个性主义"教育是近代教育学家所公认的根本教育方法之一。他认为,"欲解决中国社会之基本问题,非尊重个人之价值不为功。吾国文化,较诸先进之国,相形见绌。吾人其欲追而及之乎,则必养成适当之特才。欲养成适当之特才,非发展个性不为功"③。中国要富强、要摆脱受人欺辱的境地而屹立于世界民族之林,则必定要改革忽视个体和个体价值的传统教育,要实施"个性主义"教育。这样看来,两位校长所要培养的人才既是全面发展的健全人才,又是不失独特个性的特殊人才,是一种要求普遍性与特殊性完美

①　蒋梦麟:《过渡时代之思想与教育》,商务印书馆,1933 年,第 113 页。
②　蔡元培:《在清华学校高等科演说词》,高平叔编:《蔡元培教育论著选》,人民教育出版社,1991 年,第 81 页。
③　曲士培编:《蒋梦麟教育论著选》,人民教育出版社,1995 年,第 76 页。

结合的人才培养理念。

大学生以研习学问为主要职责,但绝不是与世隔绝,而应具备服务社会的意识与能力。蔡元培主张学生尤其是大学生应当有社会责任感,"不知一种社会,无论小之若家庭、若商店,大之若国家,必须此一社会之各人皆与社会有休戚相关之情状,且深知此社会之性质,而各尽其一责任"①。对于北京大学学生在平民演讲、校役夜班讲授、组织小学童子军以及五四运动等社会活动中的表现,蔡元培给予了肯定,但他提醒学生对于服务社会的方法和时机应有清醒的认识,应当注意先丰富自己的知识、研究学问,以学问的发展来为社会做出更大的贡献。蒋梦麟则从个人与社会的关系角度指出,个人生活在世上是逃离不了社会的,因此社会的状况与个人的幸福有很大关系,"若我但把个人发展,忘却了社会,个人的幸福也不能存在"②,因此,学生应当具备改良社会的能力,学校则要承担起"养成学生改良社会的能力"的责任,新教育要培养的是"要讲生产,要讲服务,要知道劳工神圣"的人才。社会的生产是每个人劳动的结果,如果每个人都能劳动,则社会的生产自然就丰富了;如果大多数人都四体不勤、五谷不分,社会将无法存在。但他同样对学生服务社会的方式、方法作出了说明:五四运动和六三运动是非常特殊的情况,"是变态的社会里不得已的事",是"救急的办法,却不可长期存在的"③,在一般的情况下,学生应通过研究学问、组织社团,包括平民夜校、通俗讲演、破除迷信、改良风俗等方式来服务社会。也就是说,两位校长都主张学生要服务社会,但并不建议通过盲目的学生运动的方式来实现,而是要通过提高学问,利用所学知识来服务社会,促进整个社会文化水平的提高和社会文明的进步。

---

① 蔡元培:《北大校役夜班开学式演说词》,高平叔编《蔡元培教育论著选》,人民教育出版社,1991年,第133页。
② 曲士培编:《蒋梦麟教育论著选》,人民教育出版社,1995年,第152页。
③ 蒋梦麟:《过渡时代之思想与教育》,商务印书馆,1933年,第159页。

二、北京大学人才培养的实践经验

北京大学的人才培养以"自由"著称,这不仅体现在宽松的学生学籍管理制度上,更多地体现在学生对学习科目与内容的自由选择上。二十世纪二十年代的北京大学有正式生、选科生、旁听生,此外还有既没有参加入学考试,又不能支付旁听费用的偷听生。当时的学生对此深有体会,"北大的学术之门是开给任何一个愿意进来的人,在这一点上,我觉得北大无忝于'国立'两个字"。[①] 只要愿意,可以去听任何一位先生的课,决不会有人来查问你是不是北京大学的学生,更不会市侩地向你要几块钱一个学分的旁听费,最妙的是所有北京大学的教授都有着同样博大的风度,决不盘问你的来历。而到三十年代,随着中国高等教育的发展,更多的国立、省立大学建立,学生有了更多的求学选择,但北京大学还是设有正取生、旁听生、备取生、选读生,为更多的学生提供在北京大学学习的机会。更有趣的是北京大学有一项特别规定,"入学考试如果有一两门惊人的出色,则即使总平均不及格,仍旧可以取录的"[②]。例如,知名的五四运动参加者、清华大学和中央大学校长罗家伦,在北京大学入学考试时,因为其作文才华出众而得了满分,但数学却是零分,按照当时学校的规定是不能正常录取的,但在蔡元培及胡适的坚持下,被北京大学外国文学系录取。1934 年考入北京大学的张充和,其数学也是零分,因国文、历史、英语成绩均十分出色被破格录取。北京大学历史上的这种偏才、怪才不乏其人。这与北京大学秉持自由研究的教育方针有着紧密的关系。北京大学学生入学后第一年就分系,不必读太多的普通课程就可以选专科,在这种形式下,一般的人都各就所好,专心发展所注重的这门学问,其他的全可从简,这种培养方式的结果堪称满意。"训练出之人材,多有自发自动能力。现全国各地机关团体无不有北京大学学生,率皆能匹马单刀独当一面,且无论都市乡村皆能走

---

① 陈平原、夏晓虹编:《北大旧事》,三联书店,1998 年,第 363 页。
② 陈平原、夏晓虹编:《北大旧事》,三联书店,1998 年,第 366－367 页。

进,而且作出相当成绩,不可谓非自由研究之结果。"①但这种自由研究也有缺点,即一般训练微感不足,工具方面的知识不敷应用,因此,三十年代的北京大学调整了教育方针,采取折中于自由研究与严格训练的方法,一二年级较偏于严格督促,三四年级则重自由研究。更为重要的是,这种"松"的教学管理是学生自治能力的发挥和天才充分发展的保障,这恰恰是北京大学的教育精神。但真正无所事事、自由散漫的"松"的人毕竟是少数,因为浓厚的学术空气使大家的志趣都倾向于学术的竞争,没有心思、没有时间,也没有精神去注意那些声色犬马。

在教学管理上的自由绝不是纵容散漫。北京大学不仅在招生考试、毕业考核上严格把关,坚持严进严出的原则;在日常的教学中要求也十分严格,学生有选择学习哪门功课的自由,然而选择后就要严格按照课程要求和教学管理的要求认真学习,否则就会留级甚至被退学。为保证教学质量和教学效果,蔡元培时期的北京大学实行考勤制度和严格的考试制度。学生不得无故迟到、旷课,上课钟响后十分钟内必须到堂坐好,并且安排固定座位,教师上课时都备有点名簿、平时积分册、席次表,迟到十分钟及早退都按旷课论。此外,北京大学学生还必须参加考试,根据 1917 年陈独秀提出的《文科试验规则修正案》,预科分平时试验和学期试验两种,本科分平时试验、学科试验、外国语试验三种。平时试验的平均分数加入学期试验或学科试验总分数的一半。且规定"本科各学科试验不及格者,一概不准补考;外国语学期试验不及格者,应降班听讲,其一学年中有九单位以上功课不及格者,令其退学"②。为进一步加强学生的学术研究能力,1922 年 6 月 15 日北京大学评议会通过了教务会议修正的《北京大学考试制度》,规定预科生每科目成绩包含平时成绩和学年考试成绩,二者之平均数为本科目的学年成绩,不及格者不能升级或升学。预

---

① 《北大昨召集新生茶话蒋梦麟讲施教方针》,《北平晨报》,1935 年 10 月 6 日。

② 《文科试验规则修正案》,王学珍、郭建荣主编:《北京大学史料》(第二卷),北京大学出版社,2000 年,第 992 页。

科学年考试,由预科委员会、考试委员会和相关各系教授会执行,主要考查学生读书、翻译、作文的能力,不问具体的教材内容。对预科生的这种考察方式和训练,为他们进入本科后能够较快地进行独立的学术研究起到非常重要的作用。对本科生的考察也做了一些改革:"本科只有学科试验","学科试验,除笔试外,得兼用口试或长篇论文之方式"[①]。显然,二十世纪二十年代的北京大学在锻炼学生的学术研究方法、能力方面已经做出了许多尝试。而至三十年代,北京大学依然实行点名制度。具体做法是:由注册组制订"国立北京大学学生上课临时点名片"发给学生,每学科每月一张,学生将姓名、系别、年级、学科名称以及每周时数填写好,交给任课教师,后由教师保存以备一月内上课时点名之用,用完后由注册组统计缺课学生名单及缺课时数并于学年考试前公布。学生的成绩与出勤相关联,"学生平时上课缺席五分之一以上者扣其该科成绩百分之五,至四分之一以上者扣百分之十,至三分之一以上者不得参与学期考试"[②]。学科成绩由平时成绩及学期成绩构成,平时成绩的考查方法由各系教授会讨论决定,学期成绩考查必须在教室举行。每学期成绩不及格者,可补考一次,必修科目补考不及格者须重修,本系必修科目有两门以上不及格者留级,所有补考的分数由注册组按照教员所定分数九折计算。

举办丰富多彩的课余生活,充分发挥学生的自治能力。蔡元培改革后的北京大学,社团如雨后春笋般纷纷成立起来,大大改变了北京大学原来沉闷、散漫的风气。据不完全统计,当时北京大学成立的社团有新闻学研究会、学术研究会、哲学研究会、经济学会、史学会、教育研究会、文学研究会、音乐研究会、书法研究会、画法研究会、戏剧研究会、歌谣研究会、风俗调查会、速记学会、地质学会、马客士(马

①　《北京大学考试制度》,王学珍、郭建荣主编:《北京大学史料》(第二卷),北京大学出版社,2000年,第1001-1002页。

②　《国立北京大学学则》,王学珍、郭建荣主编:《北京大学史料》(第二卷),北京大学出版社,2000年,第931页。

克思)主义研究会等等近五十个。在这些组织中,有的是为了砥砺德行、提高修养,有的是为了提供正当娱乐,有的是为了培养学生互助与自治精神,有的是为了服务社会,更多的是从事学术研究。为了引起学生研究的兴趣,开阔视野,拓展知识领域,为了增加学生的正常娱乐活动,丰富他们的校园文化生活,也为了加强学校与学校、学校与其他学术机构、学校与社会之间的联系,在蔡元培的倡导和支持下,北京大学邀请专家学者和社会名流来校演讲,使校园充满了浓厚的学术氛围。北京大学内的各种讲演活动,既有学校组织的,又有各科、各研究所、各系组织的,还有更多的是各社团组织的。经历了二十年代末的变故,复校后的北京大学,各种学生社团及学术研究会开始恢复和建立起来,除了学生会、研究生会、女同学会、摄影研究会、音乐学会、戏剧研究会等社团外,各院系还设有化学会、经济学会、国文学会、教育学会、生物学会、地质学会、英文学会、政治学会、演说辩论会、体育促进会等学术团体。各种学会的主要活动是邀请专家学者讲演、出版刊物、编纂丛书、组织读书、进行特种研究以及襄助本系事业的发展。至 1930 年代,北方形势不稳定,学生们抗日救亡的呼声和活动此起彼伏,即使如此,学校各系和各学会还是组织了一些高质量的演讲,邀请包括校内、校外甚至国外知名教授进行涵盖各科、各方面的演讲。

三、北京大学毕业生的特点

(一) 追求自由,重视个人价值取向

蔡元培与蒋梦麟都追求健全人格与个性的自由发展,在教学、生活管理上比较自由,在学术管理上奉行"思想自由",这样的环境与政策铸就了北京大学学生追求自由与个性发展的特点。这种对自由与个性的追求不仅体现在生活中对个人空间的要求,还体现在教学管理中随个性而选课,也体现在对学校决定的不服从与抗议,这一点从1922 年的讲义风波中可见一斑。

蔡元培时期的北京大学由于财政短缺、图书匮乏,学生上课没有教材和参考书,因此,教师将授课内容印发给学生,称为讲义。当时北京大学是一个开放的大学,除了选课的北京大学学生,还有办过听课手续的旁听生,甚至更多的是没有办任何手续来蹭课的"偷听生"。但教师发讲义时是不区分学生的,而是职员在教室门口,来一个发一份,而讲义的数量往往是根据正式选课的学生和旁听生的数量来确定的,"偷听生"的加入就使得讲义不够发,而且会有北京大学的正式学生因来迟而领不到讲义的现象,以至每年的讲义费高达一万元。至 1922 年由于学校财政困难,北大评议会通过表决,决定向学生适当收取讲义费,却引起了学生的不满。10 月 17 日,部分学生聚集到红楼会计科,蔡元培赶到时学生已散去;18 日上午,又有数十人到校长室,要求取消讲义费,蔡校长解释这是评议会的决定,要复议需要三天后评议会再行议决,并答应这三天内的讲义费由他负责。然而学生并不善罢甘休,要求立即取消讲义费,蔡校长勃然大怒,将袖子高高卷起,挥舞着拳头,并大声对学生说"有胆的就请站出来与我决斗。如果你们哪一个敢碰一碰教员,我就揍他[①]。这位平常驯如绵羊、静如处子的学者,忽然之间变为正义之狮子。群众渐渐散去,他也回到了办公室。门外仍旧聚着五十名左右的学生,要求取消讲义费的规定,走廊上挤满了好奇的围观者,事情走入僵局。后来教务长顾孟余先生答应考虑延期收费,才算把事情解决。所谓延期,自然是无限延搁。这就是当时全国所知的北京大学讲义风潮。

　　或许蔡元培本人才最深刻地看出这起小事件的深远意义,因此绝望和悲恸之感溢于言表。他在呈总统和教育部的《为北大讲义费风潮辞职呈》中写道:"此种越轨举动,出于全国最高学府之学生,殊可惋惜。废置讲义费之事甚小,而破坏学校纪律之事实大,涓涓之水,将成江河,风气所至,将使全国学校共受其祸"[②]。可见,蔡校长也认识到学生的这些行为是在破坏学校的纪律,那么何以如此呢? 其

---

①　蒋梦麟:《西潮·新潮》,岳麓书社,2000 年。
②　高平叔编:《蔡元培全集》(第四卷),中华书局,1984 年,第 270 页。

实这与北京大学的传统精神不无关系，如蒋梦麟在谈到北大精神时再次强调蔡元培的"思想自由，兼容并包"，指出"本校具有大度包容的精神"、"本校具有思想自由的精神"，同时蒋也认识到这也会产生两种缺点："能容则择宽而纪律驰。思想自由，则个性发达而群治驰"①。

（二）富有政治情怀与爱国热情

基于北京大学的地位，北京大学学生的政治关怀、以天下为己任的社会责任感非常强。这种爱国热情从北京大学学生历次在国家、民族危难时刻的表现和活动中得到体现。

早在京师大学堂时期的1903年，学堂的学生就参加了拒俄运动。1900年，八国联军合力出兵镇压义和团运动时，沙俄趁机占领了我国东北三省，在我国人民的抵抗及其他国家的干涉下，沙俄被迫签订了从东北撤军的《交收东三省条约》。然而至1903年，沙俄并未履行条约规定从东北撤军，反而增兵备战，同时向中国政府提出七条无理要求，企图把东北变为其殖民地。对此，全国各地人民群众纷纷集会示威，抗议沙俄的侵略行径：4月27日，上海各界爱国人士在张园召开大会，声讨沙俄的侵略罪行并通电国内外，绝不承认沙俄的侵略要求；29日，日本的中国留学生五百多人，举行拒俄大会，决定组织"拒俄义勇队"，开赴前线，直接抗击沙俄的侵略，4月30日，京师大学堂师范馆、仕学馆的学生也发起全校大会，声讨沙俄侵略，会上范静生（范源濂）首先演讲，而后学生数十人上台演说，会后起草了《京师大学堂师范、仕学馆学生上管学大臣请代奏拒俄书》，首先控诉了沙俄强占东北以侵略世界的野心，而后指出在此危及国家存亡之际，学生绝不能袖手旁观。在告各学堂书中提出"与其坐而亡，不如争而亡，庶海外各国见中国尚有士气也！"②面对京师大学堂学生的爱国运动，清政府非常恐慌，命学校当局进行压制，因此部分学生主张退学，

---

① 蒋梦麟：《过渡时代之思想与教育》，商务印书馆，1933年，第473页。
② 萧超然等编著《北京大学校史（1898—1949）》（修订本），北京大学出版社，1988年，第30页。

投笔从戎,赴东北进行武装抗俄斗争;部分学生则要求政府资送出洋,张百熙积极支持学生的这一举动,一方面可以为分科大学造就师资,另一方面把这些"问题"学生送走,也减轻了他在西太后那里的压力。京师大学堂学生的拒俄运动,"是北京大学历史上发生的第一次政治性群众运动,是北大学生运动的开端"[①],在这次运动中,学生们表现出了誓与国家共存亡的气概。

北京大学学生运动最为引人瞩目的当属五四运动。五四运动是中国近代新民主主义的开端,在五四运动中北京大学站在了最前列,在运动中也是最为积极的,这与北京大学校内民主革命思想的传播与发展有很大关系。在蔡元培就任校长后首先就对北京大学文科进行改革,聘请具有革新思想的陈独秀来担任文科学长,陈创办的《新青年》也迁入北京。《新青年》主要宣传新思想、新文化,为北京大学学生接受民主革命新思想提供了条件。在"思想自由,兼容并包"的思想指导下,蔡元培还聘请了李大钊、鲁迅、胡适等人到北大任教,在北大形成了一个革新阵营,与顽固保守的旧思想群体展开了思想文化上的交锋。在《新青年》的带动下,北京大学学生还组织了一些革新团体和进步报刊:少年中国学会的《少年中国》、国民杂志社的《国民》月刊、新潮社的《新潮》杂志等,都是以宣传新文化思想、批判封建思想为主要内容,在北京大学学生中产生很大的影响,这也是五四运动率先在北京大学兴起的原因之一。巴黎和会上中国外交的失败点燃了中国人民积聚的怒火,北京大学的学生也义愤填膺,立即召开学生大会进行演讲,并议决组织游行示威、通电全国各界一致奋起力争。5月4日当天,学生推举北京大学的学生代表宣读许德珩起草的《北京学生界宣言》,游行由北京大学学生傅斯年任总指挥,游行队伍沿途散发北大学生罗家伦起草的《北京全体学界通告》的传单,可见,北京大学学生在集会游行中起到了核心作用。学生们愤怒地点燃了

曹宅赵家楼,对此,北京政府派警察镇压,逮捕了 32 名学生,其中包括北大学生 20 人。在蔡元培与北京各校校长的联合营救下,被捕学生得以释放。五四运动并非只有北京大学的学生参加,也并不仅仅在北京范围内,但却是首先从北京大学发起的,因此北京大学与五四运动紧紧联系起来,也与中国近代新民主主义革命联系起来。

此后的多次学潮与爱国运动中都有北京大学学生的身影,这一方面与当时的环境条件、领导人员的号召等有关,更与北京大学学生对自身的定位与北京大学的爱国运动传统有关。北京大学是中国第一所国立大学,是举全国之力而兴办的,作为北京大学的学生既是一种荣耀,更是一种责任,在国家民族面临生死存亡的时刻,北京大学的学生如果不能站出来,就枉为国立大学的学生了,久而久之,北京大学学生参与爱国运动就成为了一种传统,也是北京大学学生的一大特点。

(三) 拥有较强的学术能力和较高的学术水平

北京大学在人才培养上一直强调学术研究,整个培养体系也紧紧围绕着这一目标建立,毕业生在学术研究成果方面成绩突出。例如:顾颉刚教授 1920 年毕业于北京大学,是中国历史地理学和民俗学的开创者、古史辨学派的创建人、国内外享有盛誉的史学大师。他提出了“层累地造成的中国古史”的观点,他认为时代越后传说的古史期就越长,周代时最古的是禹,到孔子时有尧、舜,到战国时有黄帝、神农,到秦朝有三皇,汉代以后有盘古,古史系统的形成,主要出于战国到西汉的儒家之手。他以疑古辨伪的态度考察了孔子与六经的关系,指出孔子的“正乐”与社会上没有关系,批评梁启超把孔子说得太完美;断定六经决非孔子“托古”的著作,六经没有太大的信史价值,也无哲理和政论的价值;否定了儒家利用六经(尤其是利用《尚书》)编成的整个古史系统。他同时提出,必须打破中国古代民族只有一个、地域向来一统的观念,以及古史人化、古代是黄金时代等观念。① 新中国成立后,顾颉刚从事古史研究和古籍整理工作,应毛主席、周总理之请,负责校点《资治通鉴》和《二十四史》,作出了重要贡献。主要著作有:《古史辨》、《汉代学术史略》、《崔东壁遗书》、《两汉州制考》、《当代中国史学》、《郑樵传》等,与人合著《三皇考》、《中国疆域沿革史》、《中国历史地图》等。

新儒家代表人物牟宗三,1933 年毕业于北京大学哲学系,被熊十力先生称为北大哲学系"唯一可造之人"。他独力翻译康德的三大批判,融合康德哲学与孔孟陆王的心学,以中国哲学与康德哲学互为诠解。其著作有:《周易的自然哲学与道德涵义》、《逻辑典范》、《理则学》、《道德的理想主义》、《历史哲学》、《中国哲学的特质》、《名家与荀子》、《生命的学问》、《五十自述》、《时代与感受》、《心体与性体》、《从陆象山到刘蕺山》、《才性与玄理》、《佛性与般若》、《智的直觉与中国哲学》、《现象与物自身》、《圆善论》、《名理论》、《政道与治道》、《康德的道德哲学》、《中国哲学十九讲》、《中西哲学之会通十四讲》。并翻译了《认识心之批判》、《康德"纯粹理性之批判"》、《康德"判断力之批判"》。②

北京大学毕业生不仅在文史哲方面学术成果丰富,在理化、生物、考古地质等方面的学术成果同样很显著。比如从事络合物光学研究的物理学家岳劼恒,1928 年毕业于北京大学,毕业后从事络合物光学研究。他在旋光学应用于物理化学的研究中,发展了 P. 觉布的连续变化法,研究了酒石酸金属离子络合物的组成和稳定度,创出络合物光学研究的新途径,其研究成果有:《融化的 $Na_2SO_4 \cdot 10H_2O$ 及 $CaCl_2 \cdot 6H_2O$ 中之冰点分子量测定法》、《酒石酸甲脂之旋光性研究》《Biot—Gerner 型复杂化合物之旋光的研究》、《酒石酸—氧化钨组成胶体在强酸影响下的转变;几种酸强度的比较》、《铜与酒石酸组成的络合物的光学研究》、《酒石酸和铁盐的络合物旋光法和电位滴定法的比较研究》、

① 360 百科 http://baike. so. com/doc/1670875. html.
② 参见王兴国:《牟宗三》,云南教育出版社,2011 年,第 151 – 152 页。

《二价镍和酒石酸类组成络合物的光学研究》《连续变化法——研究溶液中络合物的组成和稳度的一种方法》《钴和酒石酸组成络合物的光学研究》《铜与酒石酸酰胺组成络合物的光学研究》《二价镍与酒石酸及酒石酸酰胺酸组成络合物的光学研究》等。[①]

（四）运用研究成果服务社会的意识和能力较强

此时期的北京大学毕业生不仅在学术理论研究上成果显著，在实际的应用和开发建设方面贡献也很大。例如：物理学家马大猷1936年毕业于北京大学物理系，是现代声学开创者和奠基人。他提出的简正波理论，是当代建筑声学发展的里程碑；马大猷创建的声学微穿孔板和小孔消声器理论，在国内外得到广泛应用，为噪声控制和环境科学作出了重要贡献。二十世纪五十年代，马大猷领导建立了中国第一个声学实验室，提出了语音统计分析分布的新理论，主持完成了北京人民大会堂的声学设计等重要研究工作。在1973年召开的第一次全国环境保护会议上，提出噪声应与废水、废气、废渣并列为环境污染四害问题之一，并在1993年组织制订了国家《城市区域环境噪声标准》。[②] 核物理学家王普1928年毕业于北京大学物理系，是最早参加中子和裂变物理学研究并做出重要贡献的中国物理学家，他在我国核物理学界占有重要的地位。在日常教学中强调物理学虽然是一门基础科学，但让学生不要忘记它在生产实际中的应用。正是本着这种精神，他在讲授原子核物理时，总是指出它的应用之可能和前景，这就是后来所说的原子能。在第一颗原子弹爆炸前，国内能够有这样的见解并作出这样预言的人，还是不多见的。[③] 在对铀和钍在裂变中发射缓发中子的研究中发现，在中子对铀、钍的轰击停止以后的一段短时间内，继续有中子放出，其强度按指数规律衰减，半衰期为12.5±3秒，并伴有半衰期相同的γ射线。缓发中子在链式反应的控制中极为重要，这是裂变反应堆与和平利用核能的一个关

---

① 百度百科 http://baike.baidu.com/view/819292.htm.
② 参见张家骝：《马大猷传》，科学出版社，2013年，第159—160页。
③ 参见百度百科：http://baike.baidu.com/Subview/202494/10776992.htm.

键问题,解决了这个问题,就给核能的应用开辟了无限广阔的前景。

东北小兴安岭和长白山等林区曾是我国丰富的木材宝库,但由于长期实行大面积采伐,严重威胁这一宝库的生存。郝景盛,著名林学家、植物学家,是我国系统研究杨柳科和裸子植物分类最早的学者,是我国农林牧全面发展的早期规划人和开拓者。他在 1951 年和 1953 年两次应东北森林工业总局的邀请,率领人员深入小兴安岭林区,搜集了森林生长与采伐的历史资料,实地考察了红松生长、结实和更新的情况,以及天然更新过程中针叶密林转化为桦杨和针叶混生林,再退化为榛柴林、小叶椴和灌木丛,终于成为草坡、泥地和裸岩的过程。根据红松结实的树龄和数量、天然和人工发芽率的实际数据,参考德国和朝鲜的营林经验,郝景盛明确提出:"以人工更新为主,天然更新为辅,小面积采伐作业,采造并举,采育结合,永续利用"的经营方针,要求随采伐随更新,并逐渐对老采伐迹地进行更新,"不欠新账,还清老账"。他同时指出森林火灾对于红松林的特别威胁,提出了预防措施,为东北林业持续性发展作出了科学指导。此外,郝景盛还协助山西省平顺县西沟村李顺达金星农林牧生产合作社和羊井底村武侯梨农林牧生产合作社,制订出近期和长远的农林牧全面生产计划。这样的规划,在坚持实行了十年后,取得显著成绩。郝景盛为宣传林业、普及林业知识,做了大量工作。他在多种场合都不失时机地向各阶层人士进行宣传,大讲森林在国计民生中的重要地位和振兴林业的迫切性。或写文章,或作报告,或与人促膝谈心,郝景盛都能结合实际,切中要害,既有条理清楚、富于哲理的科学论说,也有通俗易懂、群众乐于接受的顺口溜。他将国外先进的林业理论与中国的实际情况相结合,经过调查研究和自己的实践,编写出的《造林学》一书,具有理论上的先进性、技术上的实用性,成为当时国内第一部最新的造林学的专著和大学教材,对推动中国造林技术水平的提高与发展有很大作用。他提出的"以人工更新为主,采育结合,永续利用"的经营方针,对东北林区的开发利用起着重大的指导作用。他提出山区建设要统一规划、合理利用土地,农林牧全面发展的理论,至今仍有它的指导作用和现实意义。①

第二节　北京大学人才培养模式的影响因素

一种人才培养模式是由理论构想与实践检验调整两大部分构成的,理论的构想是整个模式形成的指导,包括办学思想、培养目标的设定与培养过程的设计,而实践的过程是人才培养模式形成的关键环节。只有在实践中根据社会发展需求、教育事业具备的条件等及时、合理调整培养目标、培养方案等,才能逐渐形成一种科学又有效的培养模式。在人才培养模式的整个形成过程中,除了人才培养理念的指导,还会受到社会环境、学生发展程度、教授群体等各种因素的影响,这一点从前述北京大学人才培养模式的形成过程亦可见一斑。

一、校长的人才培养理念

蔡元培与蒋梦麟是北京大学历史上任期最长的两任校长,也是北京大学发展史上至为重要的两任校长。他们一个开创了北京大学的新风气,一个秉承了这种风气并维持发展,共同为北京大学的繁荣发展和中国近代高等教育的发展做出了巨大贡献,也推动了中国高等教育现代化的进程。蔡元培与蒋梦麟在教育理念上有很多相似之处,尤其是在大学培养目标的设定上和培养体系的建构上有很多的相同点,这与二人的关系及教育经历有很大关系。

蔡元培出生于浙东山阴县,蒋梦麟生于浙江余姚县,两县在清末都属于绍兴府,可以说二人是同乡。绍兴是鱼米之乡,商贸发达,又是名流荟萃之地,"绍兴师爷"的说法反映了绍兴人的精明干练,注重独立思考、讲求事功的阳明学说与主张经世致用、崇尚实学的浙东学

---

① 参见百度百科:http://baike.baidu.com/view/875018.htm.

派,为这里的学子们留下了深厚的文化底蕴与学术传统,也为蔡元培与蒋梦麟的教育理念涂抹了共同的地域特色。二人不仅是同乡,还有师徒关系。1898—1899 年,蒋梦麟就读于绍兴中西学堂,而当时学堂的学监就是蔡元培,二人由此结下了师徒情谊。蔡元培曾回忆到:"我三十二岁(民国前十四年)九月间,自北京回绍兴,任中西学堂监督,这是我服务于新式学校的开始……今之北京大学校长蒋梦麟君,北京大学地质学教授王烈君,都是那时候第一斋的小学生。"①蒋梦麟也有所回忆:"记得我第一次受先生的课,是反切学。帮、旁、忙、当、汤、堂、囊之类,先生说你们读书先要识字。"②蒋梦麟一直视蔡元培为自己的老师,而且非常珍视这种关系,1912 年在美国学习时,蒋梦麟曾写信给蔡元培,汇报他在美国的学习情况,在信的开头使用"夫子大人见赐",而在结尾使用"受业蒋梦麟叩"③,可见二人的师徒关系之深厚。

　　蔡元培生于 1868 年,自 6 岁开始读私塾,先从读《百家姓》、《千字文》、《神童诗》开始,而后是四书五经,经过了传统教育的历练,并在传统知识分子的"仕途"上有所斩获,17 岁中秀才,23 岁中举人,26岁中进士。1894 年授职翰林院编修,大量阅读各种书报杂志,开始接触西学,也开始由旧式士大夫向新式知识分子转变。1907 年随出使德国大臣孙宝琦赴德国,次年入莱比锡大学学习哲学,在此期间翻译了日文版德国哲学家腓力·泡尔生(F·Paulsen)所著的《伦理学原理》,著述并出版了《中国伦理学史》,直到 1911 年底回国。此后又分别于 1912 年 9 月—1916 年 10 月、1920 年 12 月—1921 年 9 月、1923 年 7 月—1926 年 2 月三次出国赴欧洲及北美考察学习,因此对西方文化尤其是欧洲文化有着深刻的体验和理解。蒋梦麟出生于1886 年,6 岁时被送进私塾,开始了他人生启蒙阶段,虽然比蔡元培

---

　　①　蔡元培:《我在教育界的经验》,高平叔编:《蔡元培教育论著选》,人民教育出版社,1991 年,第 705 页。

　　②　曲士培编:《蒋梦麟教育论著选》,人民教育出版社,1995 年,第 286 页。

　　③　陆君:《蒋梦麟致蔡元培函》,《民国档案》,2004 年第 2 期,第 3 页。

小十几岁,但此时的私塾教育模式并没有任何变化,还是以识字、书写、记忆、背诵为主,不求理解。内容以经史子集为主,也是从《三字经》到四书五经。而且蒋梦麟在 1903 年从浙江高等学堂赶回老家参加郡试,并考取余姚县学附生,成为人们眼中的"秀才"。只是经过了中西学堂和浙江高等学堂的学习,更多地接触到了西洋知识,他的兴趣已从旧式县学转向了新式教育。参加完郡试,"回到学校以后,马上埋头读书,整天为代数、物理、动物学和历史学等功课而忙碌。课余之暇,又如饥似渴地阅读革命书刊,并与同学讨论当时的政治问题"[①]。当时正值山雨欲来之际,新旧观念不断冲突,立宪与革命的主张之间进行了激烈的论战,此时的蒋梦麟感到迷茫、苦闷。但经过一段时间的彷徨、思索后,蒋梦麟有了新的认识:"无论立宪或者革命,西化的潮流已经无法抗拒",据此他作出了自己的抉择,参加了南洋公学考试并被录取。南洋公学的预科,一切按照美国中学的学制办理,且有较多的美国人担任现代学科的教学工作,这对于一心想留学西方的蒋梦麟来说是非常好的选择。1908 年参加浙江省赴欧美留学考试未能如愿后,蒋便积极准备自费留学美国,1909 年进入加利福尼亚大学,开始学习农学,后来转学教育学。在加州大学的 4 年,蒋梦麟对西方文化表现出浓厚的兴趣,并且对中西文化的比较颇有心得,"对于欧美的东西,我总喜欢用中国的尺度来衡量。这就是从已知到未知的办法。根据过去的经验,利用过去的经验获得新经验也就是获得新知识的正途……一个中国学生如果要了解西方文明,也只能根据他对本国文化的了解。他对本国文化的了解逾深,对西方文化的了解愈易"[②]。以对中国文化的学习和理解为基础,蒋梦麟更加容易吸收和消化西方文化,并能将西方的先进思想引入中国。

　　不论是蔡元培还是蒋梦麟,都是生于文化繁盛的浙江,又都接受传统文化与西方文化的共同熏陶,相近的关系与相似的教育经历使

---

①　蒋梦麟:《西潮·新潮》,岳麓书社,2000 年,第 63 页。
②　蒋梦麟:《西潮·新潮》,岳麓书社,2000 年,第 80 - 81 页。

他们对同时代的中国教育有着诸多相同的认识。在办学方针上,蔡元培首举"思想自由,兼容并包"的大旗①,这与他对中西文化的透彻了解有着密切关系。他长期求学欧洲,对西方教育尤其是德国高等教育认识深刻,对洪堡等人创建的德国大学模式更是叹服不已:"欧洲各国高等教育之编制,以德国为最善"②,"德意志帝政时代,是世界著名开明专制的国家,他的大学何等自由"③,这正是蔡元培所向往的。同时这种思想在中国传统文化中也有所启示,"大学者,'囊括大典,网罗众家'之学府也。《礼记·中庸》曰'万物并育而不相害,道并行而不悖。'足以形容之。如人身然,官体之有左右,呼吸之有出入,骨肉之有刚柔也,若相反而实相成……此思想自由之通则也,而大学之所以为大也"④。正是有了对中西文化的深刻理解,蔡元培才彻底无畏地高举"思想自由,兼容并包"的大旗。蒋梦麟对蔡元培的此方针肯定有加,他认为蔡元培是"中国文化所孕育出来的著名学者,但是充满了西洋学人的精神,尤其是古希腊文化的自由研究精神",他"提倡美学以代宗教,提供自由研究以追求真理"⑤,并把学术自由精神视为蔡元培不朽精神中最为重要者,"先生之治学也,不坚持己见,不与人苟同。其主持北京大学,凡持之有故、言之成理者,悉听其自由发展"⑥。对于蔡元培这一办学方针的高度褒扬,也体现出蒋梦麟对学术自由的选择与坚持,"学术自由之权,所以求思想与学术自由之发展,不受外力之挠也"⑦。作为自由主义知识分子,蒋梦麟无需从蔡元培身上获得"思想自由,兼容并包"的思想启蒙,但作为继任者,蒋梦麟无疑获得了更加坚定的信心与力量。因此,无论是在协助管

---

① 朱宗顺:《蔡元培与蒋梦麟高等教育思想和实践之比较》,《高等教育研究》,2006年第4期,第99页。
② 高平叔编:《蔡元培全集》(第三卷),中华书局,1984年,第130页。
③ 高平叔编:《蔡元培全集》(第三卷),中华书局,1984年,第98页。
④ 高平叔编:《蔡元培全集》(第三卷),中华书局,1984年,第211页。
⑤ 曲士培编:《蒋梦麟教育论著选》,人民教育出版社,1995年,第358页。
⑥ 曲士培编:《蒋梦麟教育论著选》,人民教育出版社,1995年,第284-285页。
⑦ 曲士培编:《蒋梦麟教育论著选》,人民教育出版社,1995年,第234页。

理北京大学时期,还是独长北京大学时期,他都能坚守这一方针。在高等教育理想上,二位校长均追求学术至上,以学术作为聘请教授、培养学生的根本尺度;在教育管理上都主张民主管理,虽然蒋梦麟的"教授治学,校长治校"与蔡元培的"教授治校"有着显著的差异,但在理念与制度上都保障了教授在学术上掌握最终决定权。在人才培养目标方面,蔡元培主张培养"硕学闳材",蒋梦麟主张培养具有健全个性的人,虽然称谓不同,但在要求学生必须具备的具体体质上却有着相通之处。正是两位校长在基本教育理念与人才培养理念上的相同、相通,才使得民国时期北京大学特色的人才培养模式能一以贯之,并最终形成与完善。

二、社会环境的影响

中国进入近代以来,国门洞开,面对西方列强的宰割蹂躏,国内民族矛盾激化,没落的清王朝苟延残喘,极力维护着封建的腐朽统治,洋务运动、清末新政都未能改变中国贫穷落后、被列强瓜分的境况。辛亥革命终于结束了中国两千多年的封建专制统治,建立了资产阶级共和政权,为国内政治、经济、文化教育的发展开创了条件。由于文化教育的发展往往滞后于经济、政治,再加上封建思想的影响根深蒂固,复辟活动、复古思潮依然存在,民国初期的中国教育还处在由传统到近代的转型期,因此民初的北京大学也没有根本性的改观,学生还是以做官为毕业后的主要去向,校内学术氛围稀薄。直到蔡元培执掌北京大学后,这种状况才有根本性的改变。

一方面,辛亥革命后,国内资产阶级民主进一步发展,政治革命也要求思想革命相伴,因此思想文化领域内的大变革——新文化运动兴起并如火如荼地进行着。作为新文化运动发起人的陈独秀,早在 1915 年 9 月于上海创办《青年杂志》(1916 年 9 月改名为《新青年》),发表宣扬新文化新思想、痛斥封建复古思想的文章,为现代民主政治的发展给予思想文化上的支持。在被蔡元培聘为北京大学文科学长后,陈独秀赴北京就任,随之《新青年》迁入北京,成为五四运动的号角,宣传反帝反封建思想和马列主义,提出"民主"与"科学"两大口号,勉励青年崇尚自由、进步、科学。以《新青年》为阵地的陈独秀、李大钊等革新派与刘师培、辜鸿铭、梁漱溟等北京大学的守旧派阵营展开了激烈的争辩。受此影响,北京大学师生还成立了许多革新团体和报纸杂志,如社团有少年中国学会、北京大学新闻研究会、国民杂志社、哲学研究会等,刊物有《少年中国》、《国民》、《新潮》、《每周评论》等,大大激发了学生对问题的自由研究和表达的兴趣,新旧之间的斗争促进了多种学问、思想的发展,这也符合蔡元培校长"兼容并包"的教育方针。在反对封建思想文化的运动中,"科学"口号的提出,促进了近代国内自然科学研究的兴起。五四时期《北京大学月刊》发表了不少的自然科学研究论著,如:《中国数学源流考略》、《近世几何学概论》、《今后研究化学之趋向》、《用复数解周期动方程之物理的意义》、《极点极线论》、《百年来化学发达史略》、《安斯顿(即爱因斯坦)相对论》等[1],这些研究论著具有一定的学术价值,也体现了北京大学在发展文科的同时并没有忽视对自然科学与发展。新文化运动借助北京大学迅速地发展起来,反过来,北京大学也在新文化运动中获益颇丰。

另一方面,中华民国及其政府各部门成立后,颁布了《大学令》、制定实施了新学制,为教育的发展制定了规章制度,并希望教育能够为政府所掌控,但整个二十世纪二十年代,北方政局并不稳定,各派军阀相互争斗,政府忙于战事,对教育的管理是心有余而力不足,而此时期的教育独立运动的开展,为北京大学的发展乃至整个教育界提供了很大的"自由"空间。因此,北京大学得以按照自己的理念来发展、来培养学术型人才。至1930年代,政治形势有了很大的变化,南京国民政府建立,中央政权控制力增强,颁布各种法令、法规来规范和约束各级、各类学校。当时颁布的关于大学教育的法令有《南京

---

[1]　萧超然等编著:《北京大学校史(1898—1949)》(修订本),北京大学出版社,1988年,第74页。

国民政府教育行政委员会公布大学教员资格条例》、《国民政府公布修正教育部大学委员会组织条例》、《国民政府颁布大学组织法》、《教育部公布大学规程》,以及由教育部颁发的《施行学分制划一办法》、《国民党第三次全国代表大会通过的确定教育宗旨及其实施方针案》等等,对大学教育的宗旨、学制、培养目标、组织原则、教师资格及聘任、校务管理甚至课程都作了规定。即使如此,作为教育部任命的校长,蒋梦麟还是极力为北京大学自由传统的延续争取最大的空间,在他的努力下,当时的北京大学在很多方面依然保留了蔡元培时期的自由风气。蔡元培治校时开设的一些关于马克思主义和社会主义学说的课程,如:马克思主义经济学、社会主义、马克思主义学说、劳工运动及社会主义史等依然保留。而且当时的北京大学有"五公开"或"六公开"的说法:课堂公开,教室可以随便进去听课;图书馆、阅览室公开;浴室公开;运动场公开;食堂公开;学生宿舍管理也相当松散,实际上是半公开的。① 这在集权统治趋于强化的二十世纪三十年代,无疑是一道独特的风景。

三、教师群体的资质

　　教育就是要教书育人,大学教育除了教学之外,还兼有科学研究的职责和功能,作为教学与科研主体的教师是大学发展的主力,在人才培养过程中是直接的教学实施者,是人才培养的关键因素。教师作为一个群体,其整体学术素质、创新素质直接决定学生群体的学术素养的形成与发展。这是因为,一方面,教师是先进文化的承载者和传播者,负责将人类积累的科学文化知识"薪火相传"给学生;另一方面,大学教授又往往是先进文化的直接创造者,总是将自己的最新探索结果和创造心得最先分享给学生,并能够直接激发学生的主体意识、创造欲望和学术兴趣。

　　蔡元培与蒋梦麟两位校长均是杰出的教育家,深知教师对于学

---

① 孙善根:《走出象牙塔——蒋梦麟传》,杭州出版社,2004 年,第 156 页。

生的重要影响。为了提高学生的学术兴趣和水平,蔡元培在教师聘任过程中,对于聘任的教师"不但是求学问的,还要求于学问上很有研究兴趣,并能引起学生的研究兴趣的"[①],并且强调"教授及讲师不仅仅是授课,还要不放过一切有利于自己研究的机会,使自己的知识不断更新,保持活力"[②]。蒋梦麟则坚持"人才主义"的聘任原则,"对聘请教授亦取人才主义,不论私交,亦不顾与学校历史久暂,绝以其个人能否及肯否负责教授为转移……故今年对老教授之解聘者,亦所难免"[③]。在两位校长明确的教师聘任原则下,北京大学聚集了一批批知名教授、学者,如蔡元培在任时期的 1922 年,知名教授有冯祖荀、王仁辅、胡濬济、秦汾、颜任光、张大椿、何育杰、夏元瑮、丁燮林、俞同奎、张乃燕、陈世璋、李麟玉、王星拱、何杰、温宗禹、王烈、李四光、葛利普、张竞生、谭熙鸿、徐炳昶、胡适、马叙伦、陈大齐、马裕藻、周作人、沈兼士、钱玄同、朱希祖、李大钊、顾孟馀、朱锡龄、马寅初、王世杰、燕树棠、何基鸿、徐宝璜等等。而蒋梦麟在任的 1933 年,北京大学知名教授有冯祖荀、江泽涵、胡濬济、斯伯纳、饶毓泰、朱物华、曾昭抡、刘树杞、李四光、丁文江、葛利普、张景钺、汪敬熙、陈雪屏、胡适、马裕藻、刘复、汤用彤、马叙伦、吴俊升、毛准、朱光潜、周作人、陈受颐、刘志敭、何基鸿、燕树棠、张忠绂、陶希圣、许德珩、赵迺抟、周炳琳等。这些教授中有很多是一直在北京大学服务的,还有一些是短暂任教于北京大学的,他们作为一个群体对于北京大学的发展与北京大学人才的培养作出了巨大的贡献。

胡适是此一时期北大教授群体中的重要代表。胡适(1891—1962),汉族,安徽绩溪人,现代著名学者、诗人、历史学家、文学家、哲学家。自 1917 年 8 月到北京大学任教后,直到 1925 年除请假养病外一直供职于北京大学;自 1931 年被聘为北京大学文学院院长直至1937 年。可见胡适在北京大学的时期正是蔡元培与蒋梦麟执掌北

---

① 高平叔编:《蔡元培教育论集》,湖南教育出版社,1987 年,第 248 页。
② 高平叔编:《蔡元培教育论集》,湖南教育出版社,1987 年,第 399 页。
③ 《蒋梦麟将赴欧参观教育》,《申报》,1934 年 7 月 13 日。

京大学的时期，正是北京大学发展历史上至为重要的时期，是建国前北京大学最辉煌的时期，也是北京大学人才培养模式形成的重要时期。而胡适本人是崇尚个人主义、自由主义的学者，他在高等教育方面也有自己独立的思想，他把学生培养作为大学教育的中心环节，强调培养学生独立健全的人格，使他们成为具有"独立思考，独立观察，独立判断的能力"①的个人；强调学生个性的发展，注重培养学生的个人兴趣。这种教育主张与北京大学设定的人才培养目标不谋而合，因此在北京大学任教的过程中，胡适对于偏才的录取和培养是颇为重视和用心的。二十世纪二三十年代北京大学有名的偏才，如数学考零分的罗家伦、看不懂数学题的张充和以及叶曼，都是因为胡适的赏识而被破格录取的。正是有像胡适这样的一批教授的坚持，才成就了北京大学特殊的个性人才培养模式的形成与完善。

第三节　北京大学人才培养的现代启示

1917 年—1937 年是北京大学在新中国成立前的黄金发展时期，她不仅从传统的教育模式中走了出来，也逐渐摆脱了日本模式的影响，采用当时先进的欧美教育模式，而且结合中国当时的政治、经济、文化发展状况与中国人的特质，形成了北京大学特色的人才培养模式，为中国革命与建设培养了一批又一批的高素质人才。对这一时期北京大学人才培养的考察，不仅令我们更加熟悉那个时代的大学发展历史，更重要的是可以为我们现代大学教育的人才培养模式改革提供借鉴。

---

① 胡适：《实验主义》，欧阳哲生编：《胡适文集》（第二卷），北京大学出版社，1998 年，第 147 页。

一、以人才培养理念为先导

人才培养是一个系统工程,它是在一定的人才培养理念指导下,围绕人才培养目标而进行的包括专业设置、课程建设、培养途径、培养制度等要素在内的系统化的建设。人才培养理念是人才培养模式构建的指导思想,是人才培养模式的灵魂,支配着培养目标、培养体系、培养途径与方式以及培养机制等。

而大学校长的教育理念与人才培养理念影响到他对学生需求的认识,对学校培养目标的认识以及为实现这一目标的学科专业设置、教学内容、教学方法、教学制度、校园文化建设的选择,甚至关乎教师群体与职员们的工作热情与斗志。因此,一所大学的人才培养理念尤其是校长的教育理念对大学人才培养及整个大学的发展都是极为重要的,这就要求校长要有自己的教育思想与人才培养的理念,并有适合时代发展要求的大学信念,才能够使全校师生紧随校长,共同为大学的人才培养目标及各项事业发展作出最大努力。也就是说,每一位大学校长不管精于何种学术,他必须是位教育家,才可能带动大学取得辉煌的成就。

基于美国二十世纪 70 年代初大学受到社会多方面干扰的事实,麻省理工学院第 14 任校长杰罗姆 B·威斯纳(Jeromer B. Wiesner)上任初就强调自己对大学宗旨的信念"追求知识、获得知识、传授知识、使用知识"[①],为此,他告诫全校师生要坚持扩大人类对宇宙的认识的信念,不能允许其他的任何主义、理念使麻省理工学院偏离大学的目标,这也使得麻省理工的师生能够拥有安静的学术氛围。而在民国时期的中国,每一所成绩斐然的大学都有一位有着自己系统教育思想的大学校长,除北京大学的蔡元培、蒋梦麟外,清华大学的梅贻琦、浙江大学的竺可桢、南开大学的张伯苓、金陵大学的陈裕光、复旦大学的马相伯、金陵女子大学的吴贻芳、东南大学的郭秉文等等,无一不成就了中国近代大学教育史上的一段辉煌。

---

① 眭依凡:《大学的使命与责任》,教育科学出版社,2007 年,第 105 页。

二、以科学合理的人才培养体系为基础

大学要有明确、科学、合理的人才培养目标和完整的人才培养体系。人才培养是大学的基本价值和主体职能，也是大学区别于其他社会组织的根本特征，如果不以人才培养为中心，大学就不再是本真意义上的大学了。不论是教学型大学还是研究型大学都必须以培养人才为重，因为这是大学的立身之本，也是大学存在和发展的基本逻辑和公理。纵观世界一流大学无不视人才培养为学校的中心工作和重中之重，并以人才培养的高质量著称，只是不同类型的大学对人才培养目标的规格和要求有所差异。要搞好人才培养工作，就需要有一个科学合理的人才培养模式，包括明确的人才培养目标、科学的培养体系、有潜质的培养对象和优秀的培养者等要素。而人才培养目标是大学人才观的集中反映，也是大学理想和使命的具体体现，是大学人才培养工作的出发点和归宿。大学的所有工作围绕着人才培养展开，因此，可以说培养目标是整个大学工作的出发点和归宿。

人才培养目标的设立是否科学合理直接关系到人才培养工作以及整个大学的发展，为此，各大学在设立人才培养目标时要根据学校自身的特色及社会发展状况而设定，不可盲从，不可不论学校的资源与性质，一股脑地培养学术人才。从事学术研究的人才是社会所需要的，是研究型大学要培养的，但这类人才的社会需求量并不是很大，社会发展、国家建设需要更多的人从事具体的实践应用工作，因此一般地方性院校要注意与地方社会、经济发展相联系，确立切合实际的人才培养目标。当然，培养目标的设定还只是一种理想，要想将理想变为现实，还需要有与培养目标相适应的人才培养体系。人才培养体系是整个人才培养模式的核心内容，包括学科专业设置、课程体系建设、教学方式、教学途径等，是人才培养目标得以实现的有力保障。不同类型的人才，各方面素质就不同，在培养过程中的教育和训练的方式就不同，教学的方法就有差异，整个的人才培养体系就不同，因此，各大学在设定明确又科学合理的人才培养目标的前提下，还要建立一个适合于人才培养目标的培养体系来确保这一目标的实

现,也能够更好的保障培养人才的质量。

三、以高素质的教师队伍为保障

高质量人才的培养离不开高素质的教师队伍。人才培养也就是我们通常所讲的教育教学,眭依凡认为,从严格意义上来讲,学校教育的本质就是通过教师外在的引导、诱导和指导(即教),来促发、促进、促成学生的改善(即学)。[①] 因此,教师在教育教学过程中的作用是非常关键的,他们对人才培养工作的影响也是很直接的。

第一,教师是大学办学的主体。从大学的产生过程来看,大学是学生与教师构成的一个联合体,随着社会的发展,这个组织越来越复杂,但学生与教师依然是大学的两大主体。教师和学生是教育或教学工作中相互依存的两个要素,二者共同构成完整的教学过程,缺一不可。教师的教与学生的学是对同一个问题从不同视角的不同认识活动。从教师的角度来看,教学的主体是教师,客体是学生;然而从学生的角度来看,学生是学习的主体,教师的教只是为了学生更好的学,为学生的学习起到指导作用。缺少任何一方,教学这一互动过程就无法展开。而作为教育教学机构的大学,教学与人才培养是其最重要的职能,教师是大学的主体,高素质教师队伍的存在是吸引莘莘学子前来接受教育的直接原因。在这个意义上,要充分尊重和发挥教师在办学活动中的主导作用。

第二,教师是优良学风的酿造者。学风,广义上来讲,一是指学校的治学精神、治学态度和治学原则,二是指学生的行为规范和思想道德的集体表现,是学生在学习过程中所表现出来的精神风貌;狭义上讲就是学校求学、治学的风气。在大学中,学风是一种十分重要的学习氛围和校园环境,是校园文化的核心内容,又是学校传统和文化积淀的精华。这种精神力量通过非强制性的感化形式对学生起到潜移默化的作用,学风的形成与教师有着密不可分的关系,正如清华大

---

① 眭依凡:《大学的使命与责任》,教育科学出版社,2007年,第109页。

学校长梅贻琦先生所讲:"古者学子从师受业,谓之从游。学校犹水也,师生犹鱼也,其行动犹游泳也,大鱼前导,小鱼尾随,是从游也,从游既久,其濡染观摩之效,自不求而至,不为而成"①。正是因为这种关系,使得在共同铸就学风的师生共同体中,教师的作用更为突出;而且与学生相比,大学教师是相对稳定的、流动性较弱的校园文化主体,他们的治学精神、态度和方法以及做人的原则,影响着一届届学生,并最终固化为学校的学风。

第三,教师是人才培养质量的决定者。教师是教育年轻一代的培养者,是文化科学、意识形态的传递者,是未来社会人才的生产者。大学生较之其他学生心理和生理更加成熟,也有了一定的自治能力和自觉性,但他们德智体的全面发展和充分完善还需要教师的引导与指导。大学生的主体意识、创新精神、求学欲望与成才要求都很高,他们能否成才,能否达到预期的培养目标,在一定程度上取决于大学教师的作用,因为学生在课堂内外从教师的教学中不仅获得系统的知识、培养科学的态度、掌握思维的方法,还能养成高尚的品行。雅斯贝尔斯认为,大学的理想是要靠教师和学生来共同实践完成的,学生在大学里不仅从教师的课堂中学习知识,还从教师的教诲中学习研究问题的态度和方法,而大学的生命则在于教师传授给学生新颖的、符合自身境遇的思想来唤起他们的自我意识,唤醒他们潜在的本质,"大学生们更是潜心地寻觅这种理想并时刻准备接受它,但当他们从教师那里得不到任何有益的启示时,他们便感到理想的缥缈和希望的破灭而无所适从"②。相反,如果学生从教师身上获得这些启示,他们将终生受益,并能将这种传统和希望继承并发展下去,培养一批又一批的人才,并维持大学的蓬勃生机。

总之,人才的培养过程是全校师生共同努力的过程,在这个过程中,教师们尤其是校长的人才培养理念是指导思想,教师的教育与管

---

① 刘述礼:《梅贻琦教育论著选》,人民教育出版社,1993年,第102页。
② [德]雅斯贝尔斯:《什么是教育》,邹进译,三联书店,1991年,第139页。

理是关键性的因素,整个培养体系是实现培养目标的保障。这就提示我们在人才培养模式的改革中,一方面要重视校长的人选,校长要有科学系统的人才培养理念和计划,还要有努力改革的勇气和能力;另一方面要注重教师队伍的建设,提高教师群体的素质,共同为人才培养目标的实现和人才质量的提高作出努力和贡献。

结　　语

民国时期的北京大学是近代中国大学教育的典范,在中国近代大学教育史上的地位是其他大学不可企及的。北京大学之所以取得如此的成就,在于它形成了一种科学合理又实用的人才培养模式,为中国培养了一大批革命和建设人才,并形成了一种内在的、无形的大学精神。当然这一切肇始于蔡元培就任北大校长。上任后,他对北大进行了大刀阔斧的改革,在明确大学的性质和学生求学的目的基础上,更加具体地确立了北大"硕学闳材"的培养目标,这一目标的确立既包含了蔡元培"完全人格思想",也体现了其所认为的大学与高等专门学校的区别。大学就是要培养研究高深学问并以此为职志的学术人才,而"完全人格"也是其必须具备的,不仅需要德智体全面发展、具备美的鉴赏能力,还必须要有独特的个性和服务社会的责任感。为实现这一目标,蔡元培对从师资聘任、教学管理到学校体系、学生管理等方面进行了系统全面的改革,聘请了一批博学多才而又热心教育的知名教授对学生进行学术研究的指导,保障学生独特个性和特长的发挥,培养了一大批人才,将北京大学从一所旧式的官僚养习所变革为一所近代意义上的真正的大学。经过几年的努力,北京大学基本形成了一种以培养文理基础学科学术人才为目标的人才培养模式,这种模式的内容也开始内化为北京大学的校风与学风。但此时的人才培养还存在一个很大的特点或者说是缺点——法科毕业生人数明显多于文、理两科,这一方面与北京大学初办时让官员接受新式教育以更好地服务于政府的初衷有关,也与当时的学科建设和学生求学的目的有关。而作为基础学科的理科,从毕业生规模来看,占不到毕业生总人数的 1/5,这当然与理科学科的发展滞后以及经费问题有很大关系,在二十世纪二十年代那个教育经费极其短缺的年代,发展文科、法科的经费所需远远少于理科,这也是这个时期理科毕业生大大少于文科、法科的重要原因。

二十世纪三十年代,继任北京大学校长的蒋梦麟,谨遵蔡先生"余绪",尽力维持着飘摇不定的北大。留学美国九年的蒋梦麟,深受美国个性主义教育思想的影响,强调尊重学生个体,发展个性教育;他通过中西对比,指出解决中国教育问题的关键是发展学术,由此形成了其以个性主义教育为基础和核心、以发展学术为目标、加强职业教育发展的整个教育思想体系。他在坚持蔡元培"思想自由,兼容并包"办学方针的基础上,确立了"教授治学、学生求学、职员治事、校长治校"的方针,并依此对北京大学行政制度进行了改革;本着"以(一)研究高深学术,(二)养成专门人才,(三)陶融健全品格为职志"①的教育宗旨及其施行方针,对北京大学教学管理制度进行改革。在重振北大的过程中,他继承了蔡元培时期的一些基本理念,同时又结合当时的教育思潮与他自己的办学理念。在人才培养方面,除了继续强调学术与健全人格的养成外,蒋梦麟还特别强调专业化人才的培养与养成大学生改造社会的能力,这与当时社会发展的需要有关,也与国家的教育方针有很大关系。此外,蒋梦麟注重加强理科各系的建设,奠定了三十年代北大中兴的基础,进一步巩固和发展了北京大学的人才培养体系,也更加完善了北京大学的人才培养模式。

概而言之,蒋梦麟与蔡元培的人才培养观有些许的差异,但在基本点上他们的认识是一致的——大学就是要培养研究高深学问的人才、学生要有独立的个性。这是蔡元培时期北京大学的基本办学理

---

① 《国立北京大学组织大纲》,王学珍、郭建荣主编:《北京大学史料》(第二卷),北京大学出版社,2000 年,第 91 页。

念得以延续的一个重要原因，当然无论是二十年代还是三十年代，相对松散的政治社会环境为北京大学的自由发展和传统的延续提供了保障。此外，一大批的北京大学的教职员也为保持北京大学的独立、维持北京大学的发展做出了巨大的贡献。而这些因素恰恰是北京大学人才培养模式得以最终形成并确立的原因，也是北大精神得以延续并发扬的重要原因。北京大学这一人才培养模式的形成过程、特点及其影响因素对于大学人才培养模式的改革具有重要的启示意义。

历史在前进，时代在变迁，而今我们进入了知识经济时代的二十一世纪，这个时代的竞争是人力资源的竞争，而育人依然是教育工作的根本要求，也是开发人力资源的主要途径。人力资源是我国经济社会发展的第一资源，在 2010 年 7 月发布的《国家中长期教育改革和发展规划纲要（2010—2020）》中，明确提出在十年的时间内"努力培养造就数以亿计的高素质劳动者、数以千万计的专门人才和一大批拔尖创新人才"，承担着培养高级专门人才、发展科学技术文化、促进社会主义现代化建设重大任务的高等教育，更是体现国家教育文化水平、科研水平以及社会创造力的重要标志。因此，我国计划"到2020 年，高等教育结构更加合理，特色更加鲜明，人才培养、科学研究和社会服务整体水平全面提升，建成一批国际知名、有特色、高水平的高等学校，若干所大学达到或接近世界一流大学水平，高等教育国际竞争力显著增强"[①]，来实现建设高等教育强国的基本要求。要实现创建世界一流大学这一目标，就要进行教育体制及教育制度的改革，当然也包括对人才培养模式的改革，培养创新人才。无论是要创建世界一流大学，还是培养创新人才，都需要有创新性的人才培养理念和人才培养体系。

对创新人才的培养要有创新性的人才培养理念，尤其是校长要

---

① 《国家中长期教育改革和发展规划纲要（2010—2020 年）》，国家教育部网站：http://www.moe.edu.cn/publicfiles/business/htmlfiles/moe/moe_838/201008/93704.html,2013-4-5.

有能率领大学向着世界一流目标奋进的创造性理念,校长理应是校长专家。校长专家也就是教育家,"校长专家的特点是,具有广博的专业知识,懂得教育科学和教育工作规律,有较强的决策和管理能力,能联系群众,作风民主等。专家校长与校长专家的区别是明显的,前者是治学,后者是治校"①。大学校长职业化是西方大学的发展经验,民国时期我国大学的治理也证实了其正确性,这是今后大学校长遴选的一个方向。校长的大学治校理念与人才培养理念对于人才的培养至关重要,为此,校长应当具备什么样的品质呢? 对此多位学者进行过探讨,虽然说法不一,但其基本的内容可以概括为几个方面:首先,校长应当是学者,是教育家,对教育有着执著的热情和忠诚;其次,校长要有独到的教育思想和系统的教育理念尤其是治校的理念;再次,校长要有冒险精神和改革的魄力,要有敢为天下先的胆识;最后,校长还要有在办学过程中,总结办学经验、研究教育规律的自觉性。具备这些品质、能够胜任大学校长的人怎样才能真正成为大学校长呢? 这就关系到校长的遴选方式的问题。我国目前的大学校长基本是任命制,即由上级组织部门派人到学校调查,在一定范围内作一次民意测验,确定校长的人选,然后由相应级别的组织部门任命,这种选任方式与干部的选任方式是一样的。这当然与官本位思想的影响有关,也是中国大学教育发展的一个传统,其实民国时期的知名大学校长也是由当时的政府或教育部任命的,但那时的很多被任命的校长有不少都未能真正执掌校政,因为他们不仅要有上级的任命还要得到校内师生的认可和接受,而今还未曾听说哪个被任命的校长因为师生的反对而最终未能就任的。如何才能改革校长任命制度就是一个很复杂的事情,我们需要参考借鉴国外的经验,也要结合中国的实际情况,开创一种独特的校长遴选方式。

　　创新人才的培养需要有具备创新精神和创新能力的教师群体,需要活泼、自由的校园文化环境。教师对于学生的影响前文已有论

---

① 刘道玉:《中国高校之殇》,湖北人民出版社,2010年,第127页。

述，因此，教师是否具有创新思维、创新能力对于创新人才的培养至关重要，这不仅体现在课堂上创新性教学方法的应用、创新思维方式的传输，还包括日常生活和学习中鼓励学生创新思想、创新性观点的存在。墨守成规的教师要培养出具有创新观点、创新能力的人才几乎是不可能的。同时，创新人才的培养还需要有自由的校园文化氛围，允许这种创新的存在，允许学生超过老师，提出超前的、创新性的观点与理论设想。创新不是口头上的简单表述，它是在理论研究和实践过程中、在广博知识基础上的一种变革、一种创造，这就要求学生知识面既要广博、还要精专。目前很多大学都开设了通识课程，并由知名教授担任讲授，取得了一定的效果，但在课程安排、教学内容及效果方面还有很多需要进一步改善和提高的地方。

教育是一个连续的过程，大学的教育成果与中小学教育有很大关系。创新人才的培养，也离不开中学教育的改革。我国实行的高考制度，使得中学生尤其是高中生几乎将全部的精力用在了文化课程的学习上，长期高压式的学习不仅加重了学生的身体负担，也抹杀了学生的自主、自由精神和创造性思维。而且很多学校在高二甚至高一就分文理科，这种分科使学生的学习面大大缩小，而过早地分科又使得学生早早就被限定在一个狭小的范围，自己的兴趣和特长还没有发展就可能被扼杀在摇篮中，使得学生的天赋潜力和特长未能发挥，不能做到人尽其才。即使到了大学，找到了自己的兴趣点，但有时因为中学基础知识的薄弱而不能继续，只得退而求其次，选择其他的学科或专业。因此，中学教育的改革对于创新人才及博学多才的大师级人才的培养是很重要的，中学是为大学储备基础知识的阶段，不应过早分科甚至不应分科，毕竟多数中学时期的学生心智还不够成熟，还不太确定自己的兴趣点。只有在有兴趣的学科领域中，学生才有热心、有激情去探索，去开创前所未有的新领地，才可能有创新性的理论与成果。

任何改革与创新，都需要有良好的环境才能得以实现。我国大学人才培养模式的改革与创新人才培养机制的建立需要大学拥有更大的自主权,需要大学在从招生、到人才培养目标定位、再到人才培养体系的建立的整个过程中有绝对的自主权。要做到这一点,就需要对教育体制进行改革,将教育领导部门从对大学管理控制转变为咨询服务,将办学的权力下放给各个大学,这有利于大学根据自己学校的功能定位、传统优势及发展规划来培养各具特色的人才和创新性人才,一刀切的模式是不会培养出创新人才的。只有教育主管部门的"无为"才能为各大学的办学者提供更大的"有为"空间,更好地发挥各大学的优势和特色,培养出各型各色的社会所需人才。

任何事物的变革从来都不是一蹴而就的,更何况百年才能树人的教育改革,它需要十几年甚至几十年的时间,需要几代人的不懈努力才可能完成。教育改革的实现和创新人才培养模式的建立需要教育体制的改革,更需要千千万万从事教育工作的教师们的付出和努力,期望在未来的几十年内,中国能够创建出一所所世界一流大学,培养出一批批各行业专业人才,造就出一位位世界级学术大师。

参考文献

一、档案、资料及文献汇编

1. 北京大学校史研究室编:《北京大学史料》(第一卷 1898—1912),北京大学出版社,1993 年。

2. 王学珍、郭建荣主编:《北京大学史料》(第二卷 1912—1937),北京大学出版社,2000 年。

3. 蔡建国编:《蔡元培先生纪念集》,中华书局,1984 年。

4. 高平叔编:《蔡元培教育论著选》,人民教育出版社,1991 年。

5. 高平叔编:《蔡元培教育文选》,人民教育出版社,1980 年。

6. 高平叔编:《蔡元培全集》,中华书局,1984—1989 年。

7. 龚自珍:《龚自珍全集》,上海人民出版社,1975 年。

8. 蒋梦麟:《过渡时代之思想与教育》,商务印书馆,1933 年。

9. 潘懋元、刘海峰编:《中国近代教育是资料汇编:高等教育》,上海教育出版社,2007 年。

10. 曲士培编:《蒋梦麟教育论著选》,人民教育出版社,1995 年。

11. 璩鑫圭、唐炎良编:《中国近代教育史资料汇编:学制演变》,上海教育出版社,2007 年。

12. 舒新城编:《中国近代教育史资料》,人民教育出版社,1981 年。

13. 舒新城编:《近代中国教育史料》,中国人民大学出版社,

2012 年。

　　14. 王栻主编:《严复集》(第一二三册),中华书局,1986 年。

　　15. 中国蔡元培研究会编:《蔡元培全集》,浙江教育出版社,1997 年。

　　16. 中国第二历史档案馆编:《中华民国史档案资料汇编》(第五辑第一编),教育(一),江苏古籍出版社,1994 年。

　　17. 中国史学会主编:《中国近代史资料丛刊》,上海人民出版社,1978 年。

　　18. 朱有瓛:《中国近代学制史料》,华东师范大学出版社,1986 年。

二、民国时期报刊

　　1.《北京大学日刊》,人民出版社,1981 年影印本。

　　2.《晨报》1918—1928,人民出版社,1981 年影印本。

　　3.《晨报副刊》1921—1925 年,北京晨报副刊社。

　　4.《大公报》,人民出版社,1982 年影印本。

　　5.《东方杂志》,1904—1948 年,上海商务印书馆发行。

　　6.《国立北京大学国学季刊》,1925—1936,北京大学国学季刊编委会。

　　7.《教育与职业》,1929—1949 年,上海中华职业教育社。

　　8.《教育杂志》,1909—1948 年,上海商务印书馆发行。

　　9.《京报》,1882—1927 年。

　　10.《明日之教育》,1932—1933 年,北平明日社。

　　11.《申报》,1872—1949 年,上海书店,1983 年影印本。

　　12.《首都教育研究》,1930—1931 年,南京市教育局。

　　13.《现代学生》,1930—1931 年,上海大东书局。

　　14.《新潮》,1919—1922 年,北京大学新潮杂志社。

　　15.《新教育》,1912—1925 年,北京新教育改进社。

　　16.《中华教育界》1913—1949,上海中华书局发行。

三、研究专著

1. [德]雅斯贝尔斯,《什么是教育》,邹进译,三联书店,1991年。

2. [美]魏定熙:《北京大学与中国政治文化》(1898—1920),金安平、张毅译,北京大学出版社,1988年。

3. 高平叔撰著:《蔡元培年谱长编》,人民教育出版社,1996年。

4. 蔡建国:《蔡元培与近代中国》,上海社会科学院出版社,1997年。

5. 蔡尚思:《蔡元培学术思想传记:蔡元培与近代中国学术思想界》,棠棣出版社,1950年。

6. 蔡元培:《蔡元培自述》,河南人民出版社,2004年。

7. 蔡元培研究会编:《蔡元培与现代中国》,北京大学出版社,2010年。

8. 龚怡祖:《论大学人才培养模式》,江苏教育出版社,1999年。

9. 韩延明:《改革视野中的大学教育》,中国海洋大学出版社,2006年。

10. 蒋梦麟:《西潮·新潮》,岳麓书社,2000年。

11. 金国华主编:《高校应用型人才培养新探》,上海社会科学院出版社,2007年。

12. 金林祥:《思想自由兼容并包:北京大学校长蔡元培》,山东教育出版社,2004年。

13. 梁柱:《蔡元培与北京大学(修订版)》,北京大学出版社,1996年。

14. 刘宝存:《大学理念的传统与变革》,教育科学出版社,2004年。

15. 刘道玉:《中国高校之殇》,湖北人民出版社,2010年。

16. 刘黎明:《教育思想史研究的意义追寻》,湖南师范大学出版社,2009年。

17. 刘述礼:《梅贻琦教育论著选》,人民教育出版社,1993年。

18. 马勇:《蒋梦麟传》,红旗出版社,2009年。

19. 马勇:《蒋梦麟教育思想研究》,辽宁教育出版社,1997年。

20. 明立志等编:《蒋梦麟学术文化随笔》,中国青年出版社,2001年。

21. 钱国英、徐立清、应雄:《高等教育转型与应用型本科人才培养》,浙江大学出版社,2007年。

22. 钱曼倩、金林祥:《中国近代学制比较研究》,广东教育出版社,1996年。

23. 眭依凡:《大学的使命与责任》,教育科学出版社,2007年。

24. 孙善根:《走出象牙塔——蒋梦麟传》,杭州出版社,2004年。

25. 田正平,商丽浩主编:《中国高等教育百年史论》,人民教育出版社,2006年。

26. 汤广全:《自由与和谐:蔡元培"五育并举"观研究》,巴蜀书社,2009年。

27. 唐振常:《蔡元培传》,上海人民出版社,1985年。

28. 王立人、顾建民主编:《国际视野中的本科应用型人才培养》,浙江大学出版社,2008年。

29. 王世儒、闻笛编:《我与北大》,北京大学出版社,1998年。

30. 王义遒主编:《文理基础学科的人才培养》,北京大学出版社,2005年。

31. 魏所康:《培养模式论》,东南大学出版社,2004年。

32. 萧超然等编著:《北京大学校史:1898—1949》(修订本),北京大学出版社,1988年。

33. 萧超然:《北京大学与近代化中国》,中国社会科学出版社,2005年。

34. 萧超然:《北京大学与五四运动》,北京大学出版社,1995年。

35. 杨翠华:《中基会对科学的赞助》,(台北)"中央"研究院近代史研究所,1991年。

36. 殷翔文、陈云棠:《创新人才培养的理念与实践》,高等教育出版社，2005 年。

　　37. 张晓唯：《蔡元培》，云南教育出版社，2008 年。

　　38. 中国科学技术协会学会学术部编：《教育创新与创新人才培养》，中国科学技术出版社，2008 年。

　　39. 钟秉林主编：《大学改革与创新人才教育》，北京师范大学出版社，2008 年。

　　40. 周其凤：《研究型大学与高等教育强国》，科学出版社，2009 年。

　　41. Clark Kerr：《大学的功用》，陈学飞等译，江西教育出版社，1993 年。

四、期刊文章

　　1. 鲍威：《继续教育对改变弱势群体边缘化地位的效用——北京大学平民学校的探索》，《北京大学教育评论》，2007 年第 3 期。

　　2. 蔡磊砢：《蔡元培时代的北大"教授治校"制度：困境与变迁》，《高等教育研究》，2007 年第 2 期。

　　3. 陈发美：《蔡元培的"教授治校"思想与实践》，《有色金属高教研究》，2000 年第 6 期。

　　4. 陈育红：《战前中国大学教师薪俸制度及其实际状况的考察》，《民国档案》，2009 年第 1 期。

　　5. 董德福：《蒋梦麟与五四新文化运动》，《求是学刊》，2002 年第 2 期。

　　6. 方蒸蒸：《蔡元培健全人格思想对人才培养的启示》，《南京政治学院学报》，2007 年第 3 期。

　　7. 郭晨虹：《近代社会服务在北京大学兴起的动因分析》，《江苏高教》，2010 年第 4 期。

　　8. 韩延明：《蔡元培、梅贻琦之大学理念探要》，《高等教育研究》，2001 年第 3 期。

　　9. 何俊华、魏会茹：《蔡元培的健全人格教育思想浅析》，《学校党建与思想教育》,2010 年第 18 期。

10. 胡军:《北京大学精神的一种解读》,《北京大学学报(哲学社会科学版)》,2007 年第 4 期。

11. 季爱民、季晓宁:《试析蔡元培完全人格之教育思想》,《教育探索》,2009 年第 7 期。

12. 李江源:《略论蔡元培的大学制度思想》,《高教探索》,2002 年第 4 期。

13. 梁晨:《民国国立大学教师兼课研究——以北京大学、清华大学为例》,《南京大学学报(哲学. 人文科学. 社会科学版)》,2011 年第 3 期。

14. 梁柱:《蔡元培的学术观及其大学课程建设思想探析》,《北京大学学报(哲学社会科学版)》,2004 年第 3 期。

15. 梁柱:《蔡元培教育思想的渊源与特点》,《高校理论战线》,2007 年第 4 期。

16. 刘剑虹:《蔡元培的教育经费思想之研究》,《教育与经济》,2000 年第 4 期。

17. 刘黎明:《论蔡元培的研究型教师观》,《教师教育研究》,2006 年第 1 期。

18. 陆君:《蒋梦麟致蔡元培函》,《民国档案》,2004 年第 2 期。

19. 沈卫威:《现代大学的两大学统——以民国时期的北京大学、东南大学—中央大学为主线考察》,《学术月刊》,2010 年第 1 期。

20. 汤广全、王坤庆:《试论蔡元培的大学理念》,《黑龙江高教研究》,2007 年第 4 期。

21. 王列盈:《论蔡元培的通识教育思想》,《教育评论》,2012 年第 1 期。

22. 吴锦旗:《民国时期大学中教授治校的制度化分析——从北京大学到清华大学的历史考察》,《山西师大学报(社会科学版)》,2011 年第 1 期。

23. 吴民祥:《蔡元培的"悖论"——中国近代大学的学术诉求及

其困境》,《清华大学教育研究》,2010 年第 3 期。

24. 夏红云、庞晋伟:《蔡元培办学思想对高校合并工作的启示》,《江苏高教》,2000 年第 6 期。

25. 项建英:《民国时期综合性大学教育学科论略——以中央大学、北京大学为个案》,《高教探索》,2006 年第 5 期。

26. 项贤明:《蔡元培的高等教育管理思想及其启示》,《高等教育研究》,2001 年第 2 期。

27. 熊春文:《过渡时代的思想与教育——蒋梦麟早期教育思想的社会学解读》,《北京大学教育评论》,2007 年第 2 期。

28. 徐永赞、潘立勇:《蔡元培完全人格教育思想》,《河北学刊》,2006 年第 3 期。

29. 杨河:《谈谈北大精神》,《北京大学学报(哲学社会科学版)》,2007 年第 4 期。

30. 叶隽:《严复、蔡元培在北大精神初构中的影响评析》,《高等教育研究》,2010 年第 4 期。

31. 张寄谦:《严复与北京大学》,《近代史研究》,1993 年第 5 期。

32. 张英丽、戎华刚:《北京大学教师聘任制政策的回溯性价值分析》,《高教探索》,2007 年第 2 期。

33. 赵慧、李化树:《蔡元培完全人格教育思想初探》,《当代教育论坛》,2009 年第 10 期。

34. 赵盼超:《北京大学画法研究会始末》,《南京艺术学院学报(美术与设计)》,2010 年第 3 期。

35. 赵淑梅:《蔡元培实施的教师聘任制改革及其启示》,《现代教育科学》,2005 年第 11 期。

36. 钟岩、钟新文:《加强高校课程体系建设提高人才培养质量》,现代教育科学,2003 年第 1 期。

37. 周谷平、郭晨虹:《近代大学制度化发展与大学知识人心态变迁——以北京大学为例(1917—1937)》,《高等教育研究》,2010 年第 2 期。

38. 周洪宇:《美国哥伦比亚大学师范学院与现代中国教育》,《教育评论》,2001 年第 5 期。

39. 周晔:《〈新教育〉与中国教育近代化》,《高等教育研究》,2005 年第 1 期。

40. 朱宗顺:《蔡元培与蒋梦麟高等教育思想和实践之比较》,《高等教育研究》,2006 年第 4 期。

五、学位论文

1. 陈功江:《校训:大学个性化之彰显》,教育学博士论文,华中师范大学,2009 年 3 月。

2. 陈晶:《中国近代大学人才培养目标的演进（1850—1930）——以北大和清华为例》,硕士论文,华中科技大学,2007 年 1 月。

3. 陈媛:《回望与沉思——近代中国大学教授群体研究(1895—1949)》,教育学博士论文,华东师范大学,2009 年 4 月。

4. 程斯辉:《中国近代大学校长研究》,教育史博士论文,华中师范大学,2007 年 4 月。

5. 崔永红:《蔡元培高等教育管理思想的现代意蕴》,硕士论文,西北师范大学,2007 年 5 月。

6. 邓小林:《民国时期国立大学教师聘任之研究》,专门史博士论文,四川大学,2005 年 5 月。

7. 刘玲玲:《民国时期教授的生活研究》,硕士论文,东北师范大学,2009 年 5 月。

8. 牛江涛:《论蔡元培的美育思想及其现代意义》,硕士论文,河北大学,2003 年 6 月。

9. 吴舸:《蔡元培高等教育管理思想研究》,博士论文,西南大学,2010 年 10 月。

10. 吴雪:《蔡元培教育管理思想述评》,硕士论文,大连理工大学,2006 年 6 月。

11. 严忠德：《严复教育思想与实践研究》，硕士论文，湘潭大学，2008 年 5 月。

12. 张爱梅：《蒋梦麟教育思想研究》，硕士论文，河北大学，2006 年 5 月。

索 引